A PSICOLOGIA DE
C.G. JUNG

Dados Internacionais de Catalogação na Publicação (CIP)
(Câmara Brasileira do Livro, SP, Brasil)

Jacobi, Jolande
    A psicologia de C.G. Jung : uma introdução à obra completa / Jolande Jacobi ; com prólogo de C.G. Jung; tradução de Enio Paulo Giachini. – Petrópolis, RJ : Vozes, 2013. – (Coleção Reflexões Junguianas)

    Título original: Die Psychologie von C.G. Jung – eine Einführung in das Gesamtwerk

    Bibliografia

    2ª reimpressão, 2023.

    ISBN 978-85-326-4521-0

    1. Psicanálise 2. Psicologia junguiana I. Título II. Série.

12-15702   CDD-150.1954

Índices para catálogo sistemático:

1. Jung, Carl Gustav : Psicologia analítica
   150.1954
2. Psicologia analítica junguiana   150.1954

Jolande Jacobi

A PSICOLOGIA DE C.G. JUNG
Uma introdução à obra completa

Com prólogo de C.G. Jung

Tradução de Enio Paulo Giachini

Petrópolis

Primeira publicação em 1940, por Rascher Verlag
© 2010 Schwabenverlag AG, Patmos Verlag, Ostfildern

Tradução do original em alemão intitulado
Die Psychologie von C.G. Jung – Eine Einführung in das Gesamtwerk

Direitos de publicação em língua portuguesa:
2013, Editora Vozes Ltda.
Rua Frei Luís, 100
25689-900 Petrópolis, RJ
www.vozes.com.br
Brasil

Todos os direitos reservados. Nenhuma parte desta obra poderá ser
reproduzida ou transmitida por qualquer forma e/ou quaisquer meios
(eletrônico ou mecânico, incluindo fotocópia e gravação) ou arquivada em
qualquer sistema ou banco de dados sem permissão escrita da editora.

CONSELHO EDITORIAL

Diretor
Volney J. Berkenbrock

Editores
Aline dos Santos Carneiro
Edrian Josué Pasini
Marilac Loraine Oleniki
Welder Lancieri Marchini

Conselheiros
Elói Dionísio Piva
Francisco Morás
Gilberto Gonçalves Garcia
Ludovico Garmus
Teobaldo Heidemann

Secretário executivo
Leonardo A.R.T. dos Santos

Editoração: Fernando Sergio Olivetti da Rocha
Diagramação: Sheilandre Desenv. Gráfico
Capa: Omar Santos
Ilustração de capa: Mandala produzida por uma paciente de Jung e
reproduzida por ele em *Os arquétipos e o inconsciente*, vol. 9/1 da Obra
Completa. 5. ed. Petrópolis: Vozes, 2007, p. 341, nota 182.

ISBN 978-85-326-4521-0 (Brasil)
ISBN 978-3-8436-0159-7 (Alemanha)

Este livro foi composto e impresso pela Editora Vozes Ltda.

Sumário

Prefácio, 7
Prólogo, 13
   C.G. Jung
Introdução, 15
1 Essência e estrutura da psique, 19
2 As leis do desenrolar-se e de atuação da psique, 87
3 A aplicação prática da teoria de Jung, 99
Curriculum vitae resumido de C.G. Jung, 258
Referências, 265
Índice de figuras, 267
Índice onomástico, 269
Índice analítico, 273
Índice geral, 303

 Prefácio

A razão do surgimento desse livro – a primeira edição é de 1940 – se deu, à época, em virtude da crescente demanda do público por uma exposição dos traços fundamentais da teoria de Jung o mais abrangente possível, que pudesse facilitar o acesso à sua obra extraordinariamente abrangente e multiestratificada. O grande interesse com que se deparou este livro permitiu que fosse constantemente ampliado, adequando-se às mais novas descobertas de Jung, articulando-as e formulando-as de forma cada vez mais clara. Apresentar a obra de vida de um homem, o resultado de 60 anos de trabalho de pesquisa em poucas e resumidas páginas é uma tarefa quase insolúvel. Tem de restringir-se necessariamente a um esboço. Seja como for, tal livro deveria cativar o leitor interessado para se ocupar de forma intensa com os próprios escritos de Jung, copiosos em conhecimentos psicológicos e humanos e referidos a praticamente todos os âmbitos da vida e do saber.

O texto da quinta edição foi impresso sem modificações. Para melhor compreender o conjunto de difíceis pensamentos, muitas vezes apresentados de forma muito densa e compacta, foi ilustrado com 19 diagramas que servem de recurso expositivo. Foram acrescidas igualmente as assim chamadas "imagens do inconsciente", muitas das quais com cores originais a fim de chamar a atenção para uma região da expressão psíquica e de sua simbologia inaugurada para a terapia de adultos. Nas notas de rodapé foram anexadas algumas retificações; ademais, as citações foram confrontadas com os volumes da Obra Completa publicados desde 1967 e nova edição de estudos*. Igualmente o breve *curriculum vitae* foi retomado e feita uma revisão da bibliografia das publicações de Jung em língua alemã. Nova é a reunião de novas ilustrações a partir da p. 163. Com isso – assim espero – se fixou o sentido e o objetivo deste livro, assim como sua justificação.

Em cada nova edição um tema importante a ser marcado da forma mais evidente possível era que Jung jamais abandonara a empiria e também que se mantinha sempre dentro dos limites por ele estabelecidos, onde era acusado de extrapolar os supostos limites de uma ou de outra ciência específica. Em virtude do "gênero" próprio de seu material, a psicologia junguiana via-se compulsoriamente obrigada a lançar mão sempre também de outros campos específicos; mas para alguém que julga com objetividade fica logo evidente que se trata de aparentes extrapolações de limites. Isso porque os fenômenos psíquicos, sejam de pessoas sadias ou doentes, só podem ser apreendidos a partir de uma visão conjuntural, que leve simultaneamente em consideração cada particulari-

---

* Nesta nova edição, atualizada, são indicadas as citações de Jung conforme a edição publicada desde 1971 na Walter Verlag, assim como na edição de 2011 da Obra Completa, em brochura, da Patmos. A edição de estudos já não mais está disponível.

O autor das obras que, nas notas de rodapé, aparecem apenas com o título, é sempre C.G. Jung. A abreviatura OC refere-se aos 18 volumes da Obra Completa, editada em alemão por Lilly Jung-Merker, Elisabeth Rüf, Leonie Zander et al. Walter Verlag, Olten et al. 1971ss., ou à edição Paperback da Patmos Verlag, idêntica quanto ao conteúdo, Ostfildern, 2011.

(As referências à Obra Completa estão em conformidade com os volumes da edição brasileira publicada pela Editora Vozes.)

dade, exigindo assim um saber de uma ramificação extraordinariamente ampla.

Neste trabalho procurou-se evitar cuidadosamente todo tipo de polêmica, por um lado, em virtude da certeza de que, em última instância, a polêmica jamais nos persuade, acirrando ao contrário as contraposições, por outro, por reverência frente a toda atividade de pesquisa e ensino científicos sérios, mesmo sendo muito contrapostos. Isso porque o mundo da psique está acima de toda diversidade humana e acima de todo acontecimento histórico. O começo e o fim dos atos humanos jazem inseridos nela. Seus problemas continuam tendo sempre e perenemente a mesma atualidade viva. Quem nela se aprofunda não encontrará nela apenas a chave para todo o caráter terrível que provém do ser humano, mas também os germens criadores para tudo que é elevado e sagrado que a humanidade é capaz de criar, e sobre o que se fundamenta nossa esperança jamais aplacável de um futuro melhor.

Num seminário feito por ele em Basel e ainda não publicado, o próprio Jung se pronunciou assim: "Não estou convencido de que a pesquisa da alma seja a ciência do futuro. A psicologia, por assim dizer, é a mais jovem das ciências e está apenas no começo de seu desenvolvimento. Todavia, é a ciência que nos é mais necessária, uma vez que se nos mostra com cada vez mais clareza que o maior perigo para o homem não está na fome nem nos terremotos, não está nos micróbios nem no carcinoma, mas no ser humano, e quem sabe porque não existe proteção suficiente contra epidemias psíquicas, que são muito mais devastadoras do que as maiores catástrofes da natureza. Por isso seria altamente desejável que o conhecimento da psicologia se difundissem de tal modo que as pessoas pudessem compreender a partir de onde estão ameaçadas pelas maiores catástrofes". Se pelo menos essa visão despertasse o ser humano, reconhecendo as forças obscuras presentes em sua psique – de tal modo que pudesse tirar as consequências necessárias daí, abrandando aquelas forças através de sua incorporação orgânica na psique, a fim de que elas não mais o transformem em joguete –, então, no crisol das massas ele jamais se transformaria num animal selvagem, pois teria sido dado um passo evolutivo no caminho rumo à criação de uma cultura real e duradoura. Pois enquanto o homem não começar a colocar a si mesmo em ordem, só poderá transformar-se em vítima inconstante e volúvel, servo obediente de uma massa, e jamais um membro livre de uma comunidade.

Cada coletividade, cada povo espelha de forma ampliada o estado psíquico da média dos indivíduos singulares, e em seus atos revela a profundidade e grandeza da alma de cada um em sua atuação conformadora de história. Quem, portanto, trilha sem medo o "caminho para o interior" e – superando seus perigos – segue corajosamente até o fim também poderá tomar sem receio o "caminho para fora", para o mundo das realidades exteriores. Domará os desafios da vida na coletividade com o emaranhado confuso de seus instrumentos para a dominação da natureza, não se perdendo no labirinto do caminho interior, tampouco sucumbindo no aglomerado anônimo da massa, mas salvará tanto aqui quanto lá o valor único de sua personalidade.

E por fim gostaria de agradecer ainda ao Prof. C.G. Jung por seu incentivo compreensivo, demonstrado desde a primeira publicação deste livro, que graças a seu prólogo afirmativo feito na primeira edição continua efetivo ainda hoje. Além disso, gostaria de agradecer ao Prof. Toni Wolff por sua revisão do primeiro manuscrito, assim como ao Prof. K.W. Bash por ter feito a primeira tradução para o inglês. Ainda quero agradecer ao Sr. Candid Berz pela sua ajuda na colocação das notas de rodapé, e sobretudo ao meu filho Andreas que compôs os índices onomástico e analítico e as indicações sobre os escritos alemães de Jung. Também não se devem esquecer os inúmeros leitores que ajudaram com seu apoio para que o livro fosse divulgado mundo afora.

Janeiro de 1972

Dra. Jolande Jacobi

# Prólogo

O presente trabalho vem ao encontro de uma necessidade geral, à qual eu próprio, até o presente, não pude suprir: a saber, o desejo de uma exposição sumária dos traços fundamentais de minha concepção psicológica. Meus esforços na psicologia foram essencialmente um trabalho pioneiro, que não encontraram tempo nem oportunidade para uma autoapresentação. Dra. Jacobi assumiu essa difícil tarefa, com sucesso, de fazer uma exposição liberta do peso de conhecimentos detalhados. Com isso surgiu uma sinopse, abrangendo ou pelo menos tocando todos os pontos essenciais, de tal modo que possibilita ao leitor – com o auxílio das referências das passagens e das indicações de meus escritos –, como que por um atalho, orientar-se sobre tudo que seria mais digno de se apreender. Uma vantagem dessa exposição é que o texto vem acompanhado por uma série de diagramas, que evidenciam certas relações funcionais à compreensão.

Algo que me trouxe uma satisfação especial foi o fato de a autora ter compreendido não dever fomentar a opinião de que minhas pesquisas comporiam um sistema doutrinário. Com muita facilidade esse tipo de exposição toma certo estilo dogmático, absolutamente inadequado a meus pontos de vista. E uma vez que estou firmemente convencido de que já de há muito tempo não existe uma teoria completa que apreenda e exponha todos os conteúdos, acontecimentos e fenômenos do psíquico, considero meus pontos de vista como sugestões e tentativas de formulação de uma nova psicologia própria das ciências naturais, fundamentada em primeira linha na experiência imediata do ser humano. Ali não se trata de psicopatologia, mas de uma psicologia geral, que abarca em si também o material da experiência patológica.

Espero que este escrito consiga possibilitar a muitos não apenas uma visão geral em minha atividade de pesquisa, mas também diminuir seus longos esforços de busca nos estudos.

Agosto de 1939

C.G. Jung

Introdução

A psicologia de C.G. Jung divide-se numa parte teórica, cujos pontos principais podem ser identificados genericamente como: 1) a estrutura da psique, 2) as leis de desenvolvimento e atuação da psique, e 3) numa parte prática, que leva à aplicação da teoria, por exemplo, como método de cura em sentido estrito.

Se quisermos chegar a uma compreensão correta da teoria de Jung temos de objetivar atingir o posicionamento dele, reconhecendo com ele *a realidade plena de todo o psíquico*. Por estranho que pareça, esse posicionamento é relativamente novo. Uma vez que o psíquico, até ainda poucos decênios, não era visto como algo autônomo e sujeito a leis próprias, mas era considerado e explicitado como derivado do elemento religioso, filosófico ou das ciências da natureza, de tal modo que sua verdadeira essência não podia ser reconhecida.

Para Jung, todo o psíquico não é menos real do que todo corpóreo, apesar de não ser tangível, é passível de experiência e observação plena e clara em sua imediaticidade. Trata-se de um mundo por si, regido e estruturado por leis e equipado com recursos de expressão próprios.

Tudo que sabemos sobre o mundo, assim como tudo que sabemos sobre nosso próprio ser, chega a nós apenas através da intermediação do psíquico. Isso porque "a psique não faz qualquer exceção da regra geral, segundo a qual a essência do universo só pode ser constatada na medida em que o permite nosso organismo psíquico"[1]. Disso se segue que, no que se refere a seu objeto natural e a seu método, a psicologia moderna, empírica faz parte das ciências da natureza, mas, no que se refere ao modo de explicitação, pertence às ciências do espírito. "Nossa psicologia considera tanto o ser humano natural quanto o cultural, e em consequência disso, em suas explicitações, deve focar sua mirada nos dois pontos de vista, no biológico e no espiritual. Enquanto psicologia médica, não pode levar em consideração outra coisa que o ser humano como um todo"[2], diz Jung. Ela "investiga as razões da diminuição da capacidade adaptativa, causa da doença, seguindo os caminhos tortuosos do pensar e sentir neuróticos, para sondar aquela via que reconduz do extravio de volta para a vida. Por isso nossa psicologia é uma ciência prática. Não pesquisamos por causa da pesquisa, mas com a intenção imediata de ajudar. Poderíamos dizer perfeitamente também que a ciência seria um produto paralelo de nossa psicologia, mas não sua intenção principal, o que apresenta novamente uma grande diferença em relação ao que se compreende por 'ciência acadêmica'"[3].

É a partir desse pressuposto que Jung desenvolveu sua teoria, e é a partir daí também que deve ser considerada. Não, todavia – como num puro psicologismo –, no sentido de depreciação das outras vias do saber e tampouco, como supõe o psiquismo, que o real seria de natureza psíquica, ou

---

1. "Alma e Terra" (1931). In: OC 10/3, § 68.

2. "Psicologia analítica e educação" (1926). OC 17, § 160.

3. Ibid., § 172.

A psicologia de C.G. Jung 17

como admite o pampsiquismo, a saber, tudo que existe é de natureza psíquica. Investigar esse "psíquico" como o "órgão" a nós concedido para apreender o mundo e o ser, para observar seus fenômenos, descrevê-los e arranjá-los numa ordem de sentido, é a meta e o objetivo de Jung.

Os pontos de partida teológico, psicológico, histórico, fisiológico, biológico, assim como inúmeros outros, são igualmente possibilidades de início da pesquisa de verdades do ser; são mutuamente intercambiáveis, até certo grau inclusive transponíveis, e dependendo do problema em discussão ou do posicionamento específico do pesquisador podem ser utilizados. Jung se mantém fiel ao ponto de vista psicológico, deixando os restantes aos pesquisadores competentes das outras áreas de conhecimento. Ele próprio edifica sobre seu conhecimento fundamental e profundo da realidade psíquica, de modo que seu edifício de pensamento não representa uma teoria abstrata, gerada pelo intelecto especulativo, mas uma edificação erigida sobre a base sólida da experiência, *apoiando-se exclusivamente sobre esta*. As suas duas colunas mestras são:

1) O princípio da totalidade psíquica.

2) O princípio da energética psíquica.

Na consideração mais detalhada desses dois princípios, assim como do emprego prático da teoria, devem ser usadas na medida do possível as definições e explicitações dadas pelo próprio Jung, que aparecem identificadas como tais[4]. Ao mesmo tempo, é preciso mencionar aqui que, quando se trata de

---

4. Ali é preciso referir que a expressão "o inconsciente", que aqui é usada amplamente para o âmbito dos conteúdos da psique não ligados à consciência, representa propriamente uma hipostatização ilegítima, que todavia se mostrou útil como hipótese de trabalho.

procedimento prático da análise psicológica, Jung emprega a expressão "psicologia analítica" para identificar sua teoria. Escolheu essa designação após ter-se afastado de Freud em 1913, a fim de evitar uma confusão com o termo "psicanálise", próprio da escola freudiana. Mais tarde cunhou o conceito da "psicologia dos complexos", que empregava sempre que apareciam no plano de frente pontos de vista relativos a princípios e à teoria; com esse conceito queria destacar que, em contraposição com outras teorias psicológicas (por exemplo, a psicologia da mera consciência ou a psicanálise de Freud, que reduz tudo a elementos de pulsões), sua teoria ocupava-se com fatos psíquicos complexos, ou extremamente complicados. Nos últimos anos a identificação de "psicologia dos complexos" foi passando cada vez mais para o plano de fundo, porque, sobretudo em sua tradução para outras línguas, deu vazão para equívocos. Atualmente, tanto no aspecto teórico quanto prático, emprega-se de modo geral o termo "psicologia analítica" para designar a totalidade da teoria de Jung.

1 Essência e estrutura da psique

Consciência e inconsciente

Por psique Jung não compreende apenas aquilo que em geral identificamos com a palavra "alma", mas a totalidade de todos os processos psíquicos, tanto os conscientes quanto os inconscientes. Portanto, algo mais abrangente, mais amplo que a alma, que para ele representa apenas um determinado "complexo funcional limitado"[1]. A psique consiste de duas es-

---

1. Para evitar uma confusão proveniente do uso da linguagem espontânea do dia a dia, que emprega as expressões "alma", "espírito", "intelecto" ora num sentido estrito, ora num sentido mais amplo, impedindo a compreensão do difícil âmbito do pensamento psicológico, esforcei-me por delimitar cada uma delas num âmbito de significado determinado e de contornos bem-definidos, empregando-as na medida do possível exclusivamente nesse sentido. – Sob o conceito "alma, que na terminologia junguiana recebe um significado específico, deve-se compreender aqui determinado complexo funcional delimitado, cuja melhor forma de caracterização seria como uma espécie de "personalidade interior", como o "sujeito", frente ao qual a consciência do eu do indivíduo tem uma relação igual ao objeto exterior. Na definição de Jung, significa "o sujeito apreendido como objeto 'interior', mas é, porém, o inconsciente [...]. A 'personalidade interior' é o modo como alguém se comporta para com os processos psíquicos interiores; é a atitude (*Einstellung*) interior, o caráter com o qual se volta ao inconsciente. Eu identifico essa atitude interior [...] como alma. A mesma autonomia que se atribui tão usualmente à atitude exterior é reivindicada também para a atitude interior, a alma [...] ela costuma conter,

feras que se complementam, mas duas esferas que se contrapõem em suas propriedades: a *consciência* e o assim chamado *inconsciente*[2]. Nosso eu tem participação nos dois âmbitos. O seguinte *diagrama*[3] representa esse eu que está *entre* as duas esferas, que não só se completam mutuamente, mas

---

de acordo com a experiência, todas aquelas propriedades humanas gerais que faltam à atitude consciente" (*Tipos psicológicos* (1921). OC 6, § 803, 805, 806). Aqui deve-se compreender por "intelecto" a força racional de pensar e compreender que está à disposição da consciência, a parte puramente racional do indivíduo; mas por "espírito" deve-se compreender uma capacidade igualmente pertencente ao âmbito da consciência, mas também atrelada naturalmente ao inconsciente, que leva, em primeira linha, ao desempenho do indivíduo, desempenho estético-criativo e religioso-moral, voltado à questão do sentido, em forma de visões clarividentes (*Einsichten*) e manifestações, que podem dar certa conotação também aos seus atos de pensamento e de julgamento, assim como a seu comportamento emocional. "Espírito", nesse sentido, contém tanto o intelecto quanto também a alma numa "elevação" e ligação de ambos referida ao sentido; como princípio formador, forma o polo contraposto à natureza biológica pulsional informada do ser humano, mantendo assim desperta aquela constante tensão de contraposição sobre a qual repousa nossa vida psíquica. Com esses três conceitos foram compreendidos sempre "sistemas parciais" da totalidade psíquica; mas, ao contrário, onde estão em questão todos os aspectos desse todo, portanto um todo que abarca ao mesmo tempo o lado consciente e também o lado inconsciente, ali empregou-se sempre a expressão "psique" ou "psíquico".

2. A primeira pesquisa científica sistemática sobre as manifestações do inconsciente é mérito perene de S. Freud (1856-1939), que pode ser visto como o fundador da moderna psicologia profunda.

3. Esse diagrama – naturalmente como é o caso dos próximos – representa *um constructo auxiliar.* Exorta-se o leitor para não tomar esse diagrama de forma demasiadamente literal, vendo nele mais do que, de certo modo, uma tentativa insuficiente de evidenciar certas relações funcionais bastante complexas e abstratas. Usa-se o círculo para expressar um relativo fechamento, inteireza da psique singular. A inteireza foi simbolizada desde antigamente como círculo, globo. Na filosofia neoplatônica a alma tinha uma relação expressa com a figura de um globo. Cf. tb. a figura redonda do homem originário platônico ("Símbolos oníricos do processo de individuação" (1936). OC 12, § 109 e nota 41.

que se comportam uma para com a outra complementarmente ou compensatoriamente[4]. Ou seja: a linha divisória que separa as duas esferas uma da outra em nosso eu pode deslocar-se para as duas direções, como vem indicado na ilustração por meio das setas e das linhas pontilhadas. Pensar que o eu se encontre precisamente no centro é naturalmente apenas uma representação como recurso e uma abstração. Da possibilidade de deslocamento se depreende que, quanto menor a parte superior, tanto mais estreita é a consciência e vice-versa.

Diagrama I

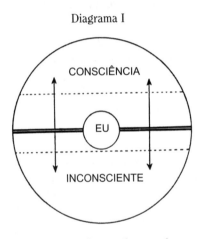

Se considerarmos a relação dessas duas esferas entre si, vemos que nossa consciência perfaz apenas uma mínima parte do todo da psique. A história da humanidade nos ensinou que representa um produto da diferenciação tardia. Está como que nadando como uma pequena ilha sobre o ilimitado mar do inconsciente, mar imensurável e que abarca o mundo

---

4. Cf. p. 83s.

inteiro[5]. O *diagrama II* ilustra o pequeno ponto escuro no centro de nosso eu. Rodeado e sustentado pela consciência, representa aquele lado da psique, principalmente em nossa cultura ocidental, pensado sobretudo como a adequação à realidade exterior. "Por *eu*, compreendo um complexo de representações que perfaz em mim o centro do campo da minha consciência e que parece ser de alta continuidade e identidade consigo mesmo"[6], afirma Jung; ele chama o eu também de "sujeito da consciência"[7]. Todavia, ele define a consciência como "a função ou atividade que mantém a relação dos conteúdos psíquicos com o eu"[8].

Toda nossa experiência do mundo externo ou interno tem de passar necessariamente por nosso eu para poder ser

---

5. *Psicologia e religião* (1940). OC 11/1, § 141.

6. *Tipos psicológicos*. OC 6, § 730.

7. Id. Atualmente foram lançadas diversas hipótese sobre o desenvolvimento do eu, alunos do círculo de Jung (Fordham em Londres, Neumann em Israel), ainda, porém, insatisfatórias. Podemos considerar como uma das melhores hipóteses, melhor fundamentadas quanto à ciência experimental, mesmo que não leve em consideração o ponto de vista da psicologia profunda, a proposta de J. Piaget, registrada em inúmeras de suas obras. De qualquer modo, a concepção de Jung continua sendo ainda sempre fundamental, mesmo para Jung.

No uso cotidiano da linguagem é comum confundir "consciência" com "pensamento", embora isso seja improcedente; uma vez que há uma consciência do sentimento, da vontade, do medo, assim como de todas as outras manifestações da vida. Tampouco se pode equiparar o significado e empregar o conceito "vida" com "consciência", coisa que infelizmente acontece com frequência, visto que, por exemplo, numa pessoa que dorme ou desmaiada ainda há vida, mas não mais há consciência. Há diversos graus de consciência. "Perceber" algo é um ato de consciência, que, porém, não processa o que percebeu, ou seja, como que permanece "passivo" frente ao ato de um procedimento consciente, que toma posição, que compreende, que processa.

8. Op. cit., § 687.

Diagrama II

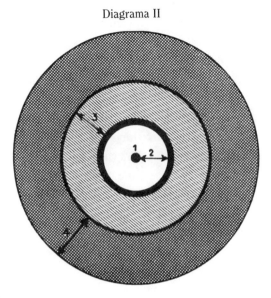

1 = Eu
2 = O âmbito da consciência
3 = O âmbito do inconsciente pessoal
4 = O âmbito do inconsciente coletivo

percebida. Isso porque, "as relações com o eu, enquanto não são sentidas como tais por este, são inconscientes"[9]. O próximo círculo mostra como a esfera da consciência está envolta por conteúdos que se encontram no âmbito do inconsciente. Aqui estão os conteúdos que são recalcados – uma vez que nossa consciência só pode apreender bem poucos conteúdos ao mesmo tempo –, mas que podem subir à consciência a qualquer momento; lá estão aqueles que reprimimos, porque nos são desagradáveis por diversos motivos; portanto, "todo

---

9. Ibid.

Diagrama III

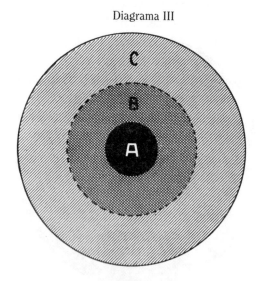

A = Aquela parte do inconsciente coletivo que jamais poderá ser elevada à consciência
B = O âmbito do inconsciente coletivo
C = O âmbito do inconsciente pessoal

tipo de conteúdos esquecidos, reprimidos, mas também percebidos subliminarmente, pensados e sentidos"[10]. Jung chama a esse âmbito de "inconsciente pessoal"[11], para distingui-lo daquele "inconsciente coletivo", como vem ilustrado no *dia-*

---

10. Ibid., § 842.

11. Ibid., § 642. Aos conteúdos que podem ser trazidos à consciência a qualquer momento, Freud chamou de "pré-consciente", e de "consciente" apenas àqueles conteúdos reprimidos, ou seja, que não podem se tornar conscientes sem uma técnica específica. Jung engloba esses dois tipos de conteúdo no âmbito do "inconsciente pessoal".

grama III[12]. Isso porque essa parte coletiva do inconsciente não abarca apenas conteúdos específicos de nosso eu individual ou provenientes de aquisição pessoal, mas "das possibilidades herdadas do funcionamento psíquico como tal, a saber, da estrutura do cérebro herdada"[13]. Esse patrimônio herdado provém do humano em geral, ou até, quem sabe, do animalesco em geral, formando a base fundamental de todo psíquico individual.

"O inconsciente é mais antigo que a consciência. É o que 'é dado originariamente', a partir de onde se destaca a cons-

---

12. Nos diagramas, o eu ou o inconsciente coletivo ocupa o centro, dependendo do ponto de partida da consideração. Quando falamos de "âmbitos" ou de "camadas" do inconsciente, ou procuramos visualizá-los em figuras, estamos atribuindo, de certo modo, um ver próprio da história da evolução a um ver espacial, e através de uma "tipologia" tentamos facilitar a orientação na inteireza do sistema psíquico, altamente complexo, buscando com isso propor nada mais que um método de trabalho.

13. *Tipos psicológicos*. OC 6, § 841. A palavra "estrutura cerebral", empregada por Jung aqui, com a qual talvez esperássemos a descrição da estrutura psíquica, tem de ser compreendida corretamente. Deve ser um indicativo do nexo conjuntural biológico. Uma vez que a psique, como se apresenta, ou seja, como é por nós experimentada, está inalienavelmente ligada com nosso ser corpóreo. Mas, de modo algum, isso significa uma "dependência" biológica. "O psíquico merece ser tomado como um fenômeno em si, pois não há qualquer razão para considerá-lo como um mero epifenômeno, muito embora esteja ligado com a função do cérebro; assim como tampouco se pode conceber a vida como um epifenômeno da química carbônica (*A energia psíquica* (1928). OC 8/1, § 10). Jung diz ainda: "é bem verdade que podemos constatar com suficiente segurança que uma consciência individual chega ao fim em relação a nós na morte. Todavia é questionável se, com isso, interrompe-se também a continuidade dos processos psíquicos, uma vez que hoje pode-se afirmar com muito menos certeza do que há 50 anos sobre a ligação da psique com o cérebro" ("A alma e a morte" (1934). OC 8/3, § 812). – Ao contrário, mostra-se que a psique não está presa ao âmbito espaçotemporal. Todo inconsciente se manifesta de tal modo como se estivesse fora do espaço e do tempo.

ciência"[14]. Assim, a consciência edifica-se apenas "secundariamente sobre a verdadeira atividade anímica, que é um funcionar do inconsciente"[15]. A opinião de que a principal postura humana seria a consciência é uma falácia, pois "passamos grande parte de nossa vida no inconsciente: nós dormimos ou cochilamos. [...] É indiscutível que a consciência *depende* do inconsciente em todas as situações importantes da vida"[16]. As crianças começam sua vida num estado inconsciente, crescendo para dentro do estado consciente.

Enquanto o assim chamado inconsciente pessoal abarca conteúdos provenientes da história de vida do indivíduo, isto é, conteúdos recalcados, esquecidos, apreendidos subliminarmente etc., o inconsciente coletivo é constituído de conteúdos que representam o depósito dos modos de reação típica da humanidade desde os primórdios – sem levar em consideração diferenciações históricas, étnicas ou outras diferenças – em situações gerais da natureza humana, portanto, em situações de medo, perigo, luta contra poderes superiores, a relação com os sexos, relação dos filhos com os pais, figuras do pai e da mãe, posturas de ódio e de amor, nascimento e morte, o poder do princípio claro e do escuro etc.

Uma capacidade decisiva do inconsciente é, pois, propiciar um comportamento compensatório, contrapondo uma

---

14. *Kindertraumseminar* 1938/1939 (impressão particular). Numa versão retrabalhada em sua redação, em: Lorenz Jung; Maria Meyer-Grass (orgs.). *Kinderträume*. Freiburg im Breisgau: Olten, 1987, p. 21. (Na medida em que a literalidade se mantenha a mesma, a seguir citado como: *Kinderträume* 1938/1939, em caso contrário, na versão original como *Kindertraumseminar* 1938/1939 (impressão privada), sem indicação de páginas.

15. Ibid. p. 116.

16. Ibid.. p. 21; 117.

A psicologia de C.G. Jung

reação típica – proveniente da experiência da humanidade, e correspondendo ao modo usual de comportamento e às necessidades do *interior* – à consciência, que, via de regra, gera uma reação individual e adequada *ao exterior*, diante da respectiva situação, e assim possibilita ao ser humano uma postura adequada e em conformidade com a totalidade psíquica.

As funções da consciência

Antes de adentrarmos na explanação mais detalhada do inconsciente é preciso que abordemos com mais precisão a psicologia e a estrutura da *consciência*. O *diagrama IV* serve de ilustração para isso[17]. O círculo simboliza novamente a totalidade psíquica[18]; desenhadas nas quatro direções celestes estão as quatro funções principais, presentes em todo indivíduo como uma disposição: o *pensamento*, a *intuição*, o *sentimento* (*Fühlen*), a *sensação* (*Empfinden*)[19].

---

17. Observe-se que, por causa da simplicidade, em todos os diagramas toma-se como modelo o *tipo pensamento* – a saber, aquele tipo que lida com a apreensão dos conteúdos do mundo exterior e interior preferentemente através do pensamento, do conhecimento e de nexos conceituais. Mas com a transferência correspondente das funções poderia ser tomado também qualquer outro tipo.

18. Com o conceito da totalidade, em Jung, expressa-se mais do que unidade ou inteireza. Compreende uma espécie de integração em si, uma unificação das partes, uma síntese criativa, que coexpressa algo ativo-espiritual. Uma inteireza a ser pensada junto com o conceito do "sistema-que-regula-a-si-mesmo" (cf. p. 89-92).

19. Não se deve confundir entre si sensação (*Empfinden*) e sentimento (*Fühlen*), como é usual, infelizmente no uso da língua alemã. Em francês, por exemplo, essa distinção aparece claramente, como se tem em mente aqui, através dos dois conceitos distintos *sentiment* e *sensation*.

Diagrama IV

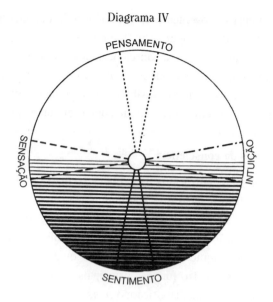

Por função psíquica Jung compreende certa "atividade psíquica, que se mantém inalterável sob diversas circunstâncias, sendo totalmente independente dos respectivos conteúdos"[20]. Não é decisivo, portanto, *o que*, por exemplo, se pensa, mas *que* usamos a função do pensamento, e não, por exemplo, a função da intuição, para absorver e processar os conteúdos que se nos apresentam de fora ou de dentro. Trata-se, aqui, de princípio, de um modo de apreensão e de processamento de dados-acontecimentos psíquicos, sem levar em consideração seu respectivo conteúdo. Por isso, o pensamento é uma função que busca chegar à compreensão dos acontecimentos do mundo e adequar-se para com os mesmos a partir de um trabalho do pensar, portanto, do conhecimento – ou seja, por

---

20. *Tipos psicológicos*. OC 6, § 727.

meio de nexos conceituais e deduções lógicas. O contrário disso é visto como a função do sentimento, com base numa avaliação feita através dos conceitos "agradável ou desagradável, ou ainda, aceitar ou recusar". As duas funções são designadas de *racionais*, visto que as duas trabalham com *valorações*: o pensamento avalia através da mediação do conhecimento, a partir do ponto de vista de "verdadeiro-falso", o sentimento, através da mediação das emoções, a partir do ponto de vista do "prazer-desprazer". Essas duas posturas fundamentais excluem-se mutuamente como modos de comportamento simultâneos. Não é preciso maiores indicações para compreender, por exemplo, que o que identifica um "político-sentimento" é precisamente o fato de ele tomar suas decisões baseado no sentimento e não em seus conhecimentos.

As duas outras funções, sensação e intuição, Jung chama de funções *irracionais*, uma vez que no trato com a *ratio* não lidam com juízos, mas com meras percepções sem avaliação ou atribuição de sentido. A sensação percebe as coisas assim como são e não de outro modo. É o sentido por excelência da realidade, aquilo que os franceses identificam como *fonction du réel*. A intuição percebe igualmente de forma "verdadeira", no entanto menos através do aparelho consciente dos sentidos do que através da capacidade de uma "percepção interior" inconsciente das possibilidades presentes nas coisas. O tipo sensação, por exemplo, irá perceber um dado histórico em todas as suas particularidades, todavia não irá dar-se conta dos nexos conjunturais nos quais está fundamentado; o intuitivo, ao contrário, passa ao largo sem perceber as particularidades, mas percebe sem dificuldade de imediato o sentido interno do acontecimento, seus possíveis nexos e efeitos. Ou outro exemplo: frente a uma bela paisagem florida de primavera, o tipo sensação contempla e percebe as flores, as árvores, as cores do céu etc., em todas as suas particularidades, mas o intuitivo, ao contrário, percebe simplesmente o humor geral do ambiente e o colorido do conjunto. Fica claro com isso que esse par de funções se encontra em contraposição mútua, ou que elas se excluem mutuamente, ou seja, não podem ser empregadas ao mesmo tempo como o pensamento e o sentimento.

Essa relação de exclusão corresponde aos fatos, ou seja, à observação (deve-se acentuar aqui também: Jung é acima de tudo um empírico), mas é igualmente um resultado de pesquisa da teoria de Jung extraída da experiência. Isso fica claro quando se reflete, por exemplo, que as duas posturas fundamentais do pensamento e do sentimento, na medida em que são "avaliativas", já no sentido dessa definição, não mensuram ao mesmo tempo o mesmo, na mesma perspectiva com essas duas medidas.

Muito embora o ser humano possua, como disposição potencial, todas as quatro funções, que lhe possibilitam a "orientação no presente tão plenamente como as informações geográficas de localização de latitude e longitude"[21], do ponto de vista da experiência, é sobretudo uma dessas funções que lhe serve de orientação, com a qual apreende e processa para adequar-se à realidade. Essa função – é bem provável que seja a disposição natural que decida aqui qual seria – em geral é a que mais se desenvolve e se diferencia, "torna-se a função de adaptação dominante, dando direção e qualidade à postura consciente"[22] e está constantemente à disposição da vontade

---

21. Ibid., § 958.

22. WOLFF, T. *Studien zu C.G. Jungs Psychologie*. Ed. por C.A. Meier. Zurique: Rhein, 1959, p. 92 [A seguir abreviado por WOLFF, T. *Studien*).

A psicologia de C.G. Jung 31

consciente do indivíduo. Por isso, também, é chamada de *função superior* ou mais diferenciada, determinando o tipo do indivíduo. O tipo psicológico designa portanto um *hábito geral*, que pode naturalmente se manifestar dentro do tipológico em todas as variações do individual – dependendo do nível social, espiritual ou cultural. É por assim dizer "a armação ou o esqueleto que julga previamente e modifica a postura específica frente ao material dos conteúdos da vivência"[23].

No *diagrama IV*, precedente, a metade superior é ilustrada como clara, a inferior como escura, assim como as quatro funções em sua relação correspondente. Com isso deve-se explicitar a esfera de atuação de nosso aparelho de funcionamento psíquico, de tal modo que a função superior se encontra plenamente em nossa parte clara da consciência, e a função contraposta a ela, que queremos chamar de *função inferior* ou *secundária*, encontra-se totalmente no inconsciente, e as duas restantes ficam em parte na consciência e em parte no inconsciente[24]. Do ponto de vista prático, isso serve para indicar que, na maioria das vezes, ao lado de sua função principal, o ser humano se serve ainda de uma segunda função, uma *função auxiliar* ou de ajuda, relativamente menos diferenciada e direcionada. Para o ser humano mediano, a terceira função é usada ainda mais raramente, e a quarta, a inferior, porém, na maioria das vezes já não mais está à disposição de sua vontade. Mas isso tudo se aplica apenas para o ser humano com desenvolvimento natural, com uma psique

---

23. WOLFF, T. *Studien*, p. 86.

24. Esse tipo de representação deve ser visto mais como um "modelo" teórico do que como algo correspondente à realidade, uma vez que o estágio de desenvolvimento das funções, por assim dizer, jamais pode ser encontrado dado em tal forma extremamente unilateral.

relativamente "sadia"; em pessoas com uma psique "perturbada", como por exemplo no neurótico, a situação é diversa. Nele, por exemplo, o desenvolvimento da função principal pode ter sido reprimida, ou então uma função que, segundo a disposição natural, deveria vir em segundo ou terceiro lugar, através de coação e adestramento pode ocupar o plano de frente, ocupando assim o lugar da função principal. Também a idade representa um fator decisivo na avaliação do correspondente grau de desenvolvimento de uma função, e no geral é na meia-idade a época em que todas elas deveriam alcançar o grau sequencial e a amplidão de diferenciação corretos (mas esse ponto no tempo pode depender e variar bastante de um indivíduo para outro).

Encontramos uma excelente analogia, não casual, para o percurso do valor e do direcionamento das funções no símbolo chinês do Taijitu, reproduzido no *diagrama IV*.

Também aqui o caminho não segue ao longo da periferia, mas sobre a linha interna, portanto, bem no sentido da relação das funções, como foi descrito anteriormente[25]. Esse símbolo Taijitu é um dos símbolos originários contemplados pela humanidade. Representa a dualidade de luz e trevas, masculino e feminino, como unidade, como totalidade; "com ele se coloca ao mesmo tempo acima e abaixo, direito e esquerdo, frente e atrás – resumindo, o mundo dos contrários"[26]. O curso da seta, o caminho, não segue como se poderia admitir em forma de cruz, mas de cima para a direita (sendo que esses dois recortes circulares do claro poderiam referir simbolicamente o pai e o

---

25. O curso do processo de diferenciação é indicado no diagrama através da linha sinuosa pontilhada, e sua direção é indicada através da seta.

26. I GING. *Buch der Wandlungen, aus dem Chinesischen verdeutscht und erläutert von Richard Wilhelm*. Jena: Diederichs, 1924, p. VIII.

Diagrama V

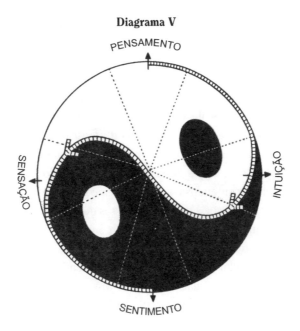

filho), depois para a esquerda, onde já se mistura mais escuro (como símbolo da filha), e por fim, em quarto lugar, totalmente dentro do escuro do seio materno, da função que jaz do inconsciente, o que concorda também com as constatações da psicologia das funções. As funções diferenciada e auxiliar são conscientes e direcionadas, e são representadas personificadas nos sonhos, muitas vezes, através de pai e filho ou outras figuras que formam o princípio-guia mais evidente da consciência, e as duas outras funções são relativa e totalmente inconscientes, e são representadas personificadas, segundo a mesma regra, como pai e filho, muitas vezes através de mãe e filha. Mas, uma vez que a contraposição entre as funções auxiliares não é tão grande quanto aquela entre função diferenciada e inferior, também a terceira função pode ser elevada à consciência, tornando-se assim "masculina"[27]. Mas trará consigo também alguma coisa de sua contaminação com a função inferior, formando desse modo certa intermediação com o inconsciente. A quarta função, totalmente misturada com o inconsciente, tão logo as circunstâncias a elevam para a luz da consciência, traz consigo perfeitamente os conteúdos do inconsciente, como que irrompe para dentro do campo da consciência, com seus conteúdos indiferenciados, provocando assim um encontro e confronto com esses, e desse modo possibilitando fazer uma síntese entre conteúdos conscientes e inconscientes[28].

A razão por que Jung assinala essas quatro funções como funções fundamentais, para isso "não é possível fornecer nenhuma razão *a priori*, mas apenas destacar que essa concepção foi se formando no decurso da experiência dos anos"[29]. Ele distingue essas quatro funções entre si, "porque elas não podem ser referidas mutuamente, não podem ser reduzidas respectivamente"[30], e, segundo sua experiência, "esgotam todas as alternativas possíveis"[31]. Desde os tempos primitivos, o

---

27. Na iconografia simbólica, em geral, o claro representa o masculino e o escuro o feminino.

28. Esse exemplo refere-se em primeiro plano à psique do varão, no qual as partes inconscientes da psique trazem traços femininos. Numa correspondente simbolização das características funcionais da psique da mulher, a terceira e a quarta função teriam traços masculinos, mas em função de sua pertença ao âmbito inconsciente seriam, apesar disso, "escuras", e portanto já não mais corresponderiam à iconografia simbólica.

29. *Tipos psicológicos*. OC 6, § 727.

30. Ibid.

31. A *vontade*, vista por muitos psicólogos igualmente como uma função fundamental, na concepção de Jung não é considerada como tal, mas é atribuída a todas as quatro funções básicas na forma de energia psíquica livre e disponível, que pode ser "direcionada" através da intervenção da consciência, ou seja, pode receber um direcionamento intencionado. Assim, a dimen-

A psicologia de C.G. Jung

quatro serve para expressar a inteireza, a plenitude, a totalidade: cf. os quatro campos do sistema usual de coordenadas, os quatro braços da cruz, as quatro direções celestes etc.

Se todas as quatro funções pudessem ser elevadas à consciência, todo círculo estaria na luz, e então poderíamos falar de um homem "redondo", ou seja, "completo". De qualquer modo, do ponto de vista puramente teórico, isso é pensável. Mas, na realidade prática, isso só pode ser alcançado de forma aproximativa, *jamais de forma plena*. Uma vez que a nenhum ser humano é concedido poder clarificar em si toda escuridão; se ele fosse capaz disso, significa que ele seria capaz também de eliminar até o último "resíduo terreno".

Por causa de exclusões mútuas das funções, não é possível adotar ao mesmo tempo diversas posturas fundamentais, todavia, pela via da conscientização, o ser humano consegue ir diferenciando-as uma após a outra até certo grau, e pelo menos aproximar-se do "ser redondo". Se, uma vez, tivermos plenamente à disposição a função principal assim como as funções paralelas em alto grau, sabendo pelo menos que espécie de função é a quarta, a função inferior, quando e como pode alcançar o plano de frente – coisa que pertence à meta ideal de toda análise –, então pode-se primeiramente apreender um objeto, por exemplo conhecendo-o, depois "sondar" com a intuição suas possibilidades internas ocultas; em seguida, com a sensação, por assim dizer, de tateá-lo, e, então, por fim – se o sentimento for a função inferior –, avaliá-lo na medida do possível segundo seu ser agradável ou desagradável[32].

---

são e a força da assim chamada força de vontade estão estreitamente ligadas com o grau de desenvolvimento e a amplitude do campo da consciência.

32. Tanto aqui quanto no restante dos diagramas a sequência pressupõe o pensamento como a função diferenciada.

A mínima parte das pessoas tem clareza sobre sua pertença a um outro tipo de função, muito embora seja geralmente fácil para eles "reconhecer se e qual função é diferenciada, através de sua fortaleza, inabalabilidade, coerência, confiança e adequabilidade"[33]. O critério essencial da função inferior, ao contrário, é sua falta de confiança no uso, sua volubilidade à influência, sua grosseria, seu caráter turvo[34], usando as palavras de Jung: "Não é a *gente que a tem* na mão, mas alguém *a tem*". Atua de forma autônoma, a partir do inconsciente, *quando acha adequado*. E uma vez que está totalmente indiferenciada e misturada com o inconsciente, possui um caráter infantil, instintivo-primitivo, arcaico. É por isso que somos surpreendidos tão comumente com ações totalmente marcadas pelo estado de humor, primitivas e pulsionais, mesmo em pessoas cujas ações não nos parecem adequadas com o ser que conhecemos.

Esses quatro tipos de funções, que podem ser constatados no indivíduo através da respectiva predominância de uma ou de outra função, têm validade dessa forma apenas na teoria. Na vida, quase jamais aparecem de forma pura, mas apenas mais ou menos como tipos misturados, como vem indicado no *diagrama VI*. Um tipo de puro pensamento era, por exemplo, Kant, contra quem Schopenhauer deve ser identificado como tipo pensamento intuitivo. As funções, mas apenas as "que se avizinham", podem aparecer portanto muitas vezes em formas mistas, e quando aparecem assim em tipos misturados com maior ou menor predominância de uma função, dificultam ex-

---

33. "Tipologia psicológica" (1928). OC 6, § 956. Muitas vezes é possível deduzir a função inferior a partir do caráter das pessoas que aparecem nos sonhos e do modo como aparecem.

34. cf. op. cit.

tremamente a classificação do indivíduo num tipo de função. Os dois pares contrapostos – os dois eixos: Pensamento-sentimento e sensação-intuição –, segundo sua posição, jamais poderão misturar-se, mas em cada caso irão relacionar-se mutuamente sempre de maneira compensatória. Acentuando demasiadamente uma função, portanto, quanto uma pessoa usa apenas seu intelecto – só para citar um exemplo – a função contraposta, o sentimento, por si mesmo trabalhará para o equilíbrio e então naturalmente irá manifestar-se em sua forma inferior. Então, de forma totalmente inesperada, como que vindo de trás, será assaltado por manifestações de sentimento totalmente infantis; vê-se inundado por sonhos e fantasias puramente instintivas, aos quais se vê entregue. Algo semelhante acontece ao unilateralmente intuitivo, ao qual sua função-sentimento negligenciada o força a considerar a dura realidade através de golpes muitas vezes incompreensíveis.

Diagrama VI

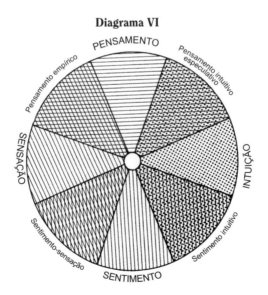

Como já foi mencionado, o comportamento complementar ou compensatório[35] das funções contrapostas entre si representa uma lei imanente da estrutura da psique.

A superdiferenciação da função superior, quase compulsória, que se dá com o correr dos anos, quase sempre ocasiona tensões, que pertencem a problemas próprios da segunda metade da vida e cujo trabalho de equilíbrio representa uma das principais tarefas desse período. Essa superdiferenciação leva sobretudo a uma perturbação do equilíbrio que, como já foi brevemente mencionado acima, já pode trazer em si danos profundos.

Os tipos de atitudes

A pertença a um tipo de função já seria, em si, um índice para caracterizar psicologicamente uma pessoa. Mas só isso não basta. Além disso, é preciso definir ainda sua atitude geral, ou seja, o modo de reação da pessoa frente àquilo que lhe vem ao encontro a partir de fora ou de dentro. Jung distingue dois tipos dessas atitudes: *Extroversão* e *introversão*. Indicam um comportamento que condiciona essencialmente a integralidade do processo psíquico, a saber, *o hábito de reação* em relação aos objetos do mundo exterior e do interior, pelo qual se determina o modo de agir, o modo da experiência subjetiva e até o modo de compensação através do inconsciente. Jung chama a esse hábito de ponto central de transição, a partir do qual, por um lado, regula-se o agir externo e, por outro, forma-se a experiência específica[36]. A extroversão se caracteriza por um relacionamento positivo para com o objeto;

---

35. Cf. p. 127s.

36. "Tipologia psicológica" (1928). OC 6, § 941.

A psicologia de C.G. Jung

a introversão, antes, através de um relacionamento negativo. Em sua forma de reação e adaptação, o extrovertido se orienta mais segundo as normas exteriores, de validade coletiva, ao respectivo espírito do tempo etc. O introvertido, ao contrário, é determinado em seu comportamento preferentemente por fatores subjetivos. Daí provém também sua adequação muitas vezes malsucedida com o mundo. A pessoa que tem atitude extrovertida "pensa, sente, age referida ao objeto"[37], desloca seu interesse do sujeito *para fora* para o objeto, orienta-se primordialmente no exterior[38]. No introvertido, o sujeito é o ponto de partida da orientação, e o objeto só recebe valor, no máximo, secundário, mediato. Em dada situação, esse tipo humano, num primeiro momento se retrai, "como se dissesse com voz baixa *não*"[39], e só então reage propriamente.

Enquanto o tipo de função aponta o modo de apreensão e moldagem específico do material das vivências, o tipo de atitude, extroversão e introversão, caracteriza a postura psicológica geral, ou seja, o direcionamento da energia psíquica geral, aquilo que Jung concebe como libido. Está ancorado em nossa constituição biológica, e desde o nascimento está definido muito mais claramente do que nosso tipo de função. Isso porque, embora a escolha da função principal, em geral, seja condicionada por certa tendência constitutiva de diferenciar uma determinada função, mediante um esforço consciente, essa pode ser profundamente modificada e até reprimida. Mas a mudança do tipo de hábito, ao contrário, só pode ser provocada por uma "reestruturação (*Umbau*) interna", uma

---

37. *Tipos psicológicos*. OC 6, § 719.

38. Por isso, chamado por Jung muitas vezes, também, de "tipo-orientação".

39. "Tipologia psicológica" (1928). OC 6, § 937.

mudança na estrutura da psique, ou através de uma transformação espontânea (nesse caso, novamente, condicionada biologicamente) ou mesmo de um difícil processo de desenvolvimento psíquico, como, por exemplo, por meio de uma "análise"[40].

Por isso, a diferenciação de uma segunda ou terceira função, ou seja, as duas funções auxiliares, é mais fácil do que a quarta função, a inferior, uma vez que essa não apenas se encontra maximamente distante da função principal, mas também se encontra conjugada com o modo de atitude ainda não vivenciado, oculto e, portanto, indiferenciado. Por essa contaminação, portanto, a introversão, por exemplo, do tipo extrovertido não tem o sobretom da intuição ou da sensação, mas em primeira linha o sobretom do sentimento etc.

A relação mútua entre extroversão e introversão é igualmente compensatória. Se o direcionamento da consciência é extrovertido, o inconsciente é introvertido e vice-versa. Esse fato possui uma importância decisiva para o conhecimento psicológico. Em sua *Einführung in die Grundlagen der Komplexen Psychologie* (Introdução nos fundamentos da psicologia dos complexos)[41], Toni Wolf diz o seguinte:

"O inconsciente do extrovertido é introvertido, todavia, por causa de seu caráter inconsciente, está ali de forma indiferenciada, coativa e instintiva. Por isso, quando o contraponto inconsciente irrompe, os fatores subjetivos se impõem com violência. Com isso, a pessoa com relações positivas, cordata com todo mundo, torna-se momentânea ou definitivamente

---

40. Já existem inúmeras obras decisivas e resultados de pesquisas sobre a relação mútua entre distúrbios biológicos e psíquicos, assim como sobre os nexos de ligação de hormônio e psique (cf. Steinach et al.).

41. WOLFF, T. *Studien*, p. 87.

A psicologia de C.G. Jung 41

um indivíduo egocêntrico, crítico, ranzinza, que cheio de desconfiança supõe haver em tudo e em todos razões pessoais. Sente-se estranho e isolado e em tudo suspeita haver inimizade. A passagem automática de uma atitude consciente para uma inconsciente pode ser reconhecida, muitas vezes, no fato de constatar ou projetar o lado próprio negativo no objeto – e quiçá, em geral, num objeto de tipo contrário, portanto introvertido –, o que leva naturalmente a confrontos desafetuosos e injustos. Quando no tipo introvertido irrompe a atitude inconsciente contrária, torna-se de certo modo um extrovertido inferior, inadequado. O material externo é inundado com projeções do material subjetivo, recebendo assim uma espécie de significado mágico. Com isso surge uma *participation mystique*, como diz Levy-Bruhl a respeito dos primitivos, que se identificam com as manifestações da natureza. Naturalmente, tal estado surge muitas vezes, de modo especial em relações de amor e ódio, uma vez que, já em si, um afeto intenso facilita o mecanismo de projeção"[42].

"O hábito da atitude da consciência se mantém na vida até que o indivíduo chega numa situação na qual sua unilateralidade impossibilita sua adaptação à realidade. Muitas vezes essa situação consiste no fato de o envolvido entrar numa estreita relação com um objeto de tipo contraposto; então os contrários colidem, não há compreensão, atribui-se toda culpa ao outro, porque ele possui aquelas propriedades que não se vê em si mesmo e não se desenvolveu, existindo assim apenas de forma inferior. É muito comum a contraposição tipológica ser a verdadeira razão psicológica de problemas de

---

42. "Os afetos se encontram sempre no lugar de adaptação malsucedida", afirma Jung (*Tipos psicológicos*. OC 6, § 810).

casais, dificuldades entre pais e filhos, atritos entre relações de amizade ou profissionais, e até de diferenças sociais e políticas. Tudo aquilo de que não estamos conscientes em nossa própria psique, nesses casos, aparece projetado no objeto, e enquanto não se reconhece em si mesmo o conteúdo projetado, o objeto continuará senso o bode expiatório. Por isso, a tarefa ética seria realizar em si mesmo o hábito atitudinal contraposto, sempre existente em toda pessoa humana. Através de aceitação e desenvolvimento *conscientes*, o indivíduo não só alcançaria equilíbrio em si mesmo, como compreenderia melhor também seus semelhantes"[43].

Em geral, essa contraposição das funções e a atitude consciente e inconsciente intensificam-se no indivíduo na segunda metade da vida tornando-se um conflito precisamente naquele problema com o qual se anuncia uma mudança em sua situação psicológica nesse período da vida. Muitas vezes são precisamente as pessoas proficientes e adaptadas ao mundo exterior que, tendo uma vez ultrapassado a casa dos quarenta anos, de repente sentem que, apesar de "sua cabeça brilhante", não estão à altura para enfrentar os conflitos domésticos ou, por exemplo, não se sentem suficientemente adaptadas a seu ofício etc. Se esse fenômeno for corretamente compreendido, deve ser concebido como um sinal e uma exortação de que a função inferior está exigindo agora, também ela, seu direito, fazendo-se necessário um confronto e embate com ela. Também nesses casos, quando se inicia uma análise nessa idade, a confrontação com ela acaba se tornando o principal papel a ser exercido.

---

43. Cf. tb. a descrição muito precisa que faz Jung desses dois tipos contrapostos em seu livro *Psicologia do inconsciente* (1943). OC 7/1, § 102ss.

Todavia, aqui é preciso apontar ainda para outra espécie de distúrbio do equilíbrio psíquico, que hoje pode ser encontrada quase com a mesma frequência que aquele provocado por uma função principal diferenciada de forma unilateral e exclusiva, a saber, o distúrbio que surge quando não se desenvolve nenhuma das quatro funções possíveis ou quando as quatro permanecem indiferenciadas. Num tal estado encontra-se a psique de uma criança, quando ainda não possui um eu firmemente articulado. Isso porque o devir da consciência do eu representa um longo e difícil processo de centrar-se e de crescimento, e caminha lado a lado com o desenvolvimento e a fixação da função principal. Ao alcançar a maturidade, portanto, no fim da adolescência, deveria ter-se completado. Mas quando não se completa no final dessa fase, ou, como é muito comum, se até a idade tardia do ser humano continua oculto em estágios iniciais, então, apesar de sua idade, temos um indivíduo infantil, criançola, que se caracteriza por uma estranha insegurança, um constante oscilar em todas as suas manifestações, juízos e feitos. Quando tal pessoa precisa primeiramente procurar que atitude deve tomar, dentre as duas possíveis, ou qual tipo de função deve empregar nessa ou naquela situação, dentre as quatro possíveis, essa pessoa, então, de acordo com isso, é também influenciável, apresenta um rosto em constante mudança, ou então – como que servindo de proteção contra essa vulnerabilidade – veste uma máscara rígida, bem convencional, por trás da qual supõe poder esconder seu subdesenvolvimento psíquico. Na experiência, porém, vê-se que em situações e épocas decisivas da vida essa vulnerabilidade irrompe, levando a inúmeras complicações. Um desenvolvimento tão diminuto das funções, portanto, é tão prejudicial quanto um desenvolvimento unilateral superdiferenciado. O eterno pubescente é um exemplo comum disso, mesmo que apareça com o mais claro e amável aspecto do *puer aeternus*. Mas, de acordo com isso, o *puer aeternus* não torna visualizável apenas uma fixação num estágio precoce, ou seja, um permanecer retardado, mas representa também a possibilidade de um avanço no crescimento, a oportunidade de desenvolvimento existente em potência em todo material ainda não desenvolvido.

Assim como a diferenciação e o isolamento daquela função que capacita o indivíduo, a partir de sua disposição natural, a inteirar-se de forma mais segura e superar os desafios do mundo externo, constitui-se na mais importante tarefa psíquica da juventude, assim só se poderá empreender a diferenciação das demais funções depois de ter realizado essa tarefa com sucesso. Pois enquanto o ser humano não tiver ancorado firmemente sua consciência no mundo circundante real – e isso só se dá com o tornar-se adulto, e muitas vezes inclusive só após certa experiência na idade avançada – não pode nem deve, se não for absolutamente necessário, tomar o caminho que leva ao inconsciente.

O mesmo se dá com o hábito atitudinal. O hábito dado como disposição natural deve exercer a direção durante a primeira metade da vida, porque é a melhor forma de o indivíduo achar seu caminho no mundo, usando sua atitude dada pela natureza. É só a segunda metade da vida, então, que impõe a tarefa de dar voz também ao hábito contraposto. Não é preciso maiores explicações sobre o fato de que é mais fácil a alguém extrovertido de nascença adaptar-se ao mundo externo – exigência sobretudo da primeira metade da vida – do que alguém introvertido de nascença. Por isso, talvez, possamos ousar dizer que o extrovertido se move com mais facilidade no mundo na primeira metade da vida, e o introvertido, na segunda metade da vida, com o que, pelo menos de forma relativa, se estabelece com certa justiça.

O perigo que ameaça os dois tipos é a unilateralidade. A extroversão do eficaz pode levá-lo com tal intensidade para dentro do mundo, que encontra dificuldade de achar o caminho "de volta para casa". Seu próprio interior se lhe tornou estranho. Encontra-se constantemente fugindo desse fato, até não poder mais. Ou então se entregou com demasiada força à *ratio*, acionando e fortalecendo sempre apenas sua função de pensamento, e agora se dá conta de ter-se tornado estranho de seu próprio núcleo vital: Seu sentimento não consegue atingir sequer a pessoa que lhe está mais próxima. Mas não só o que está voltado ao mundo, mas também o introvertido encontra dificuldades por causa de sua postura unilateral no curso da vida. As funções negligenciadas e o hábito atitudinal que não foi vivenciado se revoltam, exigindo seu lugar ao sol, forçando essa aquisição, quando não há outro modo, através de uma neurose. Isso porque a meta é sempre alcançar a inteireza da psique, a solução ideal, portanto, na qual pelo menos todas as três funções e os dois modos de reação estão à disposição do indivíduo, na máxima consciência e leveza possível; ele deve saber, pelo menos, algo também da constituição da quarta função e dos perigos ameaçadores dela provenientes. Pelo menos uma vez na vida é preciso tentar, de algum modo, uma relativa aproximação a este ideal. Se essa exigência não se apresentar antes, o meio da vida significa a última convocação para, agora ou nunca, fazer frente a essa exigência, "arredondando" assim a psique, a fim de não ir ao encontro do entardecer da vida de forma despreparada e incompleta.

O problema dos tipos no ser humano criativo

Assim como o tipo-função, também o tipo-atitude, ao qual pertence uma pessoa, permanece quase sempre desconhecido a este ou é malcompreendido. Em todo caso, muitas vezes é bem difícil de ser reconhecido, necessitando de um longo trabalho psicológico para desvencilhá-lo da imagem caleidoscópica oferecida pela psique ao observador. Quanto mais forte o relacionamento que tem uma pessoa naturalmente com o inconsciente, tanto mais difícil essa tarefa. Isso se aplica de modo especial a todas as naturezas dos artistas.

Pessoas criativas e artistas, que possuem de forma estrutural uma relação extraordinariamente forte com o inconsciente, tendo como que um "comércio direto" com o inconsciente, dificilmente se deixam enquadrar num tipo. E isso se agrava ainda mais quando não se pode equiparar prontamente obra e artista. Muitas vezes o mesmo artista, por exemplo, em sua vida é uma pessoa extrovertida e sua obra corresponde a um tipo introvertido e vice-versa. Isso já pode ser muito bem-compreendido na perspectiva da lei da contraposição psíquica, e poderia ser o caso sobretudo daqueles artistas que em sua obra representam artisticamente aquilo que eles não são; representam, portanto, sua complementação. Mas naqueles artistas nos quais sua obra não representa seu outro lado, não vivenciado, mas sua própria "elevação", sua autoimagem aumentada, idealizada, nesses obra e pessoa podem corresponder-se. Isso se aplica sobretudo a introvertidos que se representam em romances ou figuras psicológicas sutis, ou a extrovertidos, que têm predileção em descrever heróis de aventuras ou viagens de aventuras.

Jung acredita que o criar extrovertido nasce através da transformação artística do que se vivenciou no mundo exterior, mas o criar introvertido, ao contrário, "aconteceria" através da superação dos conteúdos do interior, que fluem cheios de significado para a pena ou o pincel do artista.

O processo criativo, na medida em que podemos segui-lo, consiste numa vivificação de símbolos eternos que repousam no inconsciente da humanidade e em seu desenvolvimento e configuração, até chegar a uma obra de arte perfeita. "Quem fala com imagens originárias fala como que com mil vozes, toma e supera, e ao mesmo tempo eleva aquilo que desenha, a partir do singular e passado, para a esfera do contínuo devir, eleva o destino pessoal em destino da humanidade, e com isso libera também em todos nós aquelas forças úteis que possibilitaram à humanidade salvar-se de todo e qualquer perigo, sobrevivendo mesmo à mais longa das noites. [...] Esse é o mistério do efeito da arte"[44].

Jung atribui um posto especial à atividade artística da imaginação (*Phantasie*), atribuindo-lhe inclusive uma categoria própria, porque, em sua opinião, não pode ser classificada sob nenhuma das quatro funções básicas ou participa em cada uma delas. Segundo isso, não é correta a opinião geral de que, quando ocorre uma ideia artística, isso se deve apenas ao tipo intuição, ou seja, que todo artista teria como sua função principal a intuição. No trabalho criativo a imaginação é a fonte de onde ocorrem as ideias, todavia pode ser um dom de cada um dos quatro tipos. A imaginação do artista, que representa uma habilidade ou um dom específico, não pode ser confundida nem com a "imaginação (*Imagination*) ativa", que opera o levantamento, vivificação e fixação das imagens do inconsciente coletivo, nem com a intuição, que representa

---

44. *O espírito na arte e na ciência*. OC 15, § 129s.

um modo de apreensão dos dados psíquicos – sendo portanto uma função da consciência. Isso porque o tipo de função se anuncia só no modo e na maneira de apreensão e processamento tanto das "intuições" como das ideias criativas que ocorrem ao artista ou dos produtos da imaginação. Assim, também a obra, enquanto produto criativo, de acordo com toda sua disposição natural, pode pertencer a um tipo diferente do que o do próprio artista que a fez, e a respeito do tipo do artista não se deduz a partir do conteúdo, mas apenas a partir do modo de elaboração. Em princípio, é natural a imaginação do artista não se diferenciar daquela do ser humano usual; mas o que perfaz o artista, ao lado da riqueza, originalidade e da vitalidade dos produtos da imaginação, é, em primeira linha, sua habilidade na força formadora, com a qual consegue dar figuração às ideias que lhe ocorrem, ligando-as entre si numa inteireza estético-orgânica.

Ouve-se sempre que seria muito perigoso para o artista ocupar-se com o inconsciente, e sempre é possível perceber como certos artistas, vez por outra, afastam-se da psicologia – diz Jung – porque temem que esse monstro lhes devore a assim chamada força criativa. Como se um exército de psicólogos pudesse fazer alguma coisa contra um Deus! A verdadeira criatividade é uma fonte que não pode ser estancada. Haveria algum embuste na face da Terra que se sussurrasse a Mozart ou Beethoven e pudesse impedir esses mestres em seu poder criativo? A força criativa é mais forte do que o ser humano. Quando não é assim, então é fraca, alimentando sob certas circunstâncias um talentinho amistoso. Mas onde é uma neurose, às vezes ali basta uma única palavra, sim, até mesmo um simples olhar para desfazer no ar a ilusão. Então o suposto poeta não consegue mais compor poemas, e ao pintor ocorrem-lhe ainda menos ideias e sente-se ainda mais incapaz do que antes, e a única culpada disso é a psicologia! Ficaria feliz se o conhecimento psicológico tivesse um efeito tão desinfetante, ajudando a diminuir o elemento neurótico, que torna a arte de hoje em dia tão pobre em gozo artístico. A doença não estimula o elemento criativo, ao contrário, representa seu maior empecilho. Nenhuma solução de repressão pode destruir o que é realmente criativo, assim como jamais se consegue esvaziar o inconsciente[45].

Outra suposição errada é a hipótese ainda muito difundida de que uma obra de arte perfeita condiciona ou puxa junto consigo a perfeição psíquica de seu criador; isso porque para poder tirar realmente proveito do "comércio com o inconsciente" para um processo de diferenciação psíquica, portanto, para um desenvolvimento buscado da personalidade é preciso *compreender e vivenciar humanamente* as imagens, símbolos e visões que sobem dele, isto é, acolhê-los e integrá-los *ativamente*, "indo ao seu encontro atuando com plena consciência"[46]. Mas, muitas vezes, o artista está postado frente a eles de forma passiva, olhando para eles, reproduzindo sua imagem, percebendo, ou, no melhor dos casos, sofrendo-os. Nesse sentido, portanto, sua vivência seria perfeita do ponto de vista artístico, mas incompleta do ponto de vista humano. Mas aquele artista que conseguisse ampliar e configurar criativamente tanto sua própria personalidade quanto sua obra, na mesma medida, alcançaria seguramente a medida máxima do humano. Mas isso só é dado há poucos; só raramente a força de uma pessoa alcança levar à mesma perfeição tanto a

---

45. "Psicologia e educação". OC 17, § 206.

46. *O eu e o inconsciente* (1958). OC 7/2, § 342.

obra interior quanto a exterior. Isso porque "os grandes dons são os mais belos e às vezes os mais perigosos frutos na árvore da humanidade. Encontram-se nos galhos mais delgados, que se quebram com facilidade"[47].

É verdade que extroversão e introversão são modos de reação permeáveis na vida da mesma pessoa; apesar disso, por certo espaço de tempo podem ser intercambiados. Há determinadas fases da vida do ser humano, e até na vida dos povos, que são caracterizadas mais pela extroversão e outras mais pela introversão. Por exemplo, a puberdade, em geral, é uma fase mais extrovertida, o climatério uma fase mais introvertida, a Idade Média foi uma fase mais introvertida, a Renascença uma fase mais extrovertida, e assim por diante. Só isso já bastaria para mostrar que é totalmente falso, como acontece com frequência, identificar o modo de atitude da extroversão como "mais valioso" que a introversão e vice-versa. As duas têm sua justificação e seu lugar no mundo. A cada uma delas é adequada uma função própria para que o mundo se complete. Quem não reconhece isso comprova apenas que ele próprio está preso como cego numa dessas duas atitudes e não consegue enxergar para além de si mesmo.

Com a inserção de extroversão ou introversão, como um hábito geral atitudinal das quatro funções básicas resultam ao todo *oito* diferentes tipos psicológicos: o de pensamento extrovertido, o de pensamento introvertido, o de sentimento extrovertido, o de sentimento introvertido etc., formando assim uma espécie de compasso, por meio do qual podemos nos orientar na estrutura da psique. Se quiséssemos apresentar um esquema completo da personalidade segundo a Teoria

---

47. "Psicologia e educação". OC 17, § 244.

A psicologia de C.G. Jung 51

dos Tipos junguiana, poderíamos pensar a introversão-extroversão como um terceiro eixo perpendicular para com os dois eixos cruzados dos quatro tipos de funções; na medida em que colocamos em relação cada uma das quatro funções com os dois tipos atitudinais, temos uma figura espacial octogonal. De fato, não é raro expressar-se a ideia da quaternidade, ao lado do próprio quatro, através do quatro dobrado, o oito (*ogdoas*).

A *persona*

Frente a seu mundo circundante, junto com a extensão da diferenciação ou superdiferenciação de sua consciência, está implicado também o modo geral de comportamento psíquico do ser humano, chamado por Jung de *persona*. O *diagrama VII* mostra como o sistema de relação psíquica, através do qual o ser humano entra em contato com o mundo exterior, envolve ao mesmo tempo o eu, encapsulando-o contra o mundo exterior como se fosse uma "casca". Também aqui, como aconteceu nos outros diagramas, o pensamento foi tomado como função principal, por isso ele domina quase que totalmente a casca-eu, a *persona*. As funções auxiliares, intuição e sensação, participam dele já bem menos, a função inferior, o sentimento, quase já não mais participa dele.

A pessoa representa propriamente um excerto do eu, precisamente aquele que está voltado ao mundo circundante. Jung o define como segue: "A *persona* é um complexo funcional, que surgiu por razões de adaptação ou de uma necessária comodidade, mas que não é idêntico com a individualidade. Refere-se exclusivamente à relação para com os objetos, com o exterior"[48]. "*A* persona *é um compromisso entre indivíduo*

---

48. *Tipos psicológicos.* OC 6, § 803.

e sociedade sobre como alguém aparenta ser"[49]. Um compromisso, portanto, entre as exigências do mundo circunstante e sobre o condicionamento interior estrutural do indivíduo. Isso significa que uma *persona* que funciona corretamente tem de dar conta de três fatores: em primeiro lugar, o ideal de eu ou a imagem desejada, que toda pessoa humana tem em si, e de acordo com a qual ele gostaria que fosse sua compleição e seu procedimento; em segundo lugar, a imagem geral que faz o respectivo mundo circundante a respeito de um ser humano, de acordo com o gosto e o ideal desse mundo; e em terceiro lugar as condicionalidades dadas psíquica e fisicamente, que impõem os limites à realização do ideal de eu ou do mundo circundante. Se alguém não cuida desses três fatores, ou eventualmente até de dois deles, a *persona* jamais poderá realizar plenamente sua tarefa, e acaba redundando mais em empecilho para o desenvolvimento da personalidade do que em um fator de contribuição e fomento para o mesmo. Por exemplo, um indivíduo cuja *persona* é edificada apenas a partir dos traços permitidos pela coletividade exterior, tendo a *persona* de uma pessoa da massa, e aquela pessoa que só leva em consideração sua própria imagem desejada, negligenciando porém todas as outras duas necessidades, é bem provável ter uma *persona* de um excêntrico, um solitário ou de um rebelde. Assim, fazem parte da *persona* não só nossas características psíquicas, mas também nossas formas de lidar com as coisas, nossas peculiaridades habituais em relação a nossa aparência externa, como postura, jeito de andar, penteado, vestes, sim até o franzir do nosso rosto e nossos tiques, nosso costume de sorrir e suspirar e outras coisas.

---

49. *O eu e o inconsciente*. OC 7/2, § 466.

Diagrama VII

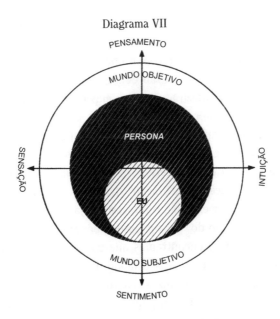

Eu e persona *com os quatro tipos de funções*

No ser humano bem-adaptado tanto ao seu mundo exterior quanto ao seu mundo interior, a *persona*[50] é por assim dizer um muro protetor necessário, mas maleável, que lhe assegura uma forma de comércio com o mundo circundante relativamente natural, homogênea e leve. Mas precisamente por causa da comodidade com a qual sua real natureza pode se esconder por trás de tal forma de adaptação, tornada habitual, também pode incorrer em perigo. Então, ela enrijece, torna-se mecânica e se transforma, no verdadeiro sentido da palavra, em uma máscara bem-talhada, por trás da qual a indi-

---

50. Cf. JACOBI, J. *Die Seelenmaske* – Einblicke in die Psychologie des Alltags. Freiburg im Breisgrau: Olten, 1971.

vidualidade, aquilo que a pessoa humana é em sua verdadeira essência começa a definhar, caminhando rumo a uma total asfixia[51]. "A identificação com o ofício e com o título carrega em si algo de sedutor, razão pela qual muitas pessoas nada mais são que a alteza atribuída a elas pela sociedade. Seria uma tarefa vã procurar por trás dessa casca uma personalidade, encontraríamos apenas uma pessoazinha miserável. É por isso precisamente que o ofício exercido – ou seja lá o que for essa casca exterior – é tão sedutor"[52], representa uma compensação barata das frustrações pessoais. Todos nós conhecemos por exemplo o professor cuja individualidade se esgota na função do "ser professor"; por trás dessa máscara, então, nada mais encontramos que um feixe de rabugices e infantilidades. Apesar de seu modo de funcionar habitual e por isso na maioria das vezes já automático, a *persona* jamais pode tornar-se tão intransponível que, pelo menos, não se possa adivinhar e pressentir os traços de caráter individual que ela "encobre". Tampouco ela poderá ser tão "aderentemente talhada" na pessoa que não mais possa ser "retirada". No fundo, a consciência pode dispor mais ou menos livremente de uma *persona* funcionando corretamente, pode adaptá-la às exigências das respectivas circunstâncias, isto é, modificá-la e até trocá-la. Isso porque uma pessoa adaptada ao mundo circundante "vestirá", por exemplo, outra *persona* quando vai para um casamento, quando conversa com funcionários do fisco, ou quando preside uma reunião, e ali tem de ter relativa consciência disso, o que só é possível quando ela estiver ligada com a função superior da consciência.

---

51. Cf. para isso o belo artigo de Schopenhauer: "Von dem, was einer ist und von dem, was einer vorstellt". *Aphorismen zur Lebensweisheit*, II und IV.

52. *O eu e o inconsciente*. OC 7/2, § 230.

A psicologia de C.G. Jung

Todavia – como podemos constatar – nem sempre é isso o que acontece. Pois, em certas circunstâncias, ao invés de se tentar a adaptação ao mundo exterior lançando mão da função superior – o que constitui e deveria ser a regra – também pode ser tentada lançando mão da função inferior ou, o que é menos perigoso e mais fácil de corrigir, com uma das funções auxiliares; pode também, infelizmente, ser forçada por imposição dos pais ou pela pressão da educação. Mas, com o tempo, isso traz consequências graves e, em virtude de fazer violência, mais forte ou mais fraca, à estrutura psíquica dada pela disposição natural, levar a referida pessoa a formar uma espécie de "caráter forçado" e às vezes até a uma verdadeira neurose. Em tais casos, a *persona* aparece inevitavelmente afetada com todas as frustrações que caracterizam as funções inferiores, indiferenciadas.

Essas pessoas não só não se mostram simpáticas, mas podem facilmente induzir pessoas psicologicamente sem experiência a uma avaliação totalmente incorreta de sua pessoa. São aqueles tipos que, correspondentemente a isso, em suas relações, passam a vida resolvendo tudo de modo estereotipadamente falso ou atrapalhado. Um exemplo disso é o azarado, outro exemplo é o assim chamado "elefante numa loja de porcelanas", que não tem tato para nada, portanto, não tem qualquer instinto natural para um comportamento correto e adequado.

Mas não são apenas os sujeitos e representantes da *consciência coletiva*[53], os "grandes" que se destacam da generali-

---

53. No conceito de "inconsciente coletivo" estão contidos a integralidade das tradições, convenções, costumes, conceitos prévios, regras e normas de uma coletividade humana, que fornecem orientação à consciência do grupo como um todo ou à consciência dos indivíduos desse grupo, que na maio-

dade, da sociedade, as estatuetas dos títulos, dignidades etc. que exercem tal atração ao ser humano, levando-o assim a uma inflação. Além de nosso eu, não existe apenas a consciência coletiva da sociedade, mas também o inconsciente coletivo, nossa própria profundidade que alberga em si grandezas igualmente atrativas. Como, no primeiro caso, alguém se vê "arrebatado" pelas dignidades oficiais do mundo, assim também alguém pode, de repente, desaparecer dele, ou seja, ser "engolido" pelo inconsciente coletivo, identificar-se com uma imagem interna na medida em que esse cria uma ilusão de grandeza ou também de pequenez e acaba se considerando como um herói, um libertador da humanidade, um vingador, um mártir, um expatriado, um vampiro etc. O perigo de cair vítima dessa "grandeza interior" cresce com o enrijecimento da *persona*, com a força da identificação do eu com ela, pois, através disso, todo o interior da personalidade continua reprimido, recalcado, indiferenciado e assim carregado de dinâmica ameaçadora.

Uma *persona* funcional, que por assim dizer está bem-assentada, é uma condição primordial para uma psique sadia e de grande importância para suplantar com sucesso os desafios do mundo exterior. Assim como uma pele sadia ajuda a intermediar a troca material dos tecidos subcutâneos, e quando se torna rígida e morre, reduz a vida das camadas internas, assim também uma *persona* "bem maleável" pode desempenhar o

---

ria das vezes vivencia isso de forma totalmente irrefletida. Em parte, esse conceito corresponde ao conceito cunhado por Freud e designado de "superego", mas se diferencia dele no fato de Jung não compreender sob esse conceito apenas as ordens e proibições do mundo circunstante, que atuam a partir do espaço interior da psique, mas também aqueles que determinam ininterruptamente o ser humano a partir de fora, em seu fazer e deixar de fazer, em seu sentimento e pensamento.

papel de protetor e regulador no intercâmbio entre o mundo interior e o exterior, mas quando perde sua elasticidade e maleabilidade transforma-se num empecilho molesto ou até numa barreira mortal. Toda e qualquer inadequação duradoura, assim como toda identificação com a *persona* – de modo especial com a atitude que não corresponde a nosso real eu –, com o andar da vida leva necessariamente a perturbações que podem crescer e se transformar em crises e enfermidades psíquicas graves.

Diagrama VIII

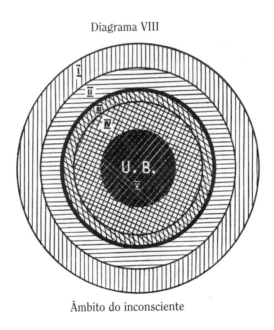

Âmbito do inconsciente

I = Recordações
II = Conteúdos reprimidos } Inconsciente pessoal

III = Emoções
IV = Invasões
V = Aquela parte do inconsciente que não pode ser tornada consciente } Inconsciente coletivo

Os conteúdos do inconsciente

Como já foi mencionado, o *inconsciente* abarca dois âmbitos: um *pessoal* e um *coletivo*[54]. O *diagrama VIII* apresenta uma exposição esquemática dessa realidade. Já foi dito de onde são formados os conteúdos do inconsciente pessoal, a saber, de "conteúdos esquecidos, reprimidos, percepções subliminares, e de todo tipo de conteúdos pensados e sentidos"[55]. Mas também o inconsciente coletivo é dividido em âmbitos que, compreendido figurativamente, poderíamos nos representar como que postados um sobre o outro, muito embora o inconsciente abarque a consciência por todos os lados. Jung chega a dizer: "Segundo minhas experiências, a consciência

---

54. A tentativa de um desmembramento das partes inconscientes da psique em "âmbitos" só pode naturalmente ser usada e compreendida como uma hipótese de trabalho; serve para facilitar a orientação dentro do material inconsciente multiestratificado e para melhor supervisionar seu agrupamento.

55. Os conceitos de "pré-consciente" e "subconsciente", empregados por muitas pessoas com o mesmo significado que inconsciente coletivo, levando com isso a inúmeros equívocos, correspondem apenas em parte ao inconsciente coletivo. O pré-consciente – expressão introduzida por Freud – representa de certo modo aquela zona-limite do inconsciente pessoal, mais próxima da consciência, um âmbito de conteúdos subliminares que, por assim dizer, "prontos para a marcha", aguardam por uma "convocação" antes de entrarem na consciência. Por subconsciente (a expressão provém de Dessoir) compreende-se, ao contrário, um âmbito que abarca aqueles processos psíquicos que estão entre o que é plenamente consciente e o inconsciente (como, por exemplo, alguns estados de transe, assuntos não recordados, não intencionados e não percebidos). O subconsciente pode ser identificado mais ou menos com o inconsciente pessoal, mas não com o inconsciente coletivo, uma vez que os conteúdos desse último não correspondem mais às experiências feitas durante as experiências de uma vida individual. Se ousarmos uma descrição topográfica, poderíamos dizer: O pré-consciente abrange a zona limítrofe superior do inconsciente pessoal na direção da consciência; o subconsciente abrange a inferior, na direção do inconsciente coletivo. O conceito junguiano do inconsciente pessoal, portanto, abarca os dois conceitos.

só pode reivindicar uma *situação relativamente intermediária* e tem de tolerar ser superada e envolvida de certo modo *por todos os lados* pela psique inconsciente. Através de conteúdos inconscientes, está ligada *para trás*, por um lado, com condicionamentos fisiológicos e, por outro, com pressupostos arquetípicos. Também é antecipada *para frente*, porém, através de intuições [...]"[56]. Mas se quisermos permanecer na representação visual topográfica de "camadas", então temos de identificar como primeiro âmbito aquele de nossas emoções e afetos, de nossos instintos primitivos, sobre os quais, ao se manifestarem, sob certas circunstâncias, exercemos ainda um controle, que podemos qualificar de certo modo como racional. Mas o próximo âmbito já abrange aqueles conteúdos que irrompem de forma elementar imediatamente a partir do centro de nosso inconsciente – centro o mais profundo, o mais escuro e que jamais poderia ser totalmente conscientizado, irrompendo como corpos estranhos, que permanecem eternamente incompreensíveis e jamais poderão ser assimilados completamente pelo eu. Possuem um caráter totalmente autônomo, formando muitas vezes não apenas os conteúdos das neuroses e psicoses, mas também em muitos casos os conteúdos das visões e alucinações dos espíritos criativos.

Muitas vezes é bastante difícil estabelecer uma distinção do que pertence às diversas "zonas" ou a seus conteúdos. Em sua grande maioria eles surgem ligados uns aos outros, numa espécie de mistura[57]. Uma vez que, no fundo, a consciência não é um "aqui" e o inconsciente não é um "lá". "A psique for-

---

56. "Símbolos oníricos". OC 12, § 175.

57. É só por causa da clareza que no diagrama se separam as linhas individuais entre si.

Diagrama IX

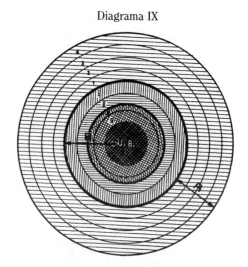

A = Âmbito da consciência
B = Âmbito do inconsciente
I = Conteúdos esquecidos
II = Conteúdos esquecidos
III = Emoções
IV = Invasões
V = Parte do inconsciente coletivo que jamais pode se tornar consciente

1 = Sensação
2 = Sentimento
3 = Intuição
4 = Pensamento

ma antes um todo *consciente-inconsciente*"[58], cujos limites confrontativos estão em constante mudança.

Os *diagramas IX e X* devem servir para visualizar a estrutura completa do sistema psíquico total de um indivíduo. O círculo inferior (no *diagrama IX* é o central) é o maior. Sobre ele repousam os demais, estratificados uns sobre os outros e tornando-se cada vez mais estreitos; como conclusão o cume

---

58. "Considerações teóricas sobre a natureza do psíquico" (1947). OC 8/2, § 397.

A psicologia de C.G. Jung

Diagrama X

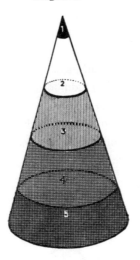

1 = O eu
2 = A consciência
3 = O inconsciente pessoal
4 = O inconsciente coletivo
5 = A parte do inconsciente coletivo que jamais pode se tornar consciente

do eu. Como complemento a isso, o *diagrama XI* apresenta uma espécie de árvore genealógica psíquica, a correspondente filogenética da representação ontogenética precedente. Bem no fundo se encontra o abismo insondável, a "força central"[59], a partir de onde, na origem, separaram-se as psiques individuais. Essa força central atravessa por todas as demais diferenciações e singularizações, vive em todas elas, entrecruza-as até a psique individual como a única que perpassa por todas

---

59. Essa expressão deve ser compreendida como energética e como um conceito heurístico (cf. nota 2 do cap. 2 (p. 87).

as camadas. Sobre o "fundo insondável" está o depósito da experiência de todos os nossos antepassados animais, e acima deste aquele de todos os nossos mais antigos antepassados humanos. Cada camada representa mais uma diferenciação da psique coletiva, até alcançar o nível da altura da psique individual, singular, progredindo de grupos da humanidade até grupos nacionais, da tribo para a família. Sobre isso Jung diz: "O inconsciente coletivo é a poderosa massa de herança espiritual do desenvolvimento da humanidade, renascida em cada estrutura individual [...]"[60].

Diagrama XI

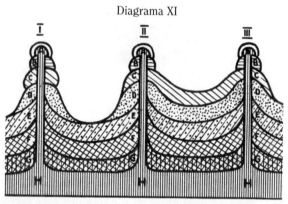

I = Nação isolada
II e III = Grupo nacional (por exemplo, Europa)
A = Indivíduo
B = Família
C = Tribo
D = Nação
E = Grupo de povo
F = Antepassados primitivos humanos
G = Antepassados animais
H = Força central

---

60. *A natureza da psique* (1928). OC 8/2, § 342.

Em contraposição ao inconsciente pessoal, cujos conteúdos são constituídos de matérias reprimidas durante a história de vida do indivíduo e que sempre se encontram em processo de acumulação, no inconsciente coletivo encontram-se apenas traços essenciais genuínos, que caracterizam a estrutura psíquica da espécie humana e suas ramificações posteriores. Essa distinção entre os diversos conteúdos que no inconsciente se encontram juntos foi forjada por Jung em vista de uma hipótese de trabalho útil; ele como que os "misturou", para melhor poder demonstrar seu caráter fundamentalmente distinto. Os conteúdos subordinados ao inconsciente coletivo representam o solo matriz suprapessoal do inconsciente pessoal e da consciência, que em si são "neutros" em todas as perspectivas, pois seus conteúdos recebem sua determinação de valor e de lugar apenas através do confronto com a consciência. O inconsciente coletivo, não dirigível pela consciência, nem submisso à influência de sua atividade crítica e ordenadora, nos transmite a voz daquela natureza originária livre de influências, que Jung chamou, por isso, também de *psíquico objetivo*. A consciência está sempre finalisticamente orientada a adaptar o eu com o mundo exterior. O inconsciente, ao contrário, "é indiferente a esse caráter finalista *referido ao eu*, tendo a *objetividade* impessoal *da natureza*"[61], cujo único objetivo é manter a continuidade imperturbável do decurso psíquico; é portanto uma defesa contra aquela unilateralidade que poderia levar ao isolamento, ao bloqueio ou outros fenômenos causadores de enfermidade. Mas, ao mesmo tempo – na maioria das vezes por caminhos desconhecidos –, no sentido de um caráter finalista, que está voltado para a

---

61. WOLFF, T. *Studien*, p. 109.

complementação da psique, seu arredondamento rumo a uma "inteireza".

Até aqui se falou da estrutura e da função da consciência e das formas e modos de reação pelos quais as reconhecemos. Também do inconsciente se disse que abarca diversos âmbitos. Ora, surge a questão se é possível falar de uma estrutura ou morfologia do inconsciente, e como isso está relacionado ao nosso conhecimento. Pode-se, porventura, constatar aquilo que não é "consciente" – que é, portanto, desconhecido à consciência? A resposta soa: Sim! No entanto, não de forma direta, mas apenas em virtude de sua atuação ou de suas *manifestações indiretas*, que encontramos na forma de sintomas ou complexos, imagens e símbolos no *sonho*, nas *imaginações* e *visões*[62].

O complexo

As manifestações que aparecem primeiramente no campo da consciência são *sintoma e complexo*. O sintoma pode ser definido como um fenômeno de bloqueio do curso de uma energia psíquica, podendo ser reconhecido tanto somática quanto psiquicamente. É um "sinal de alarme de que algo de essencial não está indo bem na impostação da consciência ou que é insuficiente, e que deveria acontecer portanto uma ampliação da consciência"[63], isto é, suspender um bloqueio, sendo que não é possível apontar de antemão onde se encontra esse ponto de bloqueio e qual o caminho que leva a ele.

---

62. É óbvio o paralelo com o método da física e sua colocação de hipóteses. Ali também não se percebem as ondas e os átomos, eles mesmos, mas, com base nos efeitos observados se conclui dos mesmos, e estes são pesquisados seguindo hipóteses que consigam explicar da maneira mais abrangente possível o que é observado e postulado.

63. WOLFF, T. *Studien*, p. 101.

Jung define os complexos como *partes psíquicas dilaceradas da personalidade*, grupos de conteúdos psíquicos que se separaram da consciência, funcionando arbitrária e autonomamente, e que "conduzem, portanto, uma existência estranha para a esfera escura do inconsciente a partir de onde podem frear ou fomentar a todo instante desempenhos conscientes"[64]. O complexo consiste primariamente de um "elemento-núcleo", de um portador de significado, que na maioria das vezes é inconsciente e autônomo, portanto, não é dirigível pelo sujeito, e em segundo lugar, de inúmeras associações ligadas a ele, e caracterizadas por um tom de sentimento unitário, que dependem, por sua vez, em parte de disposições pessoais originárias e em parte de vivências ligadas e causadas pelo meio circunstante[65]. "O elemento-núcleo, de acordo com seu grau de valor energético, possui uma força *consteladora*"[66]. Tanto individual quanto filogeneticamente, é por assim dizer um "ponto nevrálgico", um centro funcional do distúrbio, que, quando ocorre uma situação externa ou interna adequada, torna-se virulento, podendo colocar sob seu domínio e reverter todo o estado de equilíbrio psíquico, forçar a totalidade do indivíduo a submeter-se à sua influência.

O seguinte *diagrama XII*[67] mostra o surgir do complexo, sob cujo efeito de choque a consciência por assim dizer se

---

64. "Tipologia psicológica" (1928). OC 6, § 923.

65. Uma definição e descrição mais detalhada do conceito de complexo, assim como dos dois mais importantes conceitos ligados a ele podem ser encontradas no livro da autora: *Komplex, Archetypus, Symbol in der Psychologie von C.G. Jung*. Zurique: Rascher, 1957, p. 7ss. [A seguir, citado como JACOBI. *Komplex*].

66. *A energia psíquica*. OC 8/1, § 19.

67. Esse diagrama foi retirado da redação inglesa sobre a preleção de Jung proferida em 1934/1935 na ETH em Zurique.

rompe, e o inconsciente penetra através do limiar da consciência, elevando-se ao nível da consciência. Ao se desfazer o limite da consciência, o *"abaissement du niveau mental"*, como o chama P. Janet, retira-se energia à consciência. De um estado ativo consciente, o indivíduo cai num estado passivo, ele é "tomado"[68]. Um complexo que se eleva assim age como um corpo estranho no espaço da consciência. Tem seu caráter fechado, sua inteireza e um grau de autonomia relativamente elevado. Apresenta, em geral, a imagem de uma situação psíquica de distúrbio, que possui um tom emocional vivo e se mostra *incompatível* com a situação habitual da consciência ou com a atitude habitual. Uma de suas causas mais frequentes é o conflito moral, e de modo algum restrito ao elemento sexual. O complexo é um poder da alma, frente ao qual, por uma fração de tempo, a intenção consciente, a liberdade do eu é suspensa[69].

Todo ser humano tem complexos. Isso vem atestado em muitos tipos de desajustes, como já demonstrara Freud em sua *Psychopathologie des Alltagslebens*[70] de modo inequívoco. Complexos não significam necessariamente uma inferioridade do indivíduo, apenas atestam "haver conteúdos não unificados, não assimilados, conflitivos, talvez um empecilho, mas talvez, também, um chamariz para maiores esforços e assim até para a possibilidade de novo sucesso. Por isso, nesse sentido, complexos são pontos centrais, pontos nodais da vida anímica,

---

68. H.G. Baynes descreveu os modos de manifestação e atuação desse processo durante os últimos três decênios na Alemanha, no interessante livro chamado *Germany possessed* (Londres, 1942).

69. "Considerações gerais sobre a Teoria dos Complexos" (1934). OC 8/1, § 216.

70. FREUD, S. *Zur Psychopathologie des Alltagslebens*. Berlim: Karger, 1904 [Ges. Werke, vol. 4].

A psicologia de C.G. Jung 67

que não deveríamos prescindir, sim, que nem deveriam faltar, do contrário a atividade psíquica acabaria estacionando"[71]. Dependendo do grau de "extensão" e de peso ou da função que ocupam respectivamente na economia psíquica, podemos falar portanto de certo modo de complexos "sadios" e "doentes", sendo que depende exclusivamente do estado da consciência, ou seja, da maior ou menor capacidade de articulação firme da pessoa-eu consciente até que ponto esses complexos podem ser processados ou se, em última instância, eles têm um efeito favorável ou nocivo. De qualquer modo, identificam sempre aquilo que no indivíduo "não está resolvido", "portanto, o ponto indubitavelmente fraco em todos os sentidos da palavra"[72].

Diagrama XII

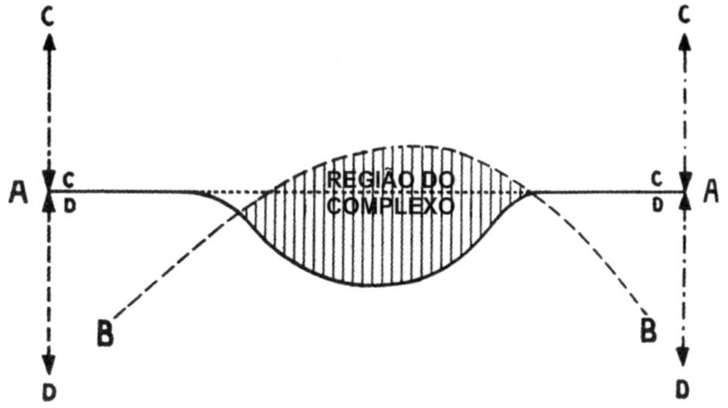

AA = Limiar da consciência, que no lugar pontilhado se rompeu, ou seja, mergulhou no inconsciente
BB = O caminho com complexo que se eleva
CC = Âmbito da consciência
DD = Âmbito do inconsciente

---

71. "Tipologia psicológica" (1928). OC 6, § 925.

72. Op. cit.

A origem do complexo é frequentemente o que se chama de trauma, um choque emocional ou algo parecido, através do que uma parcela da psique é "encapsulada" ou se cinde. E, na concepção de Jung, pode ter sua base tanto na tenra infância quanto nos acontecimentos ou conflitos atuais. O complexo tem seu último fundamento, porém, na maioria das vezes, na aparente impossibilidade de confirmar o todo do ser próprio individual.

O significado atual de um complexo e a libertação do indivíduo de sua influência, caso essa tenha um efeito nocivo, só podem ser mostrados e empreendidos na psicoterapia prática. Sua existência, a profundidade de seus efeitos e a tonalidade de sentimento, porém, só podem ser constatadas através de um processo de associação, elaborado por Jung num experimento já há mais ou menos 45 anos. Esse procedimento consiste em pronunciar individualmente à pessoa testada cem palavras, como "palavras-estímulo", escolhidas segundo determinados pontos de vista; então ela deve responder a cada palavra com uma "palavra-reação", e quiçá com a primeiríssima palavra que lhe ocorre logo que ouve a palavra-estímulo, não importando seu conteúdo, e depois, como recapitulação, transcorrido um espaço de tempo, reproduzir de memória todas essas palavras-reação individualmente no mesmo procedimento. A duração do tempo de reação mostrou ser determinada pela sensibilidade do complexo de cada palavra-reação. Igualmente a falta de reprodução ou a reprodução errada e outras formas de reação mostraram ter valor sintomático. Mostrou-se que, aqui, o mecanismo psíquico consegue apontar com a precisão de um ponteiro de relógio para os pontos da psique carregados de complexos.

Esse processo de associação foi elaborado e aprimorado por Jung até alcançar uma precisão extrema, com múltiplas

A psicologia de C.G. Jung   69

particularidades, e levando em consideração diversos pontos de vista e possibilidades. Enquanto método didático e diagnóstico, significa um apoio essencial para toda psicoterapia, e hoje em dia faz parte do aparato cotidiano dos dispositivos psiquiátricos, do ensino da diagnose psíquica assim como de todo tipo de aconselhamento profissional, e inclusive dentro do aconselhamento da corte de justiça. O conceito *complexo* provém de Jung. Ele publicou seu grande trabalho sobre ele no ano de 1904-1906 em *Diagnostischen Assoziationstudien*, onde introduz a expressão "complexo sentimental" para designar o fenômeno de "grupos de representações sentimentais no inconsciente", sendo que posteriormente, por questão de brevidade, usou-se apenas ainda o termo "complexo"[73].

Os arquétipos

Até que ponto pode-se ter contato não só com o inconsciente pessoal, mas também com conteúdos do inconsciente coletivo é fácil de se constatar no material fornecido pelos sonhos, fantasias e visões. Razões de natureza mitológica ou da simbologia da história comum da humanidade, assim como reações de natureza especialmente intensa podem ser deduzidos do fato de se ter participação nas camadas mais profundas. Essas razões e símbolos têm relevância determinante para toda a vida psíquica, possuem um caráter funcional dominante e estão extremamente carregadas de energia, razão por que foram designadas por Jung no início (1922) como "protótipos" ou, segundo J. Burckhardt, "imagens ori-

---

73. A expressão "complexo", no mais, já fora empregada por E. Bleuler para identificar certas descobertas psíquicas, assim como é empregada em geral referida às mais diversas coisas.

ginárias", e mais tarde (1917) como "dominantes do inconsciente coletivo". Foi só a partir de 1919[74] que ele as chamou de *arquétipos*[75]. Nesse sentido, a partir de 1946[76] (mesmo que nem sempre *expressis verbis*), ele distingue entre "arquétipo em si" (*per se*), ou seja, imanente apenas potencialmente em toda estrutura psíquica, arquétipo não percebível, de um lado, e, por outro, o arquétipo atualizado, que se tornou percebível, que já adentrou o campo da consciência, que então figura como imagem arquetípica, como representação arquetípica, como processo arquetípico etc., sendo que seu modo de manifestação varia constantemente e depende da respectiva constelação dentro da qual ele se manifesta. Há, naturalmente, também, modos de ação e reação arquetípicas, cursos e processos como, por exemplo, o devir do eu, o avançar da idade etc. Portanto, formas de vivência, sim; de sofrimento, concep-

---

74. Em seu escrito "Instinto e inconsciente" (1928). OC 8/1, § 263-282.

75. Jung tirou a expressão "arquétipo" do *Corpus Hermeticum* (II. 140, 22. Ed. Scott) assim como do livro de Dionísio Areopagita *De divinis nominibus*, cap. 2, § 6, onde se diz: "[...] aitque sanctus Pater id solvens, magis ea quae dicuntur confirmare quoniam sigillum idem est, sed diversitas confirmantium, unius ac eiusdem *primitivae formae* (thês authês kai miás archetipías), dissimiles reddit effiges". Mas o que mais o motivou à escolha da palavra foi as *ideae principalis*, de Santo Agostinho, visto que contêm seu sentido e conteúdo numa cunhagem impressionante; em seu livro *Liber de divers. quaest.*, XLVI, § 2 diz Agostinho: "[...] *Sunt namque ideae principales formae quaedam, vel rationes rerum stabiles atque incommutabiles, quae ipsae formatae non sunt, ac per hoc aeternae ac semper eodem modo sese habentes, quae in divina intelligentia continentur. Et cum ipsae neque intereant; secundum eas tamen, formari dicitur omne quod oriri et interire potest, et omne quod oritur et interit. Anima vero negatur eas intueri posse, nisi rationalis [...]*", onde "idea principalis", segundo o sentido, pode ser traduzida justificadamente por "arquétipo".

76. Em seu artigo "Der Geist der Psychologie" (in: *Eranos Jahrbuch*, 1946. Zurique: Rhein-Verlag, 1947), agora sob o título "Considerações teóricas sobre a natureza do físico" (1947). OC 8/2, § 343-424).

A psicologia de C.G. Jung 71

ções e ideias arquetípicas, que sob certas circunstâncias se tornam atuantes, visíveis, abandonando seu funcionamento, que até então transcorria de forma inconsciente. O arquétipo tem, portanto, não apenas um modo de manifestação estático, como, por exemplo, num "protótipo", mas também um modo de manifestação processual-dinâmico, como, por exemplo, na diferenciação de uma função da consciência. Na medida em que possuam uma natureza geral do ser humano e típica, todas as manifestações da vida repousam propriamente em base arquetípica, não importando se elas ocorrem no nível de ideação biológica, psicobiológica ou espiritual. Podemos até expor certa "sequência escalonada" dos arquétipos, dependendo se tornam visível uma característica pertencente a toda a humanidade, ou a um grupo maior ou menor de pessoas. Como se dá com os pais originários de uma genealogia, também os arquétipos podem gerar filhos e filhos dos filhos, sem perder sua "forma originária".

Na medida em que os arquétipos representam reproduções de reações instintivas, isto é, psiquicamente necessárias, frente a determinadas situações, provocando um comportamento que evita a consciência através de sua disposição inata – comportamento que jaz ali no sentido de uma necessidade psíquica[77], mesmo quando, visto a partir de fora, esse nem sempre seja sentido como adequado –, no equilíbrio da economia psíquica eles desempenham uma função decisiva. Isso porque representam ou personificam certos dados instintivos da psique obscura primitiva, as *raízes* verdadeiras, mas invisíveis *da consciência*[78].

---

77. Cf. "Instinto e inconsciente". OC 8/1, § 277. Mais detalhes sobre o conceito de arquétipo, cf. no artigo da autora: JACOBI. *Komplex*, p. 36ss.

78. Cf. "A psicologia do arquétipo da criança" (1940). OC 9/1, § 271.

Frente à objeção de que o estatuto atual da ciência da natureza exclui a possibilidade de herdar propriedades adquiridas ou recordações de imagens, Jung responde: "Nesse conceito não se trata de uma 'representação herdada', de encaminhamentos herdados, ou seja, de um modo herdado da função psíquica, portanto, aquela maneira e modo inatos, segundo os quais a galinha provém do ovo, os pássaros constroem seus ninhos, certo tipo de vespas atinge o gânglio motor da lagarta e as enguias encontram o caminho para as Bermudas. Portanto, um *pattern of behavior*. Esse aspecto do arquétipo é o biológico; a psicologia científica é que se ocupa dele. Mas essa imagem se modifica logo por completo quando se olha a partir de dentro, ou seja, no âmbito da alma subjetiva. Aqui o arquétipo se mostra como numinoso, ou seja, como uma vivência de significado fundamental. Quando ele se reveste de símbolos correspondentes, o que nem sempre é o caso, então ele desloca o sujeito para o estado onde é tomado, cujas consequências não podem ser vistas"[79]. No seguinte *diagrama XIII*[80] apresenta-se a estratificação da psique em relação à atuação dos arquétipos. O âmbito de consciência está cheio dos mais heterogêneos elementos; ali, muitas vezes, os símbolos arquetípicos estão encobertos de outros conteúdos ou interrompidos em sua conexão. Através de nossa vontade podemos dirigir e dominar amplamente os conteúdos de nosso espaço da consciência; mas, contrariamente a isso, o inconsciente representa uma continuidade e ordem independentes de nós e não passível de influência, e os arquétipos formam seus centros de for-

---

79. Prólogo ao livro de HARDING, E. *Frauen-Mysterien (Os mistérios da mulher)* (1947). OC 18/2, § 1.228s.

80. Esse diagrama foi retirado da versão inglesa da conferência proferida por Jung em 1934/1935 na ETH.

A psicologia de C.G. Jung 73

ça e campos de força. No sentido dessas forças, os conteúdos que caem no inconsciente são submetidos a uma nova *ordem invisível*, inacessível ao conhecimento consciente, esquivam-se no caminho para eles, modificados em sua aparência e em seu significado, às vezes, de modo incompreensível. Essa ordem interior absoluta do inconsciente é a que forma nosso refúgio e auxílio nos abalos e nos incidentes casuais da vida, quando compreendemos o modo de "negociar"[81] com ela. Assim se torna compreensível também que nosso inconsciente possa modificar nossa atitude consciente, revertê-la em seu contrário, quando reconhecemos, por exemplo, nos sonhos o pai idealizado como um ser humano com cabeça de animal e pernas de bode, como Zeus amedrontador, a mulher amável e dócil como Mênade etc., como demonstração do "inconsciente exortativo", que "melhor sabe" e busca salvar alguém frente a uma falsa avaliação.

Os arquétipos se aproximam também daquilo que Platão chamou de "ideias". Apenas que "ideias" em Platão podem ser compreendidas exclusivamente como protótipos de perfeição suprema no "sentido claro", cujo contraposto escuro não se encontra mais retirado no mundo da eternidade, como as "ideias", mas pertence àquele da humanidade do passado; contra isso, segundo a concepção de Jung, o arquétipo traz em si, de forma imanente, em sua estrutura bipolar, tanto o lado escuro quanto o claro.

Jung chama os arquétipos também de "órgãos da alma"[82], ou, segundo Bergson, "*lês éternels incréés*". "Seu núcleo in-

---

81. Sobre essa ordem interna foram edificados por exemplo os exercícios de Yoga e seus efeitos.

82. Cf. "Psicologia do arquétipo da criança". OC 9/1, § 271.

Diagrama XIII

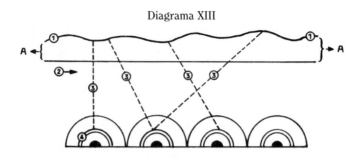

1 = A superfície de nossa consciência.
2 = Esfera na qual a "ordem interna" começa a atuar.
3 = O caminho que tomam os conteúdos quando caem no inconsciente.
4 = Os arquétipos e seus campos de força magnética, que muitas vezes desviam os conteúdos de seu caminho, atraindo-os para si.
AA = Zona na qual o acontecimento arquetípico se torna invisível pela ação do acontecimento exterior; o "modelo originário" é por assim dizer recoberto.

terno último" pode até ser *circun*scrito, mas não *des*crito"[83]. Isso porque, "o que quer que expressemos sobre o arquétipo não passa de ilustrações e concretizações, pertencentes à consciência"[84]. E se quiséssemos procurar outras analogias deveríamos lançar mão sobretudo da "configuração" (*Gestalt* = forma) em seu sentido o mais amplo, como é entendida hoje pela psicologia da Gestalt, e que também foi adotada pela biologia[85]. Os arquétipos são determinados formalmente e não

---

83. Op. cit., § 265.

84. "Considerações teóricas sobre a natureza do psíquico". OC 8/2, § 417.

85. As relações entre "forma" e "arquétipo foram amplamente pesquisada por K.W. Bash no artigo "Gestalt, Symbol und Archetypus" (*Schweiz. Zeitschrift für Psychologie*, 1946, V, 2). Cf. tb. as explanações correspondente no livro da autora: "Komplex, Archetypus, Symbol [...]", p. 45ss., assim como p. 62ss.

A psicologia de C.G. Jung

segundo o conteúdo. "Sua forma – afirma Jung – pode ser equiparada mais ou menos com o sistema de eixos do cristal, que de certo modo forma previamente a figura do cristal na água-mãe (o arquétipo *per se*), sem possuir ele próprio uma existência material. Essa existência aparece só no modo de incorporação dos íons e depois das moléculas [...]. O sistema de eixos determina assim apenas a estrutura estereométrica, mas não a forma concreta do cristal individual [...]. E igualmente o arquétipo possui [...] é verdade, um núcleo de significado invariável, que determina seu modo de manifestação sempre apenas em princípio, mas jamais também concretamente"[86]. Isso significa, portanto, que o arquétipo existe previamente e está imanente, como "sistema de eixos" no âmbito inconsciente da psique. A água-mãe, que tem de se depositar, a experiência da humanidade, apresenta as imagens, que se fixam nesse sistema de eixos e que vão se acumulando no seio do inconsciente em formas cada vez mais agudas e ricas de conteúdos. A figura, portanto, não é "gerada" ao elevar-se, mas já estava presente ali no obscuro, onde jazia desde aquela época em que enriquecia o tesouro de experiências psíquicas da humanidade em forma de uma vivência fundamental psíquica; e na medida em que se eleva para a consciência é iluminada por uma luz crescente, e vai ganhando contornos cada vez mais definidos até tornar-se plenamente visível em todas as suas particularidades. Esse processo de clarificação não tem apenas um significado individual, mas tem também importância para a humanidade em geral. Confirmam esse fato a palavra

---

86. "Aspectos psicológicos do arquétipo materno" (1939). OC 9/1, § 155 (A seguir citado como: Arquétipo materno). Sobre essa analogia extraordinariamente acertada, cf. "Das Kristallgitter bestimmt, welche Trachten möglich sind; die Umwelt entscheidet, welche von diesen Möglichkeiten verwirklicht werden" (J. KILLIAN. *Der Kristall*, 1937).

76 Coleção Reflexões Junguianas

de Nietzsche que diz que "no sono e no sonho perfazemos toda a incumbência da humanidade primitiva"[87] e a palavra de Jung que diz: "a suspeita de que também na psicologia a ontogênese corresponde à filogênese é então justificada"[88].

No sentido da pesquisa moderna sobre hereditariedade, levada a efeito pela corrente da Teoria das Formas (*Gestalt*), poderíamos dizer também que aquilo que é herdado, a saber, as "formas" e nosso condicionamento estruturalmente ancorado em "formas", devem ser percebidos tanto em sentido literal como também num sentido expresso de inteireza. E "a forma não precisa, propriamente, de qualquer interpretação, ela apresenta seu próprio sentido"[89].

Poderíamos identificar as representações arquetípicas como "autofigurações dos instintos" na psique, o desenrolar-se psíquico tornado imagem, como modelo originário de modos de comportamento humano. O homem aristotélico diria: Os arquétipos são representações, nascidas da experiência nos pais e mães *reais*. O homem platônico diria: Dos arquétipos só surgiram pais e mães, porque aqueles são os *protótipos*, as imagens prévias dos fenômenos[90]. Para o indivíduo, os arquétipos existem *a priori*, são inerentes ao inconsciente coletivo

---

87. NIETZSCHE. *Menschlich-Allzumenschliches*. Vol. II, p. 27ss. (Apud *Símbolos da transformação* (1952). OC 5, § 27.

88. *Símbolos da transformação*. OC 5, § 26.

89. "Considerações teóricas sobre a natureza do psíquico". OC 8/2, § 402.

90. *Kindertraumseminar* (Seminário sobre sonhos de crianças) 1936/1937 (impresso particular). Na versão reelaborada do ponto de vista redacional, hoje em: Kinderträume. Ed. por Lorenz Junt e Maria Meyer-Grass. Freiburg um Breisgau: Olten, 1987, p. 78 (enquanto a literalidade for a mesma, a seguir citado como Kinderträume 1936/1937, do contrário na versão original como: Kindertraumseminar 1936-1937 (impresso particular), sem indicação de páginas) [Edição brasileira: *Seminário sobre sonhos de crianças*. Petrópolis: Vozes, 2011].

A psicologia de C.G. Jung

e por isso imunes do devir e perecer individual. "A questão de saber se a estrutura psíquica e seus elementos surgiram em determinada época ou não é própria da metafísica, e por isso não precisa de resposta da psicologia"[91]. "O arquétipo é metafísico, porque é transcendente à consciência"[92], em seu ser, de acordo com Jung, pertence ao "psicoide", ou seja, ao âmbito aparentado com a psique. O arquétipo é por assim dizer "uma presença eterna, e a única pergunta a ser colocada ali é se a consciência o percebe ou não"[93]. Pode brotar em muitas camadas e níveis, nas mais diversas constelações, em sua forma de manifestação, em sua "indumentária" adapta-se à respectiva situação, e apesar disso em sua estrutura fundamental continua o mesmo, é portanto – como uma melodia – transponível[94]. Um esquema no qual, porém, estão contidos apenas alguns aspectos e formas de manifestação; por exemplo, o aspecto do "feminino", dentre os milhares possíveis, poderia demonstrar isso em seguida. A "forma" se mantém, o conteúdo se modifica.

Quanto mais simples ou indeterminado for um tema ou imagem arquetípica em sua forma, tanto mais profunda será a camada do inconsciente coletivo de onde provém, uma camada onde os símbolos estão ali presentes, *a priori*, apenas como "sistema de eixos", sem ter recebido ainda um preenchimento de conteúdo, ainda indiferenciados pela sedimentação da corrente infinita da experiência individual; portanto, precedem por assim dizer a esta. Quanto mais temporal e pessoalmente condicionado for um problema, tanto mais entrelaçada, detalhada e firmemente esboçada em seus contornos será "a

---

91. "Arquétipo materno". OC 9/1, § 187.

92. "Prólogo a Harding". OC 18/2, § 1.229.

93. *Psicologia e alquimia*. OC 12, § 258.

94. Também aqui poderiam ser vistas pontes para a psicologia da Gestalt.

roupagem" pela qual se expressa o arquétipo; quanto mais impessoal e geral for o conteúdo que ele deve tornar visível, tanto mais desfocada e simples será sua linguagem de apresentação – pois também o cosmos está construído sobre algumas poucas leis fundamentais simples. E assim como essas, também tal manifestação arquetípica, em sua pobreza e simplicidade, recebe potencialmente já toda multiplicidade e toda riqueza de vida e de mundo. Assim, por exemplo, o arquétipo é "mãe", no sentido estrutural-formal já mencionado, preexistente em e superior a toda forma estrutural de manifestação do "materno". É um núcleo de significado que permanece inalterável, que pode ser preenchido com todos os aspectos e símbolos do "materno". O protótipo da mãe e os traços da "grande mãe", com todas as suas propriedades paradoxais, na alma humana atual são as mesmas que as dos tempos míticos[95]. A distinção do eu da "mãe" está no começo de todo e qualquer tornar-se consciente. Todavia, tornar-se consciente, ou consciencialização[96], é tornar-se mundo através da distinção. Criar conscien-

---

95. Essa imagem originária se encontra na psique masculina e na psique feminina, em cada uma num nível diverso. O assim chamado complexo de mãe, em cujas pesquisas ainda estamos engatinhando, é no varão um assunto difícil e problemático, e na mulher relativamente descomplicado. Com o complexo do pai, pode então dar-se quase sempre o contrário.

96. Como é usada por Jung, a expressão "consciencialização" (*Bewusstwerdung*) significa mais do que um mero "observar", "perceber", "dar-se conta". Não possui um objeto específico e refere-se ao desenvolvimento de uma consciência mais profunda, mais ampla, mais intensa e mais aberta, capaz de apreender e processar até o fim aquilo que lhe vem ao encontro, seja do mundo exterior, seja do mundo interior. Assim, no processo analítico, a consciencialização como meta do desenvolvimento da personalidade não significa um guiar rumo ao predomínio unilateral, à agudização da consciência na vida psíquica do indivíduo, coisa que deveria ser vista como inconciliável com o equilíbrio psíquico e a saúde da psique. Não se trata, portanto, de uma "consciência" no sentido comum do emprego usual da linguagem nem se trata daquele âmbito da psique, guiado e dominado pelo racional, mas,

A psicologia de C.G. Jung

cialidade, formular ideias, isso é o princípio paterno do *logos*, que numa luta infinita se arranca das trevas originárias do seio materno, do reino do inconsciente. No princípio ambos eram um, e jamais um poderá ser sem o outro, assim como a luz seria privada de seu sentido num mundo no qual o escuro não lhe estivesse contraposto. "O mundo só persiste porque seus contrários mantêm o equilíbrio"[97].

Na linguagem do inconsciente, que é uma linguagem em imagens, os arquétipos aparecem em forma de imagem personificada ou simbólica. "O que sempre expressa um conteúdo arquetípico é de princípio *parábola linguística*. Quando fala de sol, por exemplo, identificando-o com o leão, o rei, o tesouro de ouro guardado pelo dragão e a força de vida ou 'força da saúde' do ser humano, então não se trata nem de um nem de outro, mas de um terceiro desconhecido, que pode ser mais ou menos expresso através de todas essas comparações, mas que – coisa que continuará sendo uma molestação para o intelecto – permanece desconhecido e sem formulação [...] em momento algum devemos nutrir ilusão de poder, finalmente, esclarecer e assim resolver um arquétipo. Mesmo a melhor tentativa de esclarecimento não passa de uma tradução, mais ou menos bem-sucedida, do mesmo, numa outra linguagem de imagens"[98].

---

ao contrário, de uma espécie de "consciência superior", que sustenta tanto a relação com os conteúdos psíquicos do eu quanto, ao mesmo tempo, sua ligação com o inconsciente. Essa "consciência superior" poderia ser designada também ainda melhor como "consciência mais profunda e mais ampla", uma vez que sua ampliação e elevação surgiram através de uma geração e pela manutenção de uma ligação firmemente fundamentada e sem atritos com as profundezas do inconsciente, repousando sobre essa.

97. "Arquétipo materno". OC 9/1, § 174.

98. "Arquétipo da criança". OC 9/1, § 271.

Diagrama XIV

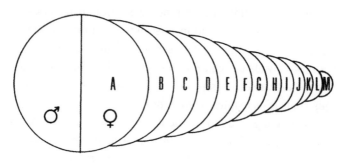

A sequência de desenvolvimento do "arquétipo do feminino"

♂ ♀ = as duas esferas do começo originário, que poderíamos nos representar "de dois sexos":
♂ = *o arquétipo do masculino*
♀ = *o arquétipo do feminino*

A = a noite do âmbito inconsciente, o que concebe etc.
B = o mar, a água etc.
C = a terra, a montanha etc.
D = a floresta, o vale etc.
E = a caverna, o submundo, as profundezas etc.
F = o dragão, a baleia, a aranha etc.
G = a bruxa, a fada, a virgem divina, a princesa dos contos etc.
H = a casa, a caixa, a cesta etc.
I = a rosa, a tulipa, a vagina etc.
J = a vaca, a gata etc.
K = os ancestrais
L = a avó
M = a própria mãe (a imagem deve ser separada do arquétipo que lhe serve de anteparo anterior, a fim de poder ser vista como ser humano que ela própria é.)

A massa dos arquétipos forma o verdadeiro conteúdo do inconsciente coletivo. Seu número é relativamente limitado, pois corresponde "às possibilidades das vivências fundamen-

A psicologia de C.G. Jung

tais típicas", que o ser humano já experimentou desde os primórdios. Seu sentido para nós reside precisamente naquela "experiência originária" que apresentam e comunicam. Os temas das imagens arquetípicas são os mesmos em todas as culturas, e correspondem à parte estrutural do ser humano condicionada filogeneticamente. Podemos reencontrá-los em todas as mitologias, contos, tradições e mistérios religiosos. O que é o mito da "viagem noturna pelo mar", o mito do "herói andarilho" ou do "dragão-baleia", se não nosso eterno saber, tornado imagem, do sol que se põe e do seu ressurgimento? Prometeu, que rouba o fogo, Héracles que mata o dragão, os inúmeros mitos da criação, o pecado original, os mistérios de sacrifício, o nascimento da virgem, a insidiosa traição do herói, o despedaçamento de Osíris e muitos outros mitos e contos representam de forma simbólico-imagética processos psíquicos. Igualmente as figuras da serpente, do peixe, da esfinge, dos animais prestativos, da árvore do mundo, da grande mãe, e não é diferente com o príncipe encantado, o *puer aeternus*, o mágico, o sábio, o paraíso etc. representam determinados temas e conteúdos do inconsciente coletivo[99]. Em toda

---

99. Também no fundo originário de teorias de diversos pensadores, e de modo especial dos psicólogos, podemos reconhecer um arquétipo predominante. Quando Freud vê o fundamento e o começo de todo acontecer na sexualidade, Adler, na busca de poder, também essas são ideias que dão expressão a um arquétipo, como podemos encontrá-las também nos velhos filósofos ou nas representações gnósticas alquimistas. Também a teoria de Jung toma pé num arquétipo, que vem expresso de modo especial como "tetrassomia", a quádrupla corporalidade – cf. a Teoria das Quatro Funções, o arranjo em imagem do quatro, a orientação segundo as quatro direções celestes etc. Podemos observar com frequência o número quatro no arranjo dos conteúdos dos sonhos. É bem provável que se possa esclarecer a difusão universal e o significado mágico da cruz ou do círculo quadripartite também a partir da propriedade arquetípica da tétrade ("Símbolos oníricos". OC 12, § 189]. Ao lado do número três, que também é a expressão de um arquétipo, sendo

e cada psique individual podem despertar vida nova, exercer
seu efeito mágico, condensando-se numa espécie de "mitolo-

---

visto, desde há muito, sobretudo na religião cristã, como símbolo do "espírito abstrato puro", Jung propõe o número quatro como um arquétipo extremamente significativo para a psique. Com o quarto elemento, o "espírito puro" recebe sua "corporalidade", e assim uma forma de aparecimento adequada à criação física. Ao lado do espírito masculino, que representa meramente uma metade do mundo, como princípio paterno, o quatro compreende também o aspecto corpóreo feminino em si, como seu polo contrário, que arredonda o primeiro num conjunto inteiro. Assim também na simbologia da maioria das culturas, os números ímpares são vistos como símbolos do masculino, e os pares como símbolos do feminino. Poderíamos nos representar (sobre o que K.W. Bash me chamou a atenção) que ali haveria um nexo interno com o fato de que no macho, por assim dizer de toda e qualquer espécie (também nos seres humanos), o número de cromossomos é ímpar, enquanto que na fêmea é par. Jung diz: "é um *lusus naturae* raro que a principal matéria-prima química do organismo corpóreo é o carbono, que vem caracterizado por quatro valências; sabe-se que também o 'diamante' é um cristal de carbono. O carbono é preto, o diamante a 'mais clara das águas' [...]. Tal tipo de analogia seria de um mau gosto intelectual lamentável se no fenômeno do quatro se tratasse de uma mera invenção da consciência e não de uma produção espontânea do psíquico-objetivo, do inconsciente" ("Símbolos oníricos". OC 12, § 327).
Talvez possa ser considerado mais que um simples acaso o fato de, numa época em que no âmbito das ciências da natureza, sobretudo da física moderna, em virtude de descobertas revolucionárias, estar ocorrendo a transição do "pensamento tridimensional" para o "quadridimensional", e a mais moderna corrente da psicologia do profundo, a psicologia analítica de C.G. Jung, ter escolhido o arquétipo do quatro como conceito estrutural central de sua teoria. Assim como foi necessário que a física moderna introduzisse o tempo como quarta dimensão, a fim de poder alcançar uma visão que abranja a totalidade, e assim como essa dimensão nos parece algo essencialmente distinto frente às três conhecidas dimensões do espaço, também a função "inferior", a quarta função, é "a função totalmente distinta", totalmente contraposta à consciência e, apesar de sua inclusão e diferenciação – como o fato de na física se levar em consideração o tempo –, torna-se indispensável para um modo de consideração integral do psíquico. Já meramente por esse novo e fundamental aspecto e pelas consequências daí decorrentes na concepção e trato da psique, a psicologia junguiana se enquadra no rol daquelas ciências que estão em vias de modificar desde o fundamento a imagem de mundo que se divulga até o presente, e edificar de novo uma imagem de mundo vindouro, segundo princípios orientadores comuns.

A psicologia de C.G. Jung

gia individual"[100], a qual apresenta um paralelo impressionante com as grandes mitologias da tradição de todos os povos e tempos e, em seu devir, como que torna visível igualmente o surgimento, a essência e o sentido daquelas, mostrando-as numa iluminação aprofundada.

O montante dos arquétipos, portanto, significa para Jung o montante de todas as possibilidades latentes da psique humana: um material gigantesco, inesgotável de saber primitivo sobre os nexos de ligação mais profundos entre Deus, homem e cosmos. Perscrutar esse material na psique própria, despertá-lo para nova vida, integrando-o na consciência, significa nada menos do que suspender a solidão do indivíduo, articulando-o no decurso do acontecer eterno. E assim, o que se indicou aqui, torna-se mais que conhecimento e psicologia. Torna-se teoria ou doutrina e caminho. O arquétipo, como fonte originária de todo o conjunto da experiência humana, encontra-se no inconsciente, a partir de onde intervém com poder em nossa vida. Torna-se então tarefa e dever dissolver suas projeções, elevando seu conteúdo à consciência.

Jung apontou para um aspecto especialmente carregado de significados na atuação dos arquétipos, como último fruto de suas pesquisas, em seus estudos sobre "Sincronicidade como princípio de conexões acausais". Com isso, lançou nova luz sobre os fenômenos da ESP (Extra-Sensory Perception), até o momento cientificamente explicitáveis de forma bastante insatisfatória, fenômenos como telepatia, clarividência, assim chamados "milagres", transformando em objeto de observação e investigação científica os acontecimentos e vivências

---

100. Essa expressão foi cunhada e empregada pela primeira vez por K. Kerényi em seu escrito "Über Ursprung und Gründung in der Mythologie". *Einführung in das Wesen der Mythologie* (Amsterdam, 1941, p. 36).

até o presente não contemplados ou até negados, estranhos e em geral designados como "acasos". Ele chama de *sincronicidade* (ao contrário de sincronismo ou simultaneidade) a um princípio de esclarecimento que suplementa a causalidade, definindo-o como "coincidência temporal de dois ou mais acontecimentos não referidos causalmente um ao outro, tendo um conteúdo de sentido igual ou parecido"[101], como por exemplo podem ser vivenciados com significado na forma de uma convergência de percepções interiores (pressentimentos, sonhos, visões, ocorrência de ideias etc.) com acontecimentos exteriores, não importando se esses se encontram no passado, no presente ou no futuro. Na sincronicidade está em questão em primeira linha um "fator formal", um "conceito empírico", que postula um princípio necessário para um conhecimento abrangente, anexando-se "como quarto elemento à tríade reconhecida de espaço, tempo e causalidade"[102]. Jung explica o estabelecer-se de tais fenômenos de sincronicidade através de um "saber *a priori* presente e atuante no inconsciente", que repousa numa ordem de correspondência do micro com o macrocosmo, inacessível ao nosso arbítrio, na qual os arquétipos detêm a função das operações que estabelecem o arranjo. Na coincidência de sentido de uma imagem interior com um acontecimento exterior, que perfaz a essência dos fenômenos sincrônicos, revela-se tanto o aspecto físico-corpóreo do arquétipo quanto seu aspecto espiritual. É o arquétipo também que, através de sua elevada carga de energia e seu efeito numinoso, provoca naquele que a vivencia aquela forte

---

101. *Sincronicidade: um princípio de relações acausais* (1952). OC 8/3, § 849 (A seguir, abreviado por *Sincronicidade*).

102. Op. cit., § 948.

A psicologia de C.G. Jung

emocionalidade, ou o transfere para um *abaissement du niveau mental* parcial, que forma o pressuposto para o surgimento e a experimentação de tais fenômenos de sincronicidade. Pode-se até afirmar, com Jung: "O arquétipo é a forma reconhecível pela introspecção do estar psiquicamente submetido a uma ordenação apriórica"[103]. A partir desse ponto, uma série de novos questionamentos se torna atual e aguarda pelo aprofundamento das pesquisas e discussões.

"Arquétipos eram e são poderes psíquicos de vida, que querem ser levados a sério e de modo estranho também cuidam para se imporem. Sempre foram os que traziam proteção e salvação, e feri-los teve como consequência o *perils of the soul*, bastante conhecido da psicologia dos primitivos. São também os que infalivelmente provocam as perturbações neuróticas e até psicóticas, na medida em que se comportam como órgãos do corpo ou sistemas de funcionamento orgânicos negligenciados ou maltratados"[104].

Não é por acaso que as imagens e vivências arquetípicas pertenceram desde os primórdios a todas as religiões de nossa Terra como o conteúdo e o mais precioso bem. E, apesar de terem recebido uma estruturação dogmática diversificada e terem sido despidos de sua forma originária, ainda hoje atuam na psique, especialmente ali onde a fé religiosa ainda está viva no ser humano, com todo poder elementar de seu conteúdo prenhe de sentido, trate-se do símbolo do Deus que morre e ressuscita, do mistério da concepção sem pecado no cristianismo, do véu de Maia nos hindus ou da oração voltada para o Oriente dos maometanos. É só ali onde a fé e o dogma

---

103. Ibid., § 955.

104. "Arquétipo da criança". OC 9/1, § 266.

se enrijeceram, tornando-se formas vazias – e este é o caso na maior parte de nosso mundo ocidental, altamente civilizado e tecnificado, dominado pela *ratio* – que elas também perderam sua força mágica, entregando, abandonando o ser humano, sem solo e desamparado, à iniquidade de fora e de dentro.

O sentido e a meta da orientação psíquica de Jung é ajudar o homem moderno a superar sua solidão e sua confusão, possibilitando sua inserção na grande corrente da vida e auxiliando-o a alcançar, pelo saber e pela vontade, uma inteireza, que religue seu lado claro da consciência com seu inconsciente escuro.

*

Uma das tarefas principais deste livro – e um instrumento e recurso de que lança mão Jung – é mostrar esse caminho. Todavia, para compreender todos os pressupostos, é preciso abordar brevemente ainda, primeiro, a segunda parte da teoria, a "dinâmica da psique".

2 As leis do desenrolar-se e de atuação da psique

O conceito de libido

Jung concebe o conjunto do sistema psíquico como algo que se encontra em mobilidade energética constante, sendo que ele busca compreender por energia psíquica a *inteireza* daquela força que impulsiona e liga todas as formas e atividades desse sistema psíquico. A essa energia psíquica ele chama propriamente de libido[1]. Ela nada mais é do que a intensidade do processo psíquico, seu *valor psicológico*, determinável apenas em efeitos e desempenhos psíquicos. Aqui o conceito de libido não é empregado senão como expressão análoga da "energia" na física; portanto, como abstração, que expressa relações dinâmicas e repousa num postulado teórico que se confirma na experiência[2].

---

1. Vemos que Jung atribui conteúdo significativo bem-distinto, muito mais abrangente, ao conceito de "libido", pelo qual Freud designa o impulso sexual do ser humano em seu sentido mais estrito e mais amplo, uma distinção à qual, lamentavelmente, dá-se pouca atenção inclusive em círculos especializados.

2. Para evitar equívocos que possam surgir, asseveramos desde o princípio que aqui está em questão algo fundamente diverso do conceito aristotélico de energia; de energia, portanto, como "princípio formador"; trata-se ao con-

Força psíquica e energia psíquica precisam necessariamente ser distintas uma da outra. Do ponto de vista conceitual isso é indispensável, "pois energia é propriamente um conceito que não ocorre objetivamente no fenômeno em si, mas sempre se dá apenas com base na experiência específica, ou seja, na experiência, quando atual, a energia está presente sempre especificamente como movimento e força e, quando potencial, como situação ou condição"[3]. Atualizada, a energia psíquica aparece sempre em fenômenos da psique como impulso, desejo, querer, afeto, desempenho de trabalho etc. Mas se ocorre apenas potencialmente, aparece em aquisições, possibilidades, disposições, atitudes específicas etc.[4] "Quando nos posicionamos no solo do senso comum científico, e nos ocupamos com considerações filosóficas muito abrangentes, seria melhor para nós concebermos o processo psíquico sim-

---

trário de um conceito parecido com o que é empregado também na física, em função de que Jung o identifica com uma expressão artificial, a saber, "libido", para distingui-lo dentro do âmbito da psicologia. Portanto, quando Jung adota o conceito de "libido indiferenciada", não se trata de *um pressuposto* a partir do qual deva surgir algo, mas um resultado da experiência. O conceito de energia nada tem a ver com metafísica, pois é apenas uma moeda de conto da compreensão, que ordena assim experiências; o mesmo se dá com o conceito de libido da psicologia de Jung. "Energia" só é metafísica quando já não se constitui num conceito da experiência, mas quando, p. ex., é pressuposta como base do mundo ou pensada como substância, como no caso dos monistas. Quando um empírico diz "energia", com isso ele nada põe; antes, a energia já lhe é pressuposta através dos fatos que ele encontra de antemão. Há, portanto, dois tipos de "conceitos": em primeiro lugar, o conceito pressuposto como ideia (como modelo); como tal podemos mencionar, por exemplo, o conceito aristotélico ou escolástico de "energia", e em segundo lugar o conceito empírico, como princípio ordenador posterior, do qual o conceito junguiano de "libido" pode servir de exemplo.

3. *A energia psíquica*. OC 8/1, § 26.

4. A "vontade", p. ex., é um caso especial de energia psíquica direcionada, guiada pela consciência. Cf. nota 31 do cap. 1.

A psicologia de C.G. Jung

plesmente como um processo da vida. Com isso ampliamos o conceito estrito de uma energia psíquica para o conceito mais amplo de uma "energia de vida", que subsume em si a assim chamada energia psíquica como uma especificação [...]. Mas o conceito de uma energia de vida nada tem a ver com uma assim chamada força de vida [...]. Por isso a energia de vida, admitida hipoteticamente, deve ser identificada como libido, em vista do uso psicológico que se tem em mente, para distingui-la de um conceito universal de energia no que diz respeito ao direito específico biológico e psicológico da formação de conceitos próprios"[5]. De acordo com isso, a estrutura da psique não tem um arranjo estático, mas dinâmico. Como a formação e deformação das células mantêm a economia do físico do organismo em equilíbrio – numa comparação tosca – a energética psíquica determina as respectivas relações entre os diversos dados psíquicos, e todos os distúrbios que ocorrem em seu decurso levam a manifestações doentias. O modo energético de considerar o acontecimento é uma concepção com orientação finalista, em contraposição à mecânica, que é causal. No entanto, essa concepção finalista não é a única vigente, visto que, como irá ser demonstrado, Jung lança mão aqui de todos os possíveis modos de consideração. Todavia, cunha sua marca própria à energética, e vem implícita em sua lei básica, a lei da *contraposição compulsória*, segundo a qual deve se processar todo o psíquico.

A estrutura de opostos

O problema da contraposição é, para Jung, "uma lei inerente à natureza humana". "A psique é um sistema com autor-

---

5. *A energia psíquica*. OC 8/1, § 32.

regulação". E "não existe nenhum sistema com autorregulação sem contraposição"[6]. Heráclito descobriu a mais maravilhosa de todas as leis psicológicas, a saber, a função reguladora dos contrários. Chamou a isso de *enantiodromia*, pelo que compreendeu que chega um momento em que tudo decorre na direção de seu contrário. "A transição da manhã para a tarde é uma *inversão de valores anteriores*. Impõe-se a necessidade de ver o valor da contraparte de nosso ideal anterior, perceber o erro na convicção que nutríamos até o presente [...]. Todavia, é naturalmente um erro fundamental acreditar que, quando vemos um valor dentro de um desvalor, ou quando vemos a inverdade dentro de uma verdade, o valor ou a verdade estariam suspensos. Só se tornaram relativos [...]. Todo humano é relativo, pois tudo repousa em contraposição interna, tudo é um fenômeno energético. A energia repousa necessariamente em contraposição preexistente, sem a qual não pode haver qualquer energia [...]. É preciso que se dê sempre, antes, alto e baixo, quente e frio etc. para que possa acontecer o processo de equilíbrio, que é energia [...]. Assim, todo vivente é energia e está fundado sobre a contrariedade [...]. A meta digna de ser buscada não é uma conversão de um valor no seu contrário, mas uma *manutenção dos valores anteriores junto com um reconhecimento de sua contrapartida*"[7].

Tudo que até o presente foi dito sobre a estrutura da psique – portanto, sobre funções, modos de atitudes, relação entre a consciência e o inconsciente etc. – já foi considerado sob o aspecto dessa lei da contrariedade, que consiste de posicionamentos que se relacionam entre si de forma complementar

---

6. *Psicologia do inconsciente*. OC 7/1, § 93.

7. Op. cit., § 115-116.

ou compensatória[8]. Mas essa lei está atuante também em cada um dos sistemas parciais, e os contrários mudam constantemente; assim, por exemplo, quando o inconsciente é deixado completamente ao seu decurso natural, conteúdos positivos seguem-se aos negativos e vice-versa. Trata-se de uma imagem da fantasia que representa o princípio da claridade, inevitavelmente depois dessa segue-se uma imagem do princípio escuro. Na consciência, por exemplo, depois de um grande trabalho positivo do pensamento, surgem com frequência reações de sentimento negativas etc. Essas relações são reguladas entre si e mantidas numa tensão constante e viva através dos movimentos e alterações da energia psíquica. Isso porque todos esses pares de contrários não são contrapostos apenas em seu conteúdo, mas também em relação à sua intensidade energética. O melhor meio de visualizar a distribuição de sua carga de energia poderia ser através da imagem de vasos que se comunicam. Só que, transposta para o psíquico total, essa imagem tem de ser representada como bem mais complexa, uma vez que aqui se trata de um sistema copertencente, relativamente fechado, que engloba muitos outros subsistemas desses vasos comunicantes. Até certo grau, nesse sistema total a *quantidade da energia é constante, e só sua distribuição é variável.*

A lei física sobre a manutenção da energia e a representação platônica da "alma como o que movimenta a si mesma", arquetipicamente são bastante próximas. "Nenhum valor psíquico poderá desaparecer sem ser substituído por um equivalente"[9]. Isso porque a lei da manutenção da energia não atua apenas entre os pares de contrários de consciência e inconsciente,

---

8. Cf. p. 115-117.

9. "O problema psíquico do homem moderno" (1928). OC 10/3, § 175.

mas também em cada elemento singular ou em cada conteúdo da consciência ou do inconsciente, na medida em que a ocupação de um elemento através de energia deve naturalmente subtrair energia do montante da carga do outro elemento contrário e copertencente. "A ideia da energia e sua manutenção deve ser uma imagem primitiva, que dormitava desde o princípio no inconsciente coletivo. Essa conclusão obriga a que se demonstre que tal imagem primitiva existiu também realmente na história do espírito e teve atuação através dos milênios [...]. Sirva de demonstração: As religiões primitivas nas diversas regiões da Terra foram fundadas sobre essa imagem. São essas as assim chamadas religiões dinâmicas, cujo único e decisivo pensamento é que haveria uma força mágica difundida em geral, ao redor da qual tudo circula [...]. Segundo uma concepção antiga, a própria alma é essa força; sua conservação está na ideia de sua imortalidade, e na visão budista e primitiva sobre a migração das almas encontra-se sua capacidade ilimitada de migração numa manutenção constante"[10].

As formas de movimento da libido

Da lei da energia se deduz que a energia é capaz de *deslocar-se* e, em virtude de uma queda natural, fluir de um membro de um par de contrários para o outro. Significa, por exemplo, que a ocupação da energia do inconsciente aumenta na proporção em que a consciência perde energia. Ademais, a energia pode ser conduzida por um ato diretivo da vontade de um contrário para outro; ser, portanto, *transformada* em seu modo de manifestação e de atuação, o que poderia ser designado na terminologia freudiana, por exemplo, como "sublima-

---

10. *Psicologia do inconsciente.* OC 7/1, § 108.

ção", com esta restrição: aquilo que é assim transformado, na concepção de Freud, é sempre "energia sexual".

Movimento energético surge exclusivamente quando se dá um descenso, uma diferença potencial – expresso, porém, nos pares de contrários. Assim, também, aparece o fenômeno do bloqueio como causa de sintomas neuróticos e complexos, e igualmente, quando se dá um esvaziamento total de um lado, a desintegração dos pares de contrários, um fenômeno que pode se mostrar em todos os distúrbios psíquicos, começando desde uma leve neurose até uma total dissociação e cisão do indivíduo. Isso porque, no sentido da manutenção da energia, na perda de energia da consciência passa energia para o inconsciente, vitalizando seus conteúdos – repressões, complexos, arquétipos etc. – que, então, iniciam a ter vida própria e irrompem na consciência, podendo causar distúrbios, neuroses e psicoses.

Todavia, é perigosa tanto uma repartição extremamente unilateral quanto uma totalmente igualitária. Aqui vemos a atuação da lei da *entropia*, do mesmo modo que se mostra na física. Expresso de forma breve e simples, o princípio físico da entropia diz que, quando se produz trabalho, perde-se calor, isto é, o movimento ordenado se transforma em desordenado, disperso, não mais passível de ser convertido em trabalho. E uma vez que o movimento se baseia num descenso, pelo qual vai perdendo cada vez mais potencial, a energia busca obrigatoriamente um equilíbrio, que deveria levar a uma imobilização total, como morte de calor ou de frio[11]. E uma vez que

---

11. Com essa lei, na física determina-se a direção de tempo e a irreversibilidade do acontecer. Aqui não é possível abordar outras possíveis implicações – que aparecem em outras áreas – provocadas por essa observação da probabilidade dentro dessa lei física.

só sistemas relativamente fechados têm acesso a nossa experiência, em parte alguma temos a oportunidade de observar entropia psicológica absoluta, que só pode ocorrer em sistema totalmente fechado. Mas quanto mais forte é a separação mútua do sistema psíquico em suas partes ou quanto mais extremamente apartados e tensionados forem os polos, mais alcança validade como resultado o fenômeno da entropia (cf. a postura rígida, catatônica de muitos doentes psíquicos, sua falta de contato, apatia e aparente vazio do eu etc.). De forma relativa, vemos essa lei atuante na psique. "Conflitos graves, quando são superados, deixam atrás de si uma segurança e paz que dificilmente sofre ainda qualquer perturbação, ou um quebrantamento que dificilmente ainda pode ser sanado, precisando, ao contrário, de grandes contrariedades e sua conflagração para produzir um resultado valioso e duradouro [...]. Até na própria linguagem penetra um modo de observação energético involuntário, quando falamos de "convicção estável" e coisas semelhantes"[12].

A irreversibilidade que caracteriza os processos energéticos na natureza inanimada só pode ser suspensa pela intervenção artificial no decurso da natureza, por exemplo, através de técnica e máquinas, forçando esse processo a reverter-se. No sistema psíquico é a consciência que, através da liberdade de sua intervenção, está em condições de operar essa reversão. "Pertence à essência criativa da psique o fato de suas intervenções no mero decurso natural perfazerem sua estrutura. Sua intervenção principal é criar a consciência e a possibilidade de diferenciação e ampliação da consciência"[13], e a limitação de sua capacidade é dirigir e forçar a natureza.

---

12. *A energia psíquica*. OC 8/1, § 50.

13. WOLF, T. *Studien*, p. 188.

A psicologia de C.G. Jung

Progressão e regressão

O movimento energético é *dirigido*, e se distingue, dependendo se é um *movimento progressivo* ou *regressivo* – em sequência temporal[14]. O *movimento progressivo* é um processo que recebe sua orientação pela consciência e consiste num "avanço", constante e sem obstáculos, "do processo de adequação às exigências conscientes da vida e às diferenciações necessárias, para tal, do tipo de atitude e de função"[15]. Para isso, a resolução adequada de conflitos e decisões de todo tipo, por meio de coenvolvimento – portanto, coordenação dos contrários –, é fundamental. O movimento regressivo se dá quando, diante do fracasso da adaptação consciente e pela intensificação do inconsciente provocada pelo fato, ou, por exemplo, pela repressão, estabelece-se um represamento unilateral da energia que, em sua natureza específica, é inevitável, tendo como consequência que os conteúdos do inconsciente são carregados de energia mais do que o aconselhável, tornando-se inflados. Quando a consciência não intervém, numa regressão parcial, isso pode fazer o indivíduo regredir a um estágio anterior de seu desenvolvimento, formar neuroses, ou, quando se dá uma inversão total, e os conteúdos inconscientes inundam a consciência, levar a uma psicose. Todavia, não podemos nos representar progressão e regressão apenas nas formas extremas mencionadas, pois fazem parte de nossa vida cotidiana em milhares de pequenas e grandes,

---

14. Trata-se de "movimentos de vida", que não podem ser confundidos com "desenvolvimento" ou "involução". Poderíamos designá-los, antes, com as palavras "diástole" e "sístole", sendo que "a diástole seria a extroversão da libido que se difunde para o todo, e a sístole seu recolhimento no indivíduo, a mônada (*A energia psíquica*. OC 8/1, § 71, nota 49).

15. WOLFF, T. *Studien*, p. 194.

importantes e supérfluas variantes. Toda atenção dedicada a uma intenção e uma meta ou esforço psíquico, todo ato consciente da vontade é expressão de uma progressão da energia; todo cansaço, toda dispersão, toda reação emocional, em primeira linha, o próprio sono é um ato de regressão.

Os conceitos de progressão e regressão não devem – como acontece na maioria dos casos – ser vistos de antemão apenas como prenúncio positivo ou apenas como negativo. Isso porque, no sistema de pensamento de Jung, também a regressão recebe um valor positivo, em contraposição com a concepção de Freud. A progressão está fundamentada na necessidade de adequação ao exterior e a regressão, à necessidade de adaptação ao interior, portanto, na sintonia concordante com a própria lei interior do indivíduo[16]. Assim, as duas são formas de experiência, igualmente necessárias, de processos psíquicos naturais. "Consideradas energeticamente, progressão e regressão deveriam ser concebidas apenas como meios ou pontos de transição do fluxo energético"[17]. E assim pode acontecer realmente de, em certas circunstâncias, a regressão ser um sintoma de distúrbio na psique do indivíduo, mas também o caminho para estabelecer um equilíbrio, sim, até mais que isso: para ampliar a psique. Isso porque é a regressão que, por exemplo, no sonho, traz a lume as imagens do inconsciente, vivificando-as e possibilitando um enriquecimento da consciência, porque, mesmo que de forma indiferenciada, contém os germens para uma nova saúde psíquica, na medida em que alavanca aqueles conteúdos inconscientes que, como "transformadores de energia" sempre atuantes são

---

16. *A energia psíquica*. OC 8/1, § 74s.

17. Op. cit., § 76.

A psicologia de C.G. Jung	97

capazes de transformar a direção do acontecimento psíquico num sentido progressivo.

Intensidade de valor e constelação

Ao lado da sequência temporal, do movimento do processo energético – e a libido não se move apenas para frente e para trás, progressiva e regressivamente, mas também para fora e para dentro, correspondendo, portanto, à extroversão e à introversão –, a segunda característica importante desse processo é a *intensidade de valor*. A forma de manifestação específica da energia na psique é a imagem, elevada pela força formadora da *imaginatio*, da imaginação criativa, a partir do material do inconsciente coletivo, do psíquico objetivo. Essa atividade criadora ativa da psique é o ponto de mutação[18] entre o caos dos conteúdos inconscientes e suas manifestações transformadas em imagem, como vêm a lume no sonho, nas fantasias e visões, assim como, em correspondência a isso, em todo tipo de arte. Em última instância, ela determina também a carga de sentido das imagens, conceito que deve ser equiparado com "intensidade de valor", sendo que a carga de sentido, ou seja, o conteúdo significativo deve ser medido na *constelação* em que aparece cada imagem singular, individualmente[19]. Por constelação compreende-se aqui o *grau de valor* de uma imagem dentro do contexto que a circunda. Isso porque, por exemplo, no sonho há sempre diversos elementos que, dependendo de seu grau de valor, recebem a cada vez um significado diferente. Assim, a mesma imagem, por exemplo,

---

18. "A máquina psicológica que transforma a energia é o símbolo", afirma Jung (*A energia psíquica*. OC 8/1, § 88).

19. Cf. tb. "Der Konditionalismus", p. 135s.

o tema da imagem, uma vez aparece como figura secundária, outra vez como figura central, como verdadeiro portador do complexo; o símbolo da "mãe", numa psique que sofre com o complexo da mãe, pode estar carregado de energia, ter outro grau de valor, ter uma intensidade valorativa mais elevada que num indivíduo que sofre com um complexo paterno.

No fluxo energético, direção e intensidade estão correlacionadas, condicionam-se mutuamente; isso porque o descenso, o único fator que possibilita o fluxo e o direcionamento do movimento da energia, estabelece-se precisamente através da diferença da ocupação da energia das manifestações psíquicas ou através da diferença do respectivo significado de seus conteúdos para o indivíduo.

*

O conceito da libido ou da energia psíquica, como é empregado por Jung, é de forma absoluta um pressuposto e regulador da vida psíquica. Serve para a descrição correta dos reais processos na psique e suas conexões. Mas ele nada tem a ver com a questão que pergunta se haveria ou não, por exemplo, uma força psíquica específica.

Quando se quer descrever a vida da psique, seus processos e fenômenos, pode-se fazê-lo a partir de três pontos de partida: em primeiro lugar, a partir de suas características estruturais, como tentamos mostrar no primeiro capítulo; em segundo lugar, a partir de seu aspecto funcional, que corresponde à Teoria da Libido; e, em terceiro lugar, a partir de seus conteúdos, como eles se nos apresentam no trabalho psicoterapêutico ou no encontro com esses conteúdos, sobre o que deverá ser tratado no próximo capítulo.

3 A aplicação prática da teoria de Jung

O duplo aspecto da psicologia de Jung

A psicoterapia junguiana não é um procedimento analítico no sentido usual desse conceito, embora se mantenha rigorosamente dentro dos pressupostos ordenados pela medicina, pelas ciências, e confirmados pela experiência de todas as pesquisas determinantes. *É um "caminho de cura" no duplo sentido da palavra.* Tem todos os pré-requisitos para curar as pessoas de seu sofrimento psíquico e dos sofrimentos psicogenéticos ligados com isso. Possui todo instrumentário para suspender o mínimo dos distúrbios psíquicos, ponto de partida para a formação das neuroses, assim como fazer frente aos mais complexos desenvolvimentos de enfermidades psíquicas e suas consequências, com resultados positivos. Mas, ao lado disso, sabe o caminho e tem os recursos para levar o ser humano singular a alcançar sua "cura", àquele conhecimento e plenitude de sua própria pessoa, que foi desde há muito tempo a meta e o fim de toda busca espiritual. Segundo sua essência, esse caminho se retrai de todas as explicações abstratas. Isso porque, através da concepção e da explicação teóricas, só se pode fazer jus ao edifício de pensamento de Jung apenas até certo ponto; para compreendê-lo integralmente é preciso ter experimentado em si seu efeito vivo. Todavia, a esse efeito, assim como a todo "acontecimento" que transforma o ser humano, só se pode apontar. Enquanto "cura da alma", só pode ser vivenciado ou, dito com mais precisão, "sofrido". Também esse caminho, como toda vivência psíquica, é propriamente uma experiência pessoal. Sua subjetividade é precisamente sua verdade mais efetiva. Essa experiência da psique é única, por mais que também se repita, e só se abre à compreensão racional dentro desses seus limites subjetivos.

À psicoterapia junguiana, ao lado de seu aspecto medicinal efetivo, é própria também uma capacidade eminente de orientar a psique, educar e formar a personalidade. Ambas as vias podem, mas não necessariamente devem ser trilhadas ao mesmo tempo. Pertence à natureza da coisa em questão que bem poucos querem e estão determinados a seguir esse "caminho de cura", e também "esses poucos trilham o caminho apenas por necessidade interior, para não dizer por premência; isso porque esse caminho é mais estreito que um fio de navalha"[1].

Mas Jung não propôs uma receita genérica para a infinidade múltipla de doentes que se dedicaram a sua terapia. Os métodos empregados e sua intensidade variam de acordo com as condições do caso singular, a adequação psíquica e a compleição própria do paciente. Jung reconhece a função decisiva que desempenham a sexualidade e a busca de poder no ser humano. De acordo com isso, há também inúmeros casos nos quais o sofrimento por distúrbios deve ter suas raízes num desses fatores instintivos e que, por isso, devem ser aborda-

---

1. *O eu e o inconsciente*. OC 7/2, § 401.

A psicologia de C.G. Jung 101

dos a partir de pontos de vista de Freud ou de Adler. Mas, enquanto para Freud o princípio esclarecedor é principalmente o princípio do prazer, e, para Adler, a vontade de poder, Jung vê ao lado desses ainda outros fatores, igualmente essenciais, como elementos mobilizadores do psíquico, rejeitando decididamente, assim, o postulado da predominância de um único fator propulsor em todos os distúrbios psíquicos. Ao lado desses dois, seguramente importantes, há para ele ainda outros fatores propulsores muito importantes, e, principalmente e acima de tudo, aquele atribuído *apenas ao ser humano*: a necessidade espiritual e religiosa inata à psique. Essa concepção de Jung é uma parte constitutiva decisiva de sua teoria que a identifica frente a todas as outras teorias, determinando seu direcionamento prospectivo sintético. Isso porque "o espiritual aparece na psique também como instinto, como paixão verdadeira. Não é um elemento derivado de outro instinto, mas um princípio *sui generis*, a saber, a forma indispensável da força instintiva"[2].

Com isso, desde o princípio, em Jung se estabelece um contrapolo equitativo ao universo dos instintos naturais, à natureza biológica originária em nós, formando, configurando e desenvolvendo essa natureza originária, e é própria apenas ao ser humano. O polimorfismo da natureza instintiva primitiva e o caminho de formação da personalidade estão postados um frente ao outro, como pares contrapostos chamados de natureza e espírito. Esse par de contrapostos não é apenas a expressão eterna, mas talvez também a base daquela tensão de onde emana a energia psíquica[3]. Representa, por assim

---

2. *A energia psíquica*. OC 8/1, § 108.

3. Ibid., § 96.

dizer, os dois tons básicos sobre os quais se constrói a estrutura da psique dividida em dois ramos como contrapontos. "Do ponto de vista desse modo de consideração, os processos psíquicos aparecem como balança entre espírito e instinto, sendo que de princípio fica totalmente obscuro se um processo pode ser designado como espiritual ou instintivo. Essa avaliação ou interpretação depende totalmente do ponto de vista ou do estado da consciência [...]. Os processos psíquicos se comportam, assim, como uma balança que desliza ao longo da consciência. Uma vez encontra-se próxima dos processos instintivos e assim é influenciada por esses; outra vez se aproxima do outro extremo, onde predomina o espírito, e até dos processos instintivos a ele contrapostos"[4].

Todavia, aqui, não se deve compreender os conceitos "natureza" e "espírito" no mesmo sentido em que são usados em geral na filosofia. Jung emprega o conceito "instinto" (*Trieb*), que em parte alguma aparece definido univocamente, sempre no sentido de uma "ação ou acontecimento instintivo", ou seja, de um funcionamento autônomo sem motivação consciente. Assim, por "tensão" entre natureza e espírito, ele compreende essencialmente e sobretudo uma "contraposição eventual entre consciência e inconsciente, isto é, o instintivo", uma vez que do ponto de vista empírico é só o conflito desse último que pode ser testemunhado. "Na representação e no sentir instintivo, espírito e matéria estão contrapostos no nível psíquico. Tanto matéria quanto espírito aparecem na esfera psíquica como propriedades designativas de conteúdos da consciência. Segundo sua natureza última, as duas são

---

4. "Considerações teóricas sobre a natureza do psíquico". OC 8/2, § 407-408.

A psicologia de C.G. Jung   103

transcendentais, ou seja, invisíveis, na medida em que a psique e seus conteúdos representam a única realidade que nos é dada *diretamente*"[5].

A relação com as ciências exatas

Aqui encontramo-nos num ponto decisivo, que dá a direção, o matiz e a profundidade a toda doutrina de Jung, transformando-a naquele sistema despreconceituoso que não fecha o acesso a novas problemáticas, em qualquer direção, que se embrenha por si na descoberta de um novo país psíquico. O leitor atento acreditará encontrar contradições conceituais nos livros de Jung. Todavia, o conhecimento da psique precisa reproduzir os fatos do modo que os encontra previamente. E ele não os encontra como um "isso ou aquilo", mas precisamente, como afirmou certa vez Jung, como "tanto isso quanto aquilo" e, assim, também a pesquisa junguiana da verdade é simultaneamente conhecimento *e* contemplação.

Ora, aqui, quando vemos surgir, então, em contraposição a Jung, a palavra "místico", mais ou menos carregada de objeções, isso só demonstra que ali se esquece totalmente que a mais rigorosa das ciências modernas da natureza, a física teórica, em sua forma atual, não é mais nem menos mística que a teoria de Jung, que dentre todas as ciências da natureza apresenta as analogias mais próximas a ela. O que se chama na psicologia de Jung de uma contradição sustenta-se em toda física teórica atual como um real "ou isto *e* ou aquilo" do dualismo, que muitas vezes tem de afirmar-se apenas com auxílio de construções lógicas artificiais, simplesmente porque a realidade o impõe. Esse dualismo na formação conceitual da física

_____

5. Ibid., § 420.

moderna torna-se visível quando nela se tem de trabalhar, por exemplo, com hipóteses contraditórias sobre a natureza da luz (como onda ou corpúsculo)[6], ou quando fracassam todas as tentativas de unificar em uma forma logicamente livre de objeções à Teoria da Relatividade de Campo e a Teoria Quântica. Mas nem por isso alguém irá objetar que os físicos modernos carecem de capacidade e lisura lógicas, justamente porque a natureza dos fatos físicos, que parece não ser lógica, leva a se reconhecer elementos inconciliáveis, sim, até paradoxais; naturalmente, não sem a esperança e a busca de alcançar unidade, mesmo que não possa ser forçada.

Também para a psicologia a dificuldade reside no fato de que, partindo da empiria e não a abandonando, depara-se com um âmbito no qual a expressão linguística provinda da experiência tem de permanecer naturalmente inadequada e um mero ensaio. Nesse sentido, Jung é tão pouco um "metafísico" quanto o foi um cientista da natureza, pois também seus enunciados dizem respeito sempre apenas a conquistas e achados empíricos, restringindo-se rigorosamente ao que pode ser apreendido empiricamente. Mas aqui, não diferente do que se dá nas ciências modernas da natureza, há um limite onde finda a empiria e começa a metafísica. As admissões de Planck, Hartmann, Uexküll, Eddington, Jeans et al. atestam isso. Todavia, já a partir de sua essência, o âmbito de experiência aberto na psicologia junguiana, pesquisado e processado sistematicamente dentro da ciência segundo determinados pontos de vista, afasta-se do sentido usual do modo de consideração das ciências da natureza até o presente e suas

---

6. Paralelamente a isso, Jung afirma que "há certa probabilidade de que 'matéria' e 'psique' sejam dois aspectos distintos de uma e a mesma coisa" (*A natureza da psique*. OC 8/2, § 418).

exigências de uma apreensão conceitual abstrata do que deve ser expresso. Observe-se paralelamente, também nas ciências exatas modernas, apenas aquela que mais avançou conceitualmente, por ser relativamente a mais simples, a física, tem a possibilidade de apreender suas hipóteses ousadas, que não podem mais ser verificadas pela visão, na linguagem pura, livre de associações, da matemática.

Assim, toda psicologia profunda moderna tem em última instância uma cabeça de Jano, uma face dupla, das quais uma está voltada para a experiência viva, a vivência, e a outra ao pensamento abstrato, o conhecimento. Não será por acaso que, precisamente, tantos pensadores fundamentais e profundos, que viveram no universo conceitual e de linguagem da Europa – seja um Pascal, um Kierkegaard ou Jung –, esbarraram necessariamente e com fecundidade em paradoxos ao se ocuparem com questões que não tratam de uma região unidirecional, da essência da psique, que comporta sentido duplo e uma dupla face.

O grande avanço de Jung e a justificativa para o conceito de "síntese", como é compreendido por ele, reside precisamente em ter saído do pensamento causal unidirecional da velha psicologia – a saber, em seu conhecimento de que o espírito não deve ser considerado como um mero epifenômeno, como "sublimação", mas como princípio *sui generis*, como princípio formador e assim supremo, unicamente através do que se torna possível, psíquica e talvez também fisicamente, a forma[7]. Sem que precisemos procurar aqui, precocemente,

---

7. "O mundo atômico microfísico mostra traços, cujo parentesco com o psíquico chamaram a atenção também ao físico", observa Jung (*Desenvolvimento da personalidade*. OC 17, § 164). Mais detalhes sobre esse assunto, assim como os pontos de vista que levaram a essas reflexões, podem ser

paralelos, indique-se que precisamente o conceito de causalidade e suas dificuldades lógicas características frente a novas experiências foram o que provocaram a tensão revolucionária na física. A discussão moderna do conceito de causalidade, em relação ao "causal em sentido estrito", mostrou ser impossível apresentar a relação causal como causa e efeito, mas que sob isso se poderia compreender *apenas* "sequências ordenadas". Jung já havia mostrado que o conceito de causalidade, como é empregado em geral na ciência, não poderia ser suficiente para a psicologia. Em seu prefácio ao "Collected Papers on Analytical Psychology"[8], ele já dissera: "Causalidade, porém, é apenas *um* princípio, e a psicologia, segundo sua essência, não pode ser esgotada apenas através de explicações causais, uma vez que a psique tem também determinação finalista".

---

conferidos em C.A. Meier (*Moderne Physik; moderne psychologie*), em que pode ser encontrada também uma bibliografia sobre o tema (*Festschrift* em homenagem ao 60º aniversário de Jung: *Die kulturelle Bedeutung der komplexen Psychologie*. Berlim, 1935). Além disso, devem-se indicar de maneira especial ainda os trabalhos de Niels Bohr (*Naturwissenschaften* 16, 245, 1928, e 17, 483, 1929). Recentemente também o físico Pasquale Jordan (Rostock) chamou a atenção, em seus escritos, sobre certas analogias entre os resultados das pesquisas da física moderna, de um lado, e da biologia e da psicologia, de outro (cf. *Die Physik des 20. Jahrhunderts*. Braunschweig, 1936). • Id. "Positivistische Bemerkungen über die paraphysischen Erscheinungen" (*Zentralblatt für Psychotherapie*, 9, 1936, p. 3ss.). • Id. *Anschauliche Quantentheorie*. Berlim, 1936, p. 271ss. • Id. *Die Physik und das Geheimnis des organischen Lebens*. Braunschweig, 1941, p. 114s. • Id. "Quantenphysikalische Bemerkungen zu Biologie und Psychologie" (*Erkenntnis* 4, 3, 1934, p. 215ss.) e igualmente o físico Mas Knoll (Princeton e Munique): "Wandlungen der Wissenschaft in unserer Zeit" (*Eranos-Jahrbuch* XX. Zurique, 1952). • "Quantenhafte Energiebegriffe in Physik und Psychologie" (*Eranos-Jahrbuch*, XXI. Zurique, 1953). Cf. tb. JUNG. *Os arquétipos e o inconsciente coletivo* (1935). OC 9/1, § 117s.

8. 2. ed., 1917, p. X-XII.

A psicologia de C.G. Jung 107

Essa determinação finalista fundamenta-se numa lei interior, desconhecida à nossa consciência, que radica por seu lado na manifestação e atuação de símbolos que sobem do inconsciente. Como já foi mencionado à p. 83s. – a partir daí Jung dedicou diversos estudos ao problema da acausalidade, propondo-o como um princípio específico de esclarecimento de determinados fenômenos, que ele resumiu sob a denominação de "coincidência de sentido" (*sinnvolle Koinzidenz*). Mas tampouco o elemento criador em nossa psique e suas manifestações podem ser atestados ou explicados causalmente. "Nesse ponto decisivo, a psicologia está além da ciência da natureza. É bem verdade que tem em comum com essa o método de observação e a constatação empírica dos fatos. Falta-lhe, porém, o ponto arquimediano fora, e assim a possibilidade de uma medição objetiva"[9]. Não há propriamente nenhum ponto arquimediano a partir de onde se pudesse julgar, visto que a psique não pode ser distinguida de sua manifestação. A psique é o objeto da psicologia e infelizmente ao mesmo tempo também seu sujeito. Não podemos fugir desse fato"[10]. Isso porque as consequências que podem tirar pensadores como Whitehead e Eddington, a partir da própria física, dirigem-se às forças espirituais primárias, que configuram as formas, que se poderiam igualmente qualificar de "místicas" e que já foram também efetivamente assim qualificadas.

Assim, já não precisamos sentir aquela repulsa usual frente à palavra "místico" – e sobretudo não se deve confundi-lo com um irracionalismo barato –, uma vez que é precisamente a *ratio* que aqui se choca conscientemente com seus próprios

9. "Psicologia e educação". OC 17, § 163.

10. *Psicologia e religião*. OC 11/1, § 87.

limites, como também a lógica moderna procura aqui um ponto delimitador honesto. Não, por exemplo, recusando o conceito de "místico", mas, com fundamentação lógica, reconhecendo sua autonomia, e quando se define e assim se delimita corretamente o conceito de "conhecimento", reconhecendo a soberania do "místico".

Naquele país que faz limite entre conhecimento e vivência, onde se movimenta necessariamente toda "psicologia profunda" e que tem de criar natural e frequentemente dificuldades insuperáveis à linguagem conceitual, Jung se esforça constantemente, com a força criadora de sua expressão de linguagem, por um discernimento necessário e legítimo, muito embora o esforço nem sempre seja coroado com sucesso por causa do ardil do objeto. O que perfaz propriamente o "metafísico" é precisamente a confusão entre conhecer e vivenciar e o autoequívoco em que se incorre quando se crê poder reproduzir o último como o primeiro; um erro que Jung busca evitar com rigor.

Uma identidade curiosa da expressão que usam a lógica moderna e a psicologia junguiana talvez represente mais que um mero acaso, a saber, a expressão o "supervisionar os problemas", como ambas chamam com as mesmas palavras – onde já não mais se trata propriamente de questões respondíveis, mas apenas de problemas vivenciáveis, aqueles problemas que formam também o conteúdo da orientação psíquica junguiana e experiência junguiana da psique. De certo, e isso jamais deve ser desconsiderado, a "equiparação subjetiva", à qual está submetido qualquer um, mesmo um espírito que tem um grau científico supremo, tem aqui igualmente sua validade, impondo assim a todo e qualquer enunciado seus limites adequados.

A psicologia de C.G. Jung

Modos de consideração causal e final

Se confrontarmos esquematicamente as três correntes psicoterapêuticas de ponta hoje, de acordo com seus pontos de vista de vanguarda[11], poderíamos dizer: Sigmund Freud procura por *causae efficientes*, as causas do distúrbio psíquico posterior, Alfred Adler considera e elabora a situação de partida no sentido de uma *causae finalis*, e ambos consideram os instintos como *causae materiales*. Jung, muito embora também ele inclua naturalmente as *causae materiales* e igualmente aceite as *causae finales* como ponto de partida e de meta[12], acrescenta alguma coisa a mais e algo extremamente importante através das *causae formales*, portanto, aquelas forças formadoras que são representadas sobretudo pelos símbolos, como mediadores entre inconsciente e consciência ou entre todos os pares contrários psíquicos. A teoria de Jung "mantém em vista o resultado final da análise e considera as intenções e impulsos fundamentais do inconsciente como símbolos, que apontam uma determinada linha do desenvolvimento futuro. Temos de admitir não haver justificativa científica para a aplicação dessa hipótese, uma vez que nosso

---

11. Encontramos um debate sistemático para essas três correntes principais da psicoterapia nos livros de KRANEFELDT, W. *Die Psychoanalyse* (Coleção Göschen. Leipzig, 1930). • ADLER, G. *Entdeckung der Seele* (Zurique: Rascher, 1934). Também como da corrente junguiana e freudiana em JACOBI, J. *Two Essays on Freud and Jung*. Zurique, 1958, ed. pela União estudantil do Instituto C.G. Jung.

12. "A concepção finalista concebe as causas como meios para um fim. Um exemplo simples é o problema da regressão. Do ponto de vista causal, a regressão é condicionada pela 'fixação na mãe', mas, do ponto de vista finalista, a libido regride até a *imago* da mãe, a fim de recolher ali associações de recordações através das quais pode dar-se a evolução, por exemplo, de um sistema sexual para um espiritual" (*A energia psíquica*. OC 8/1, § 43).

estágio científico atual se fundamenta totalmente no princípio da causalidade. Todavia, causalidade é apenas *um* princípio, e a psicologia, já em vista de sua essência, não pode se esgotar apenas numa explicação causal, visto que a psique também tem uma determinação finalista. Todavia, ao lado desse argumento filosófico discutível há um outro muito mais essencial em favor de nossa hipótese, a saber, aquele da necessidade de vida. É impossível, pois, viver conforme as tendências de um hedonismo infantil ou de um impulso infantil de poder. Se essas devem ser incluídas no plano de vida, então devem ser concebidas simbolicamente. A partir da concepção simbólica de impulsos infantis surge um comportamento que pode ser chamado de filosófico ou religioso, cujos conceitos também caracterizam o direcionamento do desenvolvimento do indivíduo. Por um lado, o indivíduo é um complexo fixo e imutável de fatos psíquicos, mas, por outro, é também uma essencialidade extremamente mutável.

As tendências primitivas da personalidade são reforçadas por uma redução exclusiva a causas; mas isso só é útil se, ao mesmo tempo, essas tendências primitivas foram mantidas em equilíbrio através do reconhecimento de seu conteúdo simbólico. Análise e redução conduzem a verdade causal. Mas, em si, isso não representa nenhum suporte para a vida, gerando apenas resignação e desespero. Todavia, o reconhecimento do verdadeiro valor de um símbolo, ao contrário, leva a uma verdade edificante e nos ajuda a viver. Fomenta a esperança e as possibilidades de um desenvolvimento futuro"[13]; e, mais tar-

---

13. Prefácio à primeira edição de *Collected Papers on Analytical Psychology* (Londres, 1916) (cf. OC 4, § 679).

A psicologia de C.G. Jung 111

de, ele afirmou[14]: "Ao esclarecer um fato psicológico é preciso recordar que o psicológico exige um modo de consideração duplo, a saber, o modo *causal* e o *final*. Falo deliberadamente de *final*, para evitar uma confusão com o conceito do 'teleológico'. Por finalidade quero designar meramente a busca imanente de um fim psicológico. Em vez de "busca de um fim", poderia ser dito também *sentido de meta*". Expresso de modo um pouco diverso, soaria o mesmo: Freud lança mão de um método redutivo, Jung de um *prospectivo*. Freud trata do material analiticamente, dissolvendo a atualidade no passado, Jung trabalha sinteticamente, edificando a partir da situação atual, rumo ao futuro, na medida em que procura estabelecer relações entre consciência e inconsciente, ou seja, entre todos os pares psíquicos contrapostos, para prover a personalidade de uma base sobre a qual se possa edificar um equilíbrio psíquico duradouro.

O procedimento dialético

O método de Jung, portanto, não é um "procedimento dialético" na medida em que é um diálogo entre duas pessoas e como tal um efeito mútuo entre dois sistemas psíquicos. É dialético também em si, enquanto um processo que, conduzindo os conteúdos da consciência até os conteúdos do inconsciente, portanto do ego ao não ego, provoca um confronto e embate entre essas duas realidades psíquicas que têm em vista uma transição dessas duas *em algo terceiro*, portanto numa *síntese*, e nessa desembocando. Ali, do ponto de vista terapêutico, torna-se um pré-requisito indispensável

---

14. "Aspectos gerais da psicologia do sonho" (1928). OC 8/2, § 456 [citada a partir daqui como "Psicologia do sonho"].

o psicólogo reconhecer esse princípio dialético com a mesma incondicionalidade. Ele não "analisa" um objeto, mantendo uma distância teórica, mas está dentro da análise tanto quanto o paciente[15].

Por isso, e também por causa da atuação autônoma, independente do inconsciente, a "transferência", a projeção cega de todas as representações e sentimentos do paciente no analista, é um recurso terapêutico menos inevitável dentro do método junguiano do que em outros métodos analíticos. Em certas circunstâncias, quando assume formas exageradas, Jung considera a transferência inclusive como um empecilho no caminho para o progresso efetivo do tratamento. Em todo caso, ele considera que uma "ligação" a um terceiro, por exemplo, na forma de uma relação amorosa, como uma "base" apropriada para uma solução analítica de neuroses ou para um embate com o inconsciente no interesse de um desenvolvimento psíquico, como, por exemplo, a "situação de transferência" referida ao analista, vista por Freud como indispensável. Não é importante apenas o "reviver" a emoção traumática de outrora, sofrida na infância, que forma a base de toda neurose, como pensa Freud, mas em geral o "vivenciar" suas dificuldades atuais num tu concreto, para poder confrontar-se com elas. Aqui é bom que ambos se "doem", analista e analisando, mas também só é possível na medida em que ambos conservam sua objetividade.

O tratamento é um influenciar inconsciente mútuo, e o encontro de duas personalidades é como a mistura de dois

---

15. O termo "paciente" (ocasionalmente chamado também de "analisando") é usado aqui e no que segue tanto para pessoas doentes como para pessoas sadias. Abarca, assim, todos "os que buscam cura", psicóticos e neuróticos, assim como aqueles que se familiarizam com a psicoterapia de Jung por causa de suas propriedades formadoras de caráter e de personalidade.

A psicologia de C.G. Jung   113

corpos químicos; se como tal surgir uma ligação, ambos terão sido modificados. No âmbito do procedimento dialético, "o médico tem de sair de seu estado anônimo para prestar contas de si mesmo, exatamente aquilo que ele exige de seu paciente"[16]. A função que cabe ao terapeuta no método junguiano, portanto, não é como no método freudiano, certa função passiva, mas se constitui numa intervenção ativa, um fomentar, um mostrar a direção, um confronto e embate pessoal. Nessa forma de influência, que significa um impulso específico para o processo de transformação da psique, uma vez que influi no acontecimento vivo através do elemento igualmente vivo, fica claro que têm muita importância a personalidade do médico, sua envergadura e amplidão, sua limpidez e força. Desempenha na terapia junguiana um papel muito mais importante e ativo do que em todos os outros métodos de psicologia profunda, razão pela qual também Jung exige uma assim chamada "análise didática" (*Lehranalyse*), ou seja, o analista deve ser analisado profundamente, como *conditio sine qua non* do exercício profissional da psicoterapia. Isso porque, mais que para qualquer outra situação, aplica-se aqui a frase: Todo guia de almas só poderá levar seus orientandos até o ponto em que ele próprio chegou. Onde, porém, deve-se observar que mesmo um terapeuta de muito destaque e hábil não poderia sacar de seu paciente mais do que as possibilidades existentes nele em potência, dadas pela disposição natural, onde nenhum esforço em favor da psique poderá estender os limites da personalidade interior para além do que lhe é dado de nascença. Assim, a possibilidade de desenvolvimento psíquico do indivíduo permanece sempre condicionada por

---

16. *A prática da psicoterapia* (1935). OC 16/1, § 23.

sua estrutura individual, e a meta a ser alcançada será sempre a melhor possível dentro desses limites.

Caminhos do inconsciente

Segundo Jung, "há quatro métodos para se investigar o desconhecido num paciente".

I. O primeiro método e o mais simples é o *método de associação*. Seu princípio é investigar os principais complexos, os quais se desvelam através de distúrbios no experimento da associação[17]. É um método altamente recomendável para iniciantes para introdução na psicologia analítica e na sintomatologia dos complexos.

II. "O segundo método, o método da *análise dos sintomas*, possui um valor meramente histórico. Através do recurso da sugestão procura-se fazer e deixar com que o paciente reproduza certos sintomas patológicos com base em recordações ali remanescentes. O método pode ser muito útil naqueles casos em que o fator principal da neurose é um choque, uma ferida psíquica ou um trauma [...] foi sobre esse método que Freud fundamentou sua antiga teoria onírica da histeria.

III. A terceira teoria, a *análise anamnética*, tem uma grande importância tanto como terapia quanto como método de pesquisa. Consiste praticamente numa *anamnese* ou recordação cuidadosa do desenvolvimento histórico da neurose [...]. É muito frequente acontecer de só esse procedimento ter grande valor terapêutico, uma vez que habilita o paciente a compreender os fatores principais de

---

17. "Psicologia e educação". OC 17, § 174s.

A psicologia de C.G. Jung

sua neurose, ajudando-o assim, sob certas circunstâncias, a modificar decisivamente sua atitude. Naturalmente que é inevitável e necessário que o médico não só faça perguntas, mas que dê certas dicas e esclarecimentos, apontando para conexões importantes, inconscientes ao paciente.

IV. O quarto método é a *análise do inconsciente* [...]. *Só começa quando se esgotou os materiais da consciência* [...]. Muitas vezes, o método *anamnético* representa uma introdução para esse quarto método [...]. Ali o contato pessoal é de fundamental importância, pois forma a única base a partir de onde se pode ousar enfrentar o inconsciente [...]. De modo algum é fácil estabelecer tal contato, e não é possível fazê-lo de outro modo a não ser através de uma comparação cuidadosa dos dois posicionamentos, com o máximo possível de ausência de prejulgamento de ambos os lados [...]. A partir daí começamos a nos ocupar com o processo psíquico vivo, a saber, com os *sonhos*"[18].

O sonho

O caminho mais viável e mais efetivo para conhecer o mecanismo e os conteúdos do inconsciente passa necessariamente pelo sonho, cujo material consiste de elementos conscientes e inconscientes, conhecidos e desconhecidos. Esses elementos podem surgir nas mais diversas misturas e ser tomados de toda parte, a começar pelos assim chamados "restos do dia" até conteúdos profundos do inconsciente. Seu arranjo dentro do sonho, segundo Jung, está além de toda e qualquer causalidade. Tampouco espaço e tempo podem ser-lhes aplicados. Sua linguagem é arcaica, simbólica, pré-lógica; uma

---

18. Ibid., § 176, 177, 180-181, 184.

linguagem em imagens, cujo sentido só pode ser descortinado através de um procedimento próprio de interpretação. – Jung atribui ao sonho uma importância extraordinária, concebendo-o não apenas como o caminho que leva ao inconsciente, mas como uma função através da qual o inconsciente, em grande parte, *anuncia sua atividade reguladora*. Isso porque o sonho expressa a cada vez o "outro lado", o lado contraposto à atitude consciente.

"O único conceito possível que se me ofereceu para formular esse comportamento foi o conceito de *compensação*, o único que está em condições, segundo me parece, de recolher, com sentido, todos os modos de comportamento do sonho. Deve-se distinguir com rigor a compensação da *complementação*. O complemento é um conceito por demais restrito e restritivo, que não é suficientemente capaz de explicar com adequação a função do sonho, uma vez que por assim dizer designa um comportamento complementar compulsivo. Na medida em que significa ao mesmo tempo um refinamento psicológico da complementação, a compensação, ao contrário, é uma contraposição e comparação de diversos dados e posicionamentos, através do que surge um *equilíbrio* ou uma *correção*"[19]. Essa função compensatória inata à psique, que atua no sentido da individuação, ou seja, no sentido do desenvolvimento da psique rumo à "inteireza", parece ser um dom exclusivo do ser humano; talvez represente até aquela atividade psíquica que podemos designar como algo especificamente humano, pura e simplesmente.

Em vista dessa função compensatória do sonho altamente importante, que não só expressa medos ou desejos, mas inter-

---

19. "Da essência dos sonhos" (1945). OC 8/2, § 545.

A psicologia de C.G. Jung 117

vém em todo comportamento psíquico, Jung rejeita também a ideia de estabelecer uma listagem de "símbolos estandardizados". Os conteúdos inconscientes são sempre *multívocos*, e seu sentido tanto depende do contexto no qual ocorrem quanto da respectiva situação de vida e psíquica específicas de cada indivíduo que sonha. Muitos sonhos, inclusive, ultrapassam a problemática pessoal do indivíduo que sonha, e se constituem em expressão de problemas que retornam na história da humanidade e tratam do todo coletivo humano. Muitas vezes têm caráter profético e também hoje são considerados pelos primitivos como assunto pertinente a todo clã e interpretado abertamente em grandes cerimônias.

Ao lado do sonho, Jung distingue ainda *fantasias* e *visões* como portadoras da manifestação do inconsciente. São aparentadas com o sonho e aparecem num estado de consciência diminuído. Denunciam um conteúdo de sentido manifesto e um de sentido latente, provêm do inconsciente pessoal ou coletivo, oferecendo por isso um material de igual valor ao sonho para a interpretação psicológica. A sua variabilidade é ilimitada, passando dos sonhos usuais diários e sonhos de desejos, até visões dos estáticos, carregadas de significado.

Para Jung, o instrumento principal do método terapêutico, portanto, é formado pelo sonho, enquanto aquele fenômeno psíquico que oferece o acesso mais fácil aos conteúdos do inconsciente, habilitando-se assim de maneira específica a clarear e explicitar os nexos interiores através de sua função compensatória. Isso porque "o problema da análise dos sonhos está estreitamente dependente da hipótese do inconsciente; sem este, o sonho não passa de um conglomerado de restos desintegrados do dia"[20]. Jung utiliza igualmente as

---

20. "A aplicação prática da análise dos sonhos" (1934). OC 16/2, § 294.

fantasias e visões dos pacientes no mesmo sentido que o sonho. A seguir, se falamos apenas do sonho, por razões de facilidade, ali também estão as fantasias e as visões.

A interpretação do sonho

Ao lado da discussão e processamento do respectivo material, ele mesmo, por meio do contexto ou de associações, fornecidos não só pelo paciente, mas também pelo terapeuta, a interpretação dos sonhos, visões e de toda espécie de imagens psíquicas assume um posto central no processo dialético do procedimento terapêutico. Todavia, é só o paciente que decide, em última instância, sobre a interpretação dada ao material trazido pelo paciente. Sua individualidade é decisiva aqui. Isso porque deve surgir nele uma vivência clara de anuência, que não é um dizer sim racional, mas uma vivência real, a fim de que a interpretação possa ser considerada corroborada. "Quem quiser evitar sugestionalidade deve, portanto, encontrar aquela fórmula que alcança a concordância do paciente"[21]. Do contrário, o próximo sonho ou a próxima visão volta inevitavelmente a trazer à linguagem o mesmo problema. E continua trazendo-o até que a pessoa tome uma nova atitude em consequência do que "vivenciou". A objeção frequentemente ouvida de que o terapeuta poderia influenciar sugestivamente com a interpretação só pode ser feita por uma pessoa que não conhece a natureza do inconsciente; pois "a possibilidade e o perigo do prejulgamento é superestimado. O psíquico-objetivo, o inconsciente, é independente em máximo grau do ponto de vista da experiência. Se não

---

21. Ibid., § 316.

A psicologia de C.G. Jung

fosse assim, tampouco poderia exercer sua função própria, a saber, a compensação da consciência. A consciência pode ser adestrada como um papagaio, mas não o inconsciente"[22]. Se o médico e o paciente se equivocam na interpretação, com o tempo são rigorosa e inapelavelmente corrigidos pelo material inconsciente, que opera sempre de forma autônoma e que ininterruptamente dá continuidade ao processo.

Jung diz: "Não se pode explicar o sonho com uma psicologia retirada da consciência. É um funcionar determinado que independe de querer e desejar, de intenção ou estabelecimento consciente de uma meta pelo eu. É um acontecimento sem intencionalidade, assim como se dá com tudo na natureza [...]. É bastante provável que nós sonhemos constantemente, mas quando estamos acordados a consciência faz tanto alarido que não mais ouvimos. Se conseguíssemos anotar sem interrupções, poderíamos ver que o todo descreve uma determinada linha"[23]. Com isso se disse que o sonho é um fenômeno psíquico natural, mas de uma espécie autônoma própria, com um caráter finalista desconhecido para a consciência. Tem sua própria linguagem e suas próprias leis, às quais não podemos nos aproximar com a psicologia da consciência, por assim dizer como sujeito. Isso porque "não somos nós que sonhamos, mas somos sonhados. "Sofremos" o sonho, somos os objetos"[24]. Quase poderíamos dizer que no sonho conseguimos vivenciar os mitos e contos que lemos quando estamos acordados, como se fossem reais. Mas isso é algo essencialmente distinto.

---

22. "Símbolos oníricos". OC 12, § 51.

23. *Kindertraumseminar*, 1938/1939 [impressão privada].

24. *Kinderträume*, 1938/1939, p. 179.

As raízes do sonho

As raízes do sonho, na medida em que somos capazes de constatá-las, residem em parte nos conteúdos conscientes – impressões da véspera, restos do dia – e, em parte, em conteúdos constelados do inconsciente, que podem ser acionados através de conteúdos conscientes ou de processos inconscientes espontâneos. Esses últimos processos, que não permitem reconhecer qualquer relação para com a consciência, podem provir de qualquer lugar. Podem ser fontes somáticas, acontecimentos físicos ou psíquicos no mundo circunstante ou acontecimentos passados ou futuros; quanto a essas últimas, basta pensarmos, por exemplo, em sonhos que vivificam um acontecimento histórico há muito tempo já passado ou que antecipam profeticamente um acontecimento futuro (como pode ser o caso, por exemplo, em sonhos fortemente arquetípicos). Há sonhos que, originariamente, tinham uma relação com a consciência, mas a perderam, como se jamais tivessem passado por isso, e agora trazem à tona fragmentos incompreensíveis, totalmente sem conexão; depois há ainda aqueles que representam os conteúdos psíquicos inconscientes do indivíduo, sem que possam ser reconhecidos como tais.

Como já foi dito na primeira parte dessa apresentação, Jung designa o *arranjo* das imagens dos sonhos como estando fora das categorias de espaço e de tempo, e não estando submissas a nenhuma causalidade. O sonho é uma "mensagem enigmática de nosso lado noturno"[25]. Jamais é uma mera repetição de vivências ou acontecimentos já passados – com exceção de certa categoria de sonhos-choque ou sonhos reativos, nos quais certos acontecimentos objetivos causaram um

---

25. "A aplicação prática da análise dos sonhos". OC 16/2, § 322.

A psicologia de C.G. Jung

trauma psíquico, como, por exemplo, ataques de granadas ou de bombas na guerra – tampouco ali onde pensamos reconhecer isso. Assim, esses sonhos que essencialmente representam apenas uma reprodução do trauma ou da vivência do choque tampouco podem ser concebidos como compensatórios. Também sua conscientização não poderá fazer desaparecer o abalo que determinou o trauma. "O sonho vai tranquilamente 'reproduzindo' repetidamente o fato, ou seja, o conteúdo do trauma, que se tornou autônomo, opera por si e quiçá até que o apelo traumático esmoreça por completo"[26]. Ademais, o sonho "sempre está ligado ou é modificado de acordo com uma meta, mesmo que muitas vezes sem chamar a atenção, mas de uma maneira diferente do que se correspondesse a metas da consciência ou da causalidade"[27].

Os diversos tipos de sonho

A possibilidade *de significado* dos sonhos pode ser reduzida aos dois seguintes casos típicos:

Como reação do inconsciente a uma determinada situação consciente, surge um sonho que aponta de maneira bem clara para impressões do dia, complementando ou compensando, de tal modo que se torna visível que esse sonho jamais teria surgido sem uma determinada impressão do dia da véspera.

O sonho não surge de uma determinada situação consciente, que – de forma mais ou menos clara – teria provocado seu surgimento, mas em virtude de certa espontaneidade do inconsciente, sendo que, a uma determinada situação concre-

---

26. "Aspectos gerais da psicologia do sonho". OC 8/2, § 500.

27. *Kindertraumseminar*, 1938/1939 [impressão privada].

ta, esse acrescenta outra, que é tão distinta da primeira, surgindo um conflito entre ambas. Enquanto no primeiro caso o descenso se encaminha da parte mais forte, consciente, em direção à parte inconsciente, nesse segundo caso se estabelece equilíbrio entre os dois.

Todavia, se a contraposição, exposta pelo inconsciente, for mais forte que a posição consciente, então surge um descenso que parte do inconsciente rumo à consciência. Então, chega-se àqueles sonhos significativos que, sob certas circunstâncias, podem modificar inteiramente uma atitude consciente, e até invertê-la.

Esse último tipo, no qual toda a atividade e peso significativo se encontram exclusivamente no âmbito inconsciente, e que fornece os sonhos mais característicos, mais difíceis de interpretar, mas os mais importantes, apresenta processos inconscientes que já não deixam entrever qualquer relação com a consciência. O sonhador não os compreende e, em geral, admira-se sobre a razão de sonhar isso, uma vez que nem sequer se pode perceber alguma conexão condicional. Mas justo esses sonhos possuem muitas vezes um caráter irresistível, justamente por serem arquetípicos; frequentemente eles têm também caráter de oráculos. Às vezes esses sonhos se manifestam igualmente antes da irrupção de doenças mentais e neuroses acentuadas, onde irrompe de repente um conteúdo que impressiona profundamente quem sonha, mesmo quando ele não o compreende[28]. A concepção de muitas pessoas, se-

---

28. Para um exemplo muito rico nesse sentido, cf. o artigo de MEIERS, C.A. *Zentralblatt für Psychotherapie*, 1939, vol. XI, p. 284, e o sonho infantil "Bicho mau", relatado e extensamente interpretado no capítulo "Archetypus und Traum" do livro da autora intitulado *Komplex, Archetyptis, Symbol...* p. 159-215.

A psicologia de C.G. Jung

gundo a qual quanto mais sonhos arquetípicos se tem, melhor, não é convincente na maioria das vezes; isso porque, muito pelo contrário, seu aparecimento frequente testemunha justamente uma mobilidade superforte das profundezas coletivas inconscientes, que está ligada com o perigo de explosões e reviravoltas repentinas, razão pela qual, em tais casos, na análise aconselha-se proceder com calma e extrema cautela. Por mais rico de benefícios que possa se mostrar um sonho arquetípico quando se consegue compreender e integrar corretamente seu conteúdo no momento certo, também pode se tornar ameaçador quando o eu de quem sonha ainda é por demais estreito, ainda muito fraco para defrontar-se com ele e buscar resolvê-lo.

Na distinção desses diversos tipos de sonhos, o peso incide nas proporções que se encontram as reações do inconsciente em relação à situação consciente. Isso porque se podem constatar as mais variadas transições, desde uma reação do inconsciente ligada aos conteúdos da consciência até a manifestação espontânea das profundezas inconscientes[29].

O arranjo dos sonhos

Qual é, pois, o sentido do sonho e quais são os recursos para *interpretar o sonho*?

Toda interpretação não passa de uma hipótese, uma mera tentativa de decifração de um texto desconhecido. É muito raro se interpretar um sonho isolado sem transparência mesmo que seja com uma segurança mesmo que aproximada. Uma relativa segurança alcança uma interpretação só numa série de sonhos, quando os sonhos sequentes corrigem os erros de

---

29. *Kinderträume*, 1938/1939, p. 20.

interpretação dos precedentes. Jung foi o primeiro a investigar séries completas de sonhos. Ali ele partia da hipótese de que os "sonhos têm uma sequência como um monólogo sob a cobertura da consciência"[30], muito embora sua sequência cronológica nem sempre coincida com a real sequência interna de sentido. Não corresponde, portanto, necessariamente a uma sequência, na qual o sonho B resultaria do sonho A e o sonho C do sonho B. Isso porque o real arranjo dos sonhos é *radial*; ele se agrupa ao redor de um "ponto central significativo". Os sonhos rebrilham a partir de um centro, como por exemplo, assim:

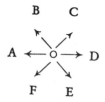

Onde o sonho C pode acontecer antes do A e o sonho B pode dar-se tanto depois quanto antes do sonho F. Quando esse ponto central for descortinado e trazido à consciência, então deixa de atuar, e os sonhos surgem a partir de outro ponto central, e assim adiante. Por isso é extremamente importante aconselhar os pacientes para que, por assim dizer, continuem "anotando" seus sonhos e a interpretação dos mesmos, através do que se assegura certa continuidade e "o paciente aprende a negociar corretamente com seu inconsciente"[31]. Nisso a orientação psicoterapêutica não se mantém passiva, mas se transforma numa colaboração ativa, que inter-

---

30. *Kindertraumseminar*, 1938/1939 [impressão privada].

31. "A aplicação prática da análise dos sonhos". OC 16/2, § 534.

A psicologia de C.G. Jung 125

vém no acontecimento, apontando para o possível sentido do sonho, explicando e *orientando a direção* ao paciente segundo a qual o paciente tem de processar e assimilar conscientemente a interpretação[32]. A verdadeira interpretação do sonho é, via de regra, uma tarefa muito exigente. Pressupõe tato psicológico, capacidade combinatória, intuição, conhecimento do mundo e do ser humano e sobretudo um *saber específico*, no qual importa ter tanto conhecimentos bastante amplos quanto certa *intelligence du coeur*"[33].

A multiplicidade de significados dos conteúdos do sonho

Todo conteúdo de sonho sempre apresenta muitos significados e, como já foi dito, está condicionado à individualidade da respectiva pessoa que sonha. A hipótese de se tomar símbolos estandardizados, que poderiam ser traduzidos como que a partir de um dicionário, estaria em contradição direta com a concepção junguiana de essência e de estrutura da psique. Para poder interpretar correta e efetivamente um conteúdo é preciso confrontá-lo tanto com o conhecimento perfeito da situação de vida e da psicologia manifesta, consciente da pessoa que sonha, quanto com a reprodução precisa do contexto do sonho – e é precisamente este o trabalho da análise, com seus recursos de associação e amplificação. O contexto psicológico de conteúdos oníricos consiste naquela "trama de relações na qual o conteúdo do sonho está inserido naturalmente. Do ponto de vista teórico, jamais se poderá conhecer esse conteúdo de antemão, e todo sentido de sonho e cada uma de suas partes devem ser pressupostos como sendo

---

32. Cf. o já mencionado "dialektische Verfahren", p. 111-114.

33. "Da essência dos sonhos". OC 8/2, § 534.

desconhecidos"[34]. É só depois de se ter feito um levantamento cuidadoso do contexto que se poderá fazer a tentativa de uma interpretação. É só depois de se ter estabelecido no teor do sonho o sentido encontrado, com base no levantamento do contexto, e de se ter constatado a reação de sentido, ou seja, do fato que mostra até que ponto se deu um sentido satisfatório, que se poderá verificar algum resultado. Todavia, em nenhuma circunstância se deve admitir que o sentido assim encontrado corresponda à expectativa subjetiva, isso porque a solução do sentido é muitas vezes surpreendentemente diferente do que seria de se esperar subjetivamente. Ao contrário, uma correspondência a essa expectativa daria todas as razões para se desconfiar da interpretação. Isso porque o inconsciente é na maioria das vezes inesperadamente "outro". Sonhos paralelos, cujo sentido coincide com a atitude da consciência, são extremamente raros[35].

Jung afirma que é só raramente que se pode concluir a partir de um único sonho sobre a situação integral da psique; no máximo se poderá concluir de um problema agudo momentâneo ou de um aspecto do mesmo. Assim, é possível

---

34. *Kindertraumseminar*, 1938/1939 [impressão privada].

35. Um exemplo para o efeito compensador do sonho seria: Alguém sonha que já é primavera, mas sua árvore preferida no jardim só tem galhos secos. Nesse ano não se podem ver nela nenhuma folha e nenhuma flor. Com isso o sonho quer dizer: Vês a ti mesmo nessa árvore? Assim és tu! Muito embora não queiras perceber! Em ti, tua natureza está ressequida, em ti não brota nenhum verde etc. Esses sonhos são um exemplo para pessoas cuja consciência se tornou autônoma pela unilateralidade, que suportou um peso exagerado pesado. Naturalmente que uma pessoa especialmente inconsciente, que vive de forma totalmente instintiva, teria sonhos que mostram igualmente seu "outro lado". É muito frequente, por exemplo, pessoas vira-casacas frívolas sonharem com conteúdos moralizantes, os que são modelos de virtude; ao contrário, sonham muitas vezes com imagens imorais.

A psicologia de C.G. Jung

alcançar uma imagem completa da causa e do decurso do distúrbio só através da observação, perquirição e exploração de uma série de sonhos relativamente longa. A série substitui, por assim dizer, aquele contexto que a análise freudiana procura descortinar através da "livre associação". Assim, em Jung, a "associação dirigida" ajuda a clarear e regular o processo psíquico, por um lado, motivado e orientado pelo médico, e, por outro, através da corrente das manifestações do inconsciente que se tornam visíveis nos sonhos etc.

O aspecto compensatório do sonho

Em geral, o posicionamento do inconsciente é complementar ou compensatório em relação à respectiva situação da consciência. "Quanto mais unilateralmente e quanto mais a atitude consciente se afasta das possibilidades vitais ótimas, tanto maior chance de ocorrerem sonhos vivos de um aspecto fortemente contrastante, mas com uma finalidade compensatória, como expressão de uma autorregulação psicológica do indivíduo"[36]. Ali, naturalmente, o caráter da compensação está intimamente ligado com todo o ser da respectiva pessoa. "É só a partir do conhecimento da situação da consciência que se torna possível distinguir que presságio se deve atribuir aos conteúdos inconscientes [...]. Entre a consciência e o sonho há uma proporção relacional do mais fino equilíbrio [...]. Nesse sentido, pode-se explicar a Teoria da Compensação como uma regra fundamental para o comportamento psíquico em geral"[37].

---

36. "Aspectos gerais da psicologia do sonho". OC 8/2, § 488.

37. "A aplicação prática da análise dos sonhos". OC 16/2, § 334, 330.

Paralelamente ao comportamento compensatório frente à situação da consciência, que é a regra geral para pessoas normais sob condições externas e internas normais, os conteúdos oníricos podem exercer ainda uma função redutiva ou prospectiva, na medida em que, de forma negativo-compensatória, "rebaixam o indivíduo, de certo modo, à sua insignificância humana e à sua condição fisiológica, histórica e filogenética"[38] (é esse material que foi pesquisado, em primeira linha, por Freud de modo mais acentuado), ou ainda de forma positivo-compensatória, enquanto uma espécie de "imagem-guia" da atitude consciente, autodesvalorizadora, fornecendo uma direção "melhorada", sendo que as duas formas podem ser "sadias". A função prospectiva do sonho deve ser distinguida de sua função compensatória. Essa última significa, em princípio, que o inconsciente, considerado em relação à consciência, em relação à situação da consciência, incorpora em sua articulação todos aqueles elementos que foram reprimidos e desconsiderados e que fazem falta para a formação da integridade. "No sentido de autorregulação do organismo psíquico, a compensação deve ser designada como finalista. A função prospectiva, ao contrário, é uma antecipação de desempenhos conscientes futuros, antecipação que se manifesta no inconsciente, constituindo-se como que num pré-exercício ou como um plano projetado com antecedência"[39].

Como se depreende de toda a concepção da estrutura do sonho, da inserção da situação atual da consciência, do contexto e conceito do grau de valor, da propriedade do próprio acontecer do sonho, que não está ligada com as categorias de

---

38. "Aspectos gerais da psicologia do sonho". OC 8/2, § 497.

39. Ibid., § 492-493.

A psicologia de C.G. Jung

espaço e tempo etc., na interpretação junguiana do sonho – ao contrário do que se dá em Freud –, o conceito de causalidade só pode ser empregado em sentido restrito. "Ali não se trata de negar as causas do sonho, mas está em questão outra interpretação dos materiais reunidos no sonho"[40], e, como veremos mais adiante, trata-se também de outro método para alcançar a interpretação de seu sentido. Em primeira linha, Jung não procura pelas *causae efficientes*; ele acha, inclusive, que "sonhos são muitas vezes antecipações, que, consideradas de forma puramente causal, perdem completamente seu verdadeiro sentido. Esses sonhos antecipadores, muitas vezes, fornecem uma informação inequívoca sobre a situação analítica, cujo conhecimento correto é da maior importância para a terapia"[41]. Isso se aplica sobretudo para sonhos iniciais, aqueles sonhos, portanto, que se tem no começo de uma análise, pois todo sonho é um órgão informativo e de controle[42].

O sonho como "reino infantil"

Na análise o caminho seguido conduz para o "reino infantil", ou seja, para aquela época na qual a consciência racional da atualidade ainda não se separou da alma histórica, do inconsciente coletivo; portanto, não apenas para aquele reino em que os complexos de infância têm sua origem, mas para um reino pré-histórico, que foi o berço de todos nós. A separação do indivíduo do "reino da infância" é inevitável, muito embora conduza para uma tal distância daquela psique que despertava dos tempos primitivos que surge ali

---

40. Ibid., § 462.

41. "A aplicação prática da análise dos sonhos". OC 16/2, § 312.

42. Ibid., § 332.

uma perda dos instintos naturais. "A consequência disso é a ausência de instintos, e com isso a desorientação nas situações humanas gerais. Mas a separação também tem como consequência que o "reino da infância" permanece definitivamente infantil, tornando-se assim uma fonte constante de tendência e impulsos infantis. É claro que esses intrusos são extremamente indesejáveis para a consciência, que por isso os reprime. Essa repressão simplesmente aumenta a distância da origem, intensificando assim a falta de instintos até o ponto de perder a alma. A consciência, portanto, ou se vê inundada pela infantilidade, ou tem de se defender constantemente contra ela sem haurir resultados. A atitude racional unilateral da consciência, apesar de seu êxito inegável, deve ser vista como inadaptada e adversa à vida. A vida está ressequida e anseia pela fonte, mas a fonte só pode ser encontrada no "reino da infância", onde, como antigamente, pode-se receber instruções do inconsciente. Infantil não é só quem permanece por muito tempo criança, mas também quem se afasta da infância, pensando que com isso parou de existir. Isso porque ele não sabe que todo psíquico possui uma face dupla. Uma olha para frente, a outra para trás. É ambígua e por isso simbólica, como toda realidade viva [...]. Na consciência encontramo-nos num cume e pensamos de maneira infantil que a sequência do caminho nos conduzirá a uma altura mais elevada além do cume. Essa é a ponte quimérica do arco-íris[43]. Todavia, para alcançar o próximo pico a gente desce – tem de descer, se quiser conseguir chegar lá – para aquela terra onde os caminhos começam a se dividir"[44]. "A resistência da consciência frente

---

43. Cf. nota 49 deste capítulo.

44. *Psychologie und Alchemie*. 2. ed. Zurique: Rascher, 1952, p. 97; cf. "Símbolos oníricos". OC 12, § 74-75.

A psicologia de C.G. Jung 131

ao inconsciente, assim como sua subestimação, são uma necessidade de desenvolvimento histórica, pois do contrário a consciência jamais poderia ter-se diferenciado do inconsciente"[45]. Só que a consciência do homem moderno já se distanciou por demais de suas origens, do inconsciente, esquecendo inclusive que esse de modo algum funciona no sentido de nossas intenções conscientes, mas funciona de forma autônoma. É por isso que, em pessoas de cultura, a aproximação ao inconsciente, sobretudo por causa da semelhança ameaçadora com os distúrbios psíquicos, está ligada na maioria das vezes com um pavor e pânico. "'Analisar' o inconsciente como um objeto passivo não traz nada de suspeito para o intelecto; ao contrário, tal atividade corresponderia à expectativa racional; todavia, 'deixar' o inconsciente 'acontecer' e 'vivenciá-lo' como uma realidade, isso é algo que ultrapassa a coragem e a capacidade do homem europeu mediano. Ele prefere simplesmente não compreender esse problema. A vivência do inconsciente é propriamente um mistério pessoal, partilhável com muita dificuldade a bem poucas pessoas"[46].

Em consequência do acento exagerado do lado consciente, e como consequência disso a repressão e desconexão do lado inconsciente da psique do homem moderno, por meio do qual esse como que transborda, o problema da aproximação ao inconsciente e sua estrutura orgânica se tornou um problema especificamente ocidental e moderno, que hoje ganhou uma importância eminente não apenas para o indivíduo, mas para todos os povos. O estabelecimento da relação entre consciência e inconsciente se apresenta de maneira totalmente distin-

---

45. Ibid., § 60.
46. Ibid., § 60-61.

ta ao homem oriental, e é bem provável que também para o africano etc.

Segundo Jung, a consciencialização e integração dos conteúdos infantis deve *preceder* o trabalho de processamento do material do inconsciente coletivo: "primeiramente deve-se liberar sempre o inconsciente pessoal, ou seja, torná-lo consciente"[47]; do contrário o caminho para o inconsciente coletivo fica desfigurado. Isso significa que todo conflito tem de ser apreendido primeiramente sob o aspecto pessoal e considerado à luz das próprias experiências, sendo que se deve colocar a ênfase na vida privada do indivíduo e nos conteúdos psíquicos pertinentes, adquiridos, antes que ele possa voltar-se para o confronto com problemas gerais da existência humana. Esse caminho que leva à ativação dos arquétipos e à unificação, ao correto equilíbrio entre consciência e inconsciente, é o da "cura", e, visto a partir do lado técnico, o caminho da interpretação dos sonhos.

As etapas da interpretação

A técnica de decifração de um sonho, portanto, pode – novamente resumindo – ser desmembrada nas seguintes etapas: descrição da situação atual da consciência e dos acontecimentos precedentes, tomada do contexto subjetivo; em temas arcaicos, anexar paralelos mitológicos, e por fim, em situações complexas, prover-se de informações objetivas da parte de terceiros. Ao contrário disso, o caminho que têm de percorrer os conteúdos do inconsciente em sua conscientização segue as seguintes sete etapas: a) baixar o limiar de entrada

---

47. "Símbolos oníricos". OC 12, § 81.

A psicologia de C.G. Jung

da consciência a fim de que os conteúdos do inconsciente possam surgir[48]; b) os conteúdos do inconsciente se elevam nos sonhos, visões, fantasias; c) os conteúdos são percebidos e fixados pela consciência; d) pesquisa, esclarecimento, interpretação e concepção do sentido dos conteúdos singulares; e) inserção desse sentido na situação psíquica total do indivíduo; f) apropriação, incorporação e elaboração do sentido encontrado pelo indivíduo; g) a integração do "sentido", sua estruturação orgânica na psique torna-se tão completa que ele por assim dizer "penetra no sangue", transformando-se num *saber assegurado instintivamente.*

A estrutura do sonho

Jung descobriu que a maioria dos sonhos possui certa semelhança estrutural. Ele apreende mesmo sua construção de maneira totalmente diversa de Freud, vendo a maioria dos sonhos como uma espécie de "inteireza", como um acontecimento "arredondado", cuja estrutura apresenta uma construção com caráter de drama e por isso admite um agrupamento de seus elementos segundo o esquema de um drama clássico. O desmembramento de um sonho segundo esse esquema ficaria então assim: 1) *Lugar, tempo, dramatis personae*, portanto, o começo do sonho, que frequentemente informa o lugar onde a ação do sonho se dá, e as pessoas do ato do sonho; 2) *Exposição*, isto é, a apresentação do problema do sonho. Aqui, de certo modo, apresenta-se o conteúdo que forma a situação fundamental do sonho, a questão, o

---

48. O que se torna tão difícil a certas pessoas em admitir, tão difícil que, por exemplo, sofrem de insônia, porque se defendem inconscientemente por causa do medo de deixar que os conteúdos subam desde o inconsciente.

tema, configurado no sonho pelo inconsciente, e sobre o que irá se expressar então; 3) *Peripécia*, que apresenta a "espinha dorsal" de todo sonho, amarrar a ação de um nó, a elevação do acontecimento a um ponto alto, ao clímax ou à mudança, que porém pode consistir também de uma catástrofe; 4) *Lysis*, isto é, a solução, o resultado do sonho, o sentido que aparece em sua conclusão, sua indicação compensatória. Esse esquema grosseiro, segundo o qual se constrói a maioria dos sonhos, forma uma base apropriada para o decurso da interpretação[49]. Sonhos que não apresentam nenhuma *lysis* permitem que se conclua sobre um desenvolvimento não sadio da vida de quem sonha. Mas aqui se tratam de sonhos bem específicos, e não podem ser confundidos com aqueles sonhos dos quais o sonhador se recorda apenas de fragmentos, ou que ele reproduz de maneira incompleta e por isso ficam sem *lysis*. Isso porque, naturalmente, é raro poder ler imediatamente aquela fase em um sonho. Necessita muitas vezes de um aprofundamento cuidadoso, antes que se revele a alguém sua estrutura por completo.

---

49. Como exemplo pode ser citado um sonho de uma menina de seis anos de idade, mencionado no *Kindertraumseminar*, 1938/1939 [impressão privada]: "No sonho, ergueu-se diante da menina um belo arco-íris. A pequena menina se grudou no arco-íris e subiu até alcançar o céu. De lá gritou para baixo para sua amiga Marietta, que ela também deveria subir. Mas essa protelou por tanto tempo, andando de um lado para o outro, até que o arco-íris se desfez e a menina caiu por terra". O lugar é o de um acontecimento natural: No sonho, ergue-se frente à pequena menina um belo arco-íris. A explicação aponta também para o seguinte fato: A menina subiu no arco-íris e subiu até chegar ao céu. A peripécia, a amarração do nó se dá quando ela grita para baixo para sua amiga que ela também deveria subir. Essa protela, e Lysis prossegue: o arco-íris se desfaz e a menina cai por terra.

O condicionalismo

Jung introduziu na interpretação do sonho o conceito e a metodologia do *condicionalismo*[50], ou seja, "sob as condições que podem estar constituídas desse ou daquele modo podem ser apropriados esses ou aqueles sonhos"[51]. O ponto decisivo, portanto, é sempre a respectiva situação com os condicionamentos epocais e atuais. Dependendo do contexto global, o mesmo problema, a mesma causa pode ter um significado cada vez diferente; de acordo com o ponto de vista do condicionalismo, podem ser multívocos, não podem, portanto, significar sempre apenas a mesma coisa, sem levar em consideração a situação e a diversidade de seus modos de manifestação.

O condicionalismo é uma forma de ampliação da causalidade, é a interpretação multívoca de relações causais, e nesse sentido representa uma tentativa de "apreender a causalidade rigorosa através de uma mútua atuação de condições, ampliando a univocidade do nexo de causa e efeito através da multivocidade da conexão de atuação. Todavia, com isso não se suspende a causalidade em sentido geral; ela é adaptada

---

50. O fisiólogo e filósofo Max Verworn (Göttingen, 1863-1921), de quem provém o conceito de "condicionalismo", define-o como segue: "Um estado ou um processo é determinado univocamente através de todos os seus condicionamentos. Disso resulta: 1) Estados ou processos iguais são sempre expressão dos mesmos condicionamentos; condicionamentos desiguais encontram sua expressão em estados e processos desiguais. 2) Um estado ou processo é idêntico com todos os seus condicionamentos. Disso resulta: um estado ou processo é perfeitamente conhecido cientificamente quando se constatou a inteireza de seus condicionamentos" (*Kausale und konditionale Weltanschauung*. 3. ed. 1928).

51. *Kinderträume*, 1938/1939, p. 17.

ao material pluriestratificado do vivo"[52], portanto, ampliada e completada. Correspondentemente a isso, também o significado de um determinado tema onírico não é explicado apenas a partir de sua condicionalidade causal, mas igualmente a partir de seu "grau de valor"[53] dentro do contexto inteiro do sonho.

O método de amplificação

Jung não emprega o método da "livre associação", mas o processo que ele chama de "amplificação". Ele pensa que poder fazer a livre associação, apesar de poder levar "sempre a um complexo, não assegura se é precisamente esse o sentido que perfaz o sonho [...]. De algum modo, sempre podemos naturalmente chegar aos nossos complexos, pois são o atrativo que tudo atrai"[54]. Mas é possível também que o sonho mostre precisamente o contrário do conteúdo do complexo, buscando, com isso, acentuar, por um lado, aquele funcionar natural que seria capaz de libertar alguém do complexo, e, por outro, apontar para o caminho a ser seguido. Ao contrário do método freudiano da *reductio in primam figuram*, amplificação não significa, portanto, uma corrente ininterrupta de associações voltadas para trás, obrigatoriamente ligada a causas, mas uma ampliação e enriquecimento do conteúdo do sonho com todas as imagens semelhantes, possíveis e análogas. Ademais, distingue-se da livre associação no fato de que as associações não são controladas apenas pelo paciente ou por quem sonha, mas também pelo analista. Muitas vezes é esse, inclusive, que determina a direção, trazendo ao caso

52. Ibid., p. 17.

53. Cf. tb. p. 97

54. *Kinderträume*, 1938/1939, p. 36.

A psicologia de C.G. Jung

analogias, que depois alinhavam as associações dos pacientes. Por mais diversificadas que possam ser também as imagens e analogias, elas devem estar sempre numa relação de sentido e mais ou menos estreitadas com o conteúdo do sonho a ser interpretado; nesse caso, não é possível estabelecer limites além dos quais a livre associação não poderia ir, e determinar distanciamentos além dos quais ela não poderia se afastar do conteúdo do sonho.

A amplificação deve ser empregada em todos os elementos do conteúdo do sonho, e só então poderá surgir aquela imagem inteira a partir da qual se poderá deduzir o "sentido". No método de amplificação de Jung, os temas singulares do sonho são enriquecidos, através de um material análogo, com sentido aparentado, de imagens, símbolos, contos, mitos etc., e assim demonstrados em todas as nuances de sua possibilidade de sentido, de seus diversos aspectos, até que seu significado apareça em sua clareza plena. Cada elemento de sentido singular, assim assegurado, volta a ser ligado então com o próximo até que toda a cadeia do tema onírico fique clara, e por fim possa experimentar ela própria uma última verificação em sua unidade. Portanto, por exemplo, como se procura mostrar no *diagrama XV* a seguir, em relação a um sonho.

Para o método de amplificação, como princípio, o decisivo não é a verificabilidade histórico-científica ou a coincidência temporal etc. na alocação e no emprego de analogias, mas a igualdade do núcleo significativo. Partindo do fato de que tudo que uma vez foi apreendido em imagem ou em palavra pelo ser humano possui realidade psíquica absoluta, não importa se surgiu nessa ou naquela época, como uma ideia que ocorreu uma única vez ou como resultado de uma longa tradição ou pela pesquisa científica, toda analogia, na medida em

Diagrama XV

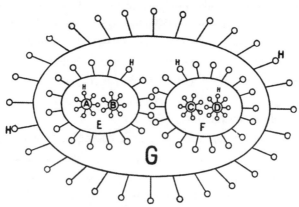

A, B, C, D = São os temas singulares do sonho.
E, F = A ligação de dois elementos de sentido (tema do sonho) num novo conjunto do todo; por exemplo, A = significa corno, B = animal e E = animal de cornos.
G = O sonho inteiro em seu sentido, como unidade, por exemplo, em analogia com um mitologema.
i. é, H = as correspondências singulares.

que contém aspectos arquetípicos do tema onírico a ser esclarecido, fornece maior precisão e esclarecimento, um reforço na interpretação. Dessa forma, a amplificação apresenta um novo método científico para a pesquisa de psicologemas, mitologemas e configurações psíquicas de toda espécie, podendo temporalizar resultados extraordinariamente fecundos.

Assim, a amplificação representa uma espécie de trabalho de associação limitado, concatenado e direcionado, que retorna sempre e cada vez de novo para o núcleo de significado do sonho, e busca revelá-lo como que rodeando-o. "A amplificação se dá sempre que se trata de uma vivência obscura, cujas indicações escassas precisam ser multiplicadas e ampliadas através

A psicologia de C.G. Jung 139

do contexto psicológico, para tornar-se compreensíveis. É por isso que na psicologia analítica se lança mão da amplificação na interpretação do sonho; isso porque, em vista da compreensão, o sonho representa uma indicação muito escassa, que, por isso, precisa ser enriquecido através de material associativo e análogo e reforçado até tornar-se inteligível"[55].

A interpretação redutiva

A apresentação do método de amplificação em sua contraposição para com a *reductio in primam figuram* pode ser visualizada figurativamente, em linhas muito simplificadas, no *diagrama XVI* e no *diagrama XVII*. Tomam-se como ponto de partida *quatro* elementos diversos, conteúdos oníricos A, B, C e D. A amplificação liga-as entre si seguindo todos os direcionamentos possíveis, com todas as possíveis correspondências, analogias etc., até alcançar o maior âmbito de alcance possível e sua essencialidade cognoscível derradeira; por exemplo, ela complementa, amplia e enriquece a figura do pai real, que apareceria como elemento do sonho, até atingir a "ideia" do "paterno" pura e simplesmente. A redução, que supõe que os elementos singulares do sonho representam uma "desfiguração" de conteúdos originariamente diferentes, conduz de volta os quatro pontos através de uma cadeia da livre associação, até que eles, capturados pela coação da ligação causal, desembocam naquele *ponto X único* donde partiram, o qual eles têm como tarefa "desfigurar" e "encobrir". A amplificação "esclarece" assim todos os possíveis significados dos quatro pontos no sentido atual que eles têm para quem sonha agora, e a redução os remete simplesmente de volta para um ponto

---

55. "As ideias de salvação na alquimia" (1937). OC 12, § 403.

Diagrama XVI

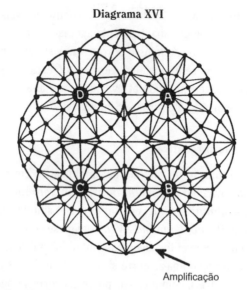

Amplificação

A, B, C, D = Os elementos do sonho.
Os pontos de ligação da rede de relações – para os quais aponta a pequena seta – representam correspondências ou amplificações singulares.

do complexo. Na redução, Freud pergunta pelo "por quê?", "donde?", "de quê?"; na interpretação do sonho, Jung, ao contrário, pergunta sobretudo pelo "para quê?" O que tinha em mente o inconsciente, o que queria dizer ao sonhador, propondo a ele precisamente esse e não outro sonho? Um intelectual, por exemplo, sonha que passa por baixo e atravessa um arco-íris. Atravessa por baixo e não pela ponte, sobre o que ele fica bastante admirado. Mas, com isso, o sonho quer indicar que esse homem gostaria de resolver seus problemas além da realidade, e lhe mostra o caminho que ele tem de seguir. A saber, não acima, pela ponte, mas atravessando por baixo[56].

---

56. Cf. nota 49 deste capítulo.

Diagrama XVII

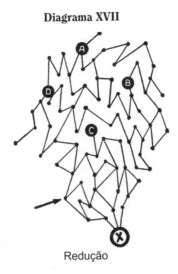

Redução

A, B, C, D = Os elementos do sonho.
X = A figura originária.
As associações singulares são assinaladas através dos pontos de ligação apontados pela seta.

Para intelectuais que pensam poder simplesmente desligar sua natureza instintiva, "resolver pelo pensar" sua vida ou de algum modo "arranjar-se pensando", ou seja, domá-la pelo intelecto, esse sonho é muitas vezes uma indicação bastante necessária. Por isso esse sonho atua como exortação, abrindo os olhos de quem sonha para sua real situação.

O aspecto dinâmico do sonho

O sentido válido do sonho, com todas as suas particularidades, só pode ser descortinado naturalmente através de um procedimento de interpretação preciso, como foi descrito há pouco. Mas a partir do pouco que foi adiantado aqui já se pode ver que esse sonho tinha uma "meta" determinada, a saber, mostrar um fato que a pessoa do sonho não percebe ou não quer perceber[57].

Naturalmente, tais sonhos são relativamente fáceis de interpretar, pois são "parábolas" que, como tais, contêm um aviso, e esse é a expressão de uma tendência dinâmica no inconsciente, que está por trás das manifestações do sonho como força atuante. Ele faz elevar-se à consciência novos conteúdos, os quais, por sua vez – supondo que possam ser assimilados pela personalidade –, numa ação retroativa, modificam o campo de força do inconsciente. Esse processo dinâmico, impossível de ser visto num único sonho, mas que pode facilmente ser pesquisado numa série de sonhos, também oferece uma garantia de que o processo entre as "reuniões" de análise não sofre interrupção nem perda, e permite empreender uma análise com reuniões um tanto distanciadas uma da outra. Mas, na medida em que essa tendência dinâmica – como já foi mencionado – possui ao mesmo tempo também um direcionamento de meta significativo, que surge da tendência de autogoverno natural da psique, ele assegura também que, quando se interpreta erradamente um ou mais sonhos, virão posteriormente outros sonhos que irão corrigir o erro, colocando a análise novamente na via correta.

De acordo com o princípio já mencionado anteriormente da conservação da energia, no psíquico nada se perde, mas todos os elementos estão uns para com os outros numa troca

---

57. É claro que não se pode atribuir nenhuma "intenção consciente" ao sonho, e a formulação segundo a qual o inconsciente ou o sonho "tinha em mente" ou "tem como meta" nada mais deve expressar que o controle significativo, gerado por si através da atividade autorreguladora da psique e o controle de suas manifestações, surgidas do âmbito inconsciente da psique.

A psicologia de C.G. Jung 143

de energia, de modo que tudo está inserido e referido num conjunto integral determinado, pleno de sentido, mas em constante desenvolvimento. Isso porque "o inconsciente está constantemente atuante e cria combinações de seus materiais que servem para determinar o futuro. Produz combinações subliminares, prospectivas, assim como acontece com nossa consciência; só que são significativamente superiores às combinações conscientes no que diz respeito à finura e alcance. Assim, pode tornar-se num guia incomparável para o ser humano, quando esse não se deixar desviar do caminho"[58]. Nos sonhos, portanto, não conseguimos ler apenas a situação momentânea de quem sonha, mas também o progredir do processo analítico assim como sua eventual suspensão. Mas, sem levar em conta o contexto e as informações mais detalhadas sobre a pessoa que sonha, eles não causam muita impressão. Mas para aquele que tem os sonhos e para o problema que eles contêm e iluminam, uma vez tendo sido compreendidos e trabalhados, eles podem ser extraordinariamente efetivos, e até atuar no processo de libertação. "Uma interpretação de sonho colocada em papel parece ser, talvez, arbitrária, confusa e até artificial; todavia podem representar, na realidade, um pequeno drama de um caráter realístico insuperável"[59].

Sentido individual e coletivo

O que produz o *sentido subjetivo, individual do sonho*, é a *amplificação subjetiva*, isto é, o interrogar quem sonha sobre o significado que tem cada elemento do sonho para ele *pessoalmente*. O *sentido coletivo* surge então através da

---

58. *Psicologia do inconsciente.* OC 7/1, § 197.

59. Ibid., § 199.

amplificação objetiva, ou seja, enriquecendo os elementos singulares do sonho com os materiais universais, simbólicos dos contos, mitologias etc. na medida em que esses ilustram o aspecto universal do problema que se aplica para cada pessoa humana.

Aqueles sonhos constituídos de elementos imagéticos detalhados, com aguda precisão, provavelmente mostrem, acima de tudo, uma problemática individual; pertencem ao âmbito do inconsciente pessoal, refletem ao mesmo tempo, por assim dizer, a diferenciação do estado de consciência da vida em vigília, à qual os sonhos expõem as imagens do inconsciente, com contornos bem-definidos, como sendo os conteúdos do "outro lado" reprimido. Mas os sonhos equipados com particularidades confusas e imagens simples, ao contrário, comunicam por seu turno uma visão nos grandes nexos universais, representam aspectos do todo, as leis eternas da verdade e da natureza; a partir delas, na maioria das vezes, podemos deduzir na pessoa que sonha uma consciência não diferenciada, que se tornou até autônoma, amplamente cindida do inconsciente, à qual elas contrapõem imagens abrangentes, arquetípicas do inconsciente coletivo, como compensação.

O sonho, enquanto uma expressão que não é influenciada pela consciência, apresenta a verdade e a realidade interna "do modo que elas são, e não como eu as suponho e não como eu gostaria que fossem"[60]. Assim, o conteúdo manifesto do sonho, para Jung, não é uma fachada, mas uma realidade factual que mostra a cada vez o que o inconsciente tem a dizer sobre a situação momentânea, e diz sempre e precisamente *aquilo* que tem em mente. Quando no sonho, por

---

60. "A aplicação prática da análise dos sonhos". OC 16/2, § 304.

exemplo, aparece uma serpente, o sentido está, então, precisamente em ser uma serpente e não um touro, uma vez que a serpente foi escolhida pelo inconsciente porque sua riqueza significativa e seu aspecto específico conseguem expressar à pessoa que sonha precisamente aquilo que tem em mente o inconsciente com essa imagem. O que significa, pois, a serpente para quem sonha *não* é investigado a partir de uma cadeia de associações, mas apenas por meio da amplificação, portanto, através do complemento do símbolo da serpente com todos os sinais e conexões que apresenta, por exemplo, nos mitos, que são importantes para sua essência como serpente, e que correspondem à respectiva constelação subjetiva de quem sonha. Pois, precisamente porque a serpente não é considerada como "figura encobridora" – como a concebe Freud, por exemplo –, mas é vista no significado atual e real que tem para a pessoa que sonha, a clarificação do sentido do sonho ainda oculto não se dá investigando aquilo que possivelmente estaria sendo encoberto por ela. Pelo contrário, busca-se incluir e investigar todo o ambiente circunstante, o contexto no qual ela se encontra. E assim como o valor representativo de uma cor só pode ser deduzido de sua inserção no contexto da imagem – uma vez que o que decide se uma mancha cinza representa um pedaço de sombra ou um reflexo de luz ou um fio de cabelo, um ponto de sujeira, é apenas o ambiente circunstante, as cores e formas de toda a imagem –, assim também a função e o sentido de um símbolo onírico só podem tornar-se visíveis depois de se ter definido o grau de valor e de significado dentro do contexto. E se, além disso, levarmos em consideração ainda a estrutura psíquica específica da pessoa que sonha, assim como o conjunto de sua situação e sua atitude psicológica consciente, à qual o conteúdo do sonho mostra ser complementar na experiência, o verdadeiro sentido da figura, em sua referência subjetiva, irá mostrar-se por si mesmo.

Sem associações pessoais e o levantamento do contexto, os elementos do sonho só podem ser interpretados num certo alcance, ou seja, apenas na medida em que são de natureza coletiva, ou seja, que representam problemas gerais humanos. Com outras palavras: Todos os temas de natureza puramente arquetípica podem ser investigados e interpretados desse modo, mas *apenas* esses. É por isso, também, que é estultice acreditar que se possa dizer alguma coisa de decisivo sobre a vida da pessoa que tem o sonho, quando se expõe um sonho assim, despido de todo contexto pessoal. Em tais casos só se podem esclarecer exclusivamente o sentido arquetípico do sonho, e temos de renunciar a estabelecer qualquer sentido específico e atual na referência pessoal com quem sonha. Isso porque nos arquétipos, nas figurações de nosso instinto, ou como diz Jung, nos "órgãos de nossa alma", as imagens da própria natureza, ainda não há qualquer interpretação; como "ponto de partida", precisamos sempre do ser humano, para poder estabelecer uma interpretação correta ou falsa. Assim, fica claro com facilidade que o mesmo tema, por exemplo, sonhado por uma criança ou por uma pessoa de cinquenta anos de idade, irá significar essencialmente algo cada vez distinto.

Formas de interpretação

Jung distingue duas formas ou níveis de interpretação: a interpretação no *nível subjetivo* e no *nível objetivo*. A interpretação no nível subjetivo interpreta as figuras e os acontecimentos oníricos *simbolicamente*, como *figurações de fatores intrapsíquicos e situações do sonhador*. As personagens do sonho representam então tendências psíquicas ou funções da pessoa que sonha, e a situação do sonho, sua atitude em relação a si mesmo e à realidade psíquica dada. Assim concebido, o sonho aponta para dados *interiores*. A interpretação no nível objetivo quer dizer que as figuras oníricas devem ser compreendidas, como tais, *concretamente* e não simbolicamente. Representam aí a atitude do sonhador em relação a dados e personagens *exteriores* com os quais se relaciona. Buscam expor como algo é visto a partir do outro lado, aquilo que conscientemente só vimos a partir de um lado, ou querem mostrar aquilo que até o momento ainda não percebemos. Quando, por exemplo, sonhamos com o próprio pai, o qual consideramos como bom e nobre, mas no sonho aparece como desarrazoado, cruel, egoísta e descontrolado, então, no nível subjetivo, isso significaria que a pessoa que sonha esconde em sua própria alma tais propriedades, mas não tem consciência delas, atribuindo-lhe inclusive um significado que não concorda com a situação real. Interpretado no nível objetivo, o sonho estaria representando o pai real, que é mostrado à pessoa que sonha em seu modo verdadeiro, ao qual até o momento ela não conhecia.

Quando num sonho aparecem personagens com os quais o sonhador está numa relação vital, então – ao lado de seu eventual significado como aspectos parciais da psique, internos, personificados, portanto, no sentido de seu significado no nível subjetivo – deveriam ser interpretados sempre também no nível objetivo. Na interpretação no nível subjetivo devemos conceber os conteúdos oníricos como representação de imagens de natureza subjetiva, como configurações ou projeções de complexos no inconsciente do próprio paciente. Assim, determinada figura, um amigo, por exemplo, que apareça no sonho de uma paciente, pode ser concebido como a imagem do masculino nela, que não é reconhecido conscientemente, encontrando-se no inconsciente, e aparece transferido, projetado num personagem. O sentido dessa figura onírica reside no fato de que, através dela, a paciente se dá conta de seu próprio lado masculino, de propriedades sobre cuja existência até o presente ela se empenhara em se enganar. Isso tem uma importância especial numa pessoa que se porta de forma extremamente melindrosa, sensível e feminina, como por exemplo no conhecido tipo da velha preciosa solteirona.

"Tudo que é inconsciente é projetado; ou seja, aparece como propriedade ou comportamento do objeto. É só através do ato de autoconhecimento que os conteúdos correspondentes são integrados ao sujeito, desvinculados assim do objeto e reconhecidos como fenômenos psíquicos"[61].

A projeção

O fenômeno da projeção é uma parte constitutiva que integra o mecanismo do inconsciente, e na medida em que toda psique possui um alcance inconsciente mais ou menos estreito ou amplo, também não há qualquer vida psíquica sem um certo grau de projeção. Seja em estado de sonho ou de vigília, em indivíduos ou grupos, seja frente a pessoas, coisas ou situações – ela se encontra totalmente além da vontade consciente. "Projeção jamais é feita, ela acontece!"[62] Jung a define como "deslocar para fora um processo subjetivo, colo-

---

61. WOLFF, T. *Studien*, p. 99s.

62. "As ideias de salvação na alquimia". OC 12, § 346.

A psicologia de C.G. Jung

cando-o num objeto"[63], em contraposição à introjeção[64], que consiste num "puxar o objeto para dentro do sujeito".

A atitude psicológica frente ao mundo que tinha o romantismo alemão, por exemplo, pode ser qualificada melhor como introjeção; pois busca afastar-se do mundo exterior, feio e insuficiente para seu sentimento, de cuja realidade, apesar disso, eles tinham plena consciência, e voltar-se a um mundo ideal e voluntarioso de sua própria fantasia, através do qual submetiam também a uma modificação aquele mundo exterior ou o adaptavam às moções subjetivas de seu ânimo. "A consciência da realidade, como ela é de fato, já estava perfeitamente presente no romantismo, mas essa realidade foi tomada dentro do âmbito do conto: isso é introjeção", afirma Jung[65]. Podemos ver que, através dessa supervalorização do ponto de vista subjetivo, em virtude de uma superabundância de imagens interiores, o eu consciente está constantemente ameaçado de ser engolido.

O não poder distinguir-se do objeto é um estado no qual vivem ainda hoje não apenas os povos primitivos, mas também as crianças. No homem ingênuo – no homem primitivo e na

---

63. Cf. *Tipos psicológicos*. OC 6, § 751.

64. Pode-se identificar como introjeção, p. ex., a atitude e o modo de vivência psicológica dos românticos alemães. Não conseguiam se conformar com as feiuras do mundo exterior, afastavam-se delas, muito embora tivessem plena consciência de sua realidade. Para eles só valia como "real" o mundo exterior idealizado arbitrariamente, como vivia em suas fantasias. Mas com isso modificaram esse mundo exterior, adequando-o a suas ideias subjetivas próprias. É um fato óbvio que, onde as representações subjetivas são assim supervalorizadas, tomando o primeiro plano, o eu consciente paira constantemente no perigo de ser inundado pela infinidade de imagens interiores, perdendo com isso sua localização objetiva.

65. *Kinderträume*, 1938/1939, p. 135.

criança – os conteúdos da psique individual ainda não estão distintos e não estão contrapostos aos conteúdos da psique coletiva, mas estão constantemente numa "participação". Isso porque "a projeção dos deuses, demônios etc. não era compreendida por eles como uma função psicológica, mas eram realidades aceitas sem maiores reflexões. Seu caráter projetivo não era reconhecido. Foi só na época do Iluminismo que se começou a achar que os deuses não existem, mas seriam apenas projeções. Mas com isso eles também se sentiam liberados. Todavia, a função psicológica que correspondia a essa realidade de modo algum estava resolvida, mas recaía no inconsciente, envenenando assim as pessoas com aquele excesso de libido, que antes era colocado no culto da imagem dos deuses"[66].

Se a consciência não está suficientemente estabelecida e articulada ou se não há nela um núcleo da personalidade forte o bastante para acolher, compreender e processar os conteúdos inconscientes e suas projeções, então poderá ser inundada e até ser engolida pelos materiais inconscientes ativados até então e inflacionados. Os conteúdos psíquicos, então, não só tomam o caráter de realidade, mas espelham o conflito aumentado no elemento mitológico, ou de forma tosca no primitivo-arcaico, e com isso abre-se o caminho para a psicose. Por isso, a interpretação no nível subjetivo se constitui num dos mais importantes "instrumentos" do método junguiano de interpretação de sonho. Ela possibilita compreender as dificuldades e conflitos do indivíduo no e com o mundo exterior como um espelhamento, como figuração de seu acontecer intrapsíquico, podendo levar assim a uma retenção das projeções e à solução dos problemas no âmbito da

---

66. *Psicologia do inconsciente*. OC 7/1, § 150.

A psicologia de C.G. Jung

própria psique. É só quando refletimos para onde conduzem as infindas projeções das próprias propriedades e complexos sobre outros, que estão fora, no mundo, que podemos mensurar corretamente a importância extraordinária desse método junguiano de conhecimento.

O símbolo

Como já se depreende de tudo que foi dito, aquele fenômeno que foi designado no geral com o conceito de símbolo[67] desempenha uma função central na interpretação junguiana do sonho. Jung designou o símbolo também como "alegoria da libido" porque transpõe energia, e com isso tem representações capazes de expressar de forma equivalente a libido e precisamente através disso transferi-las a uma forma diferente da original[68]. As imagens psíquicas, tanto no sonho como em todas as outras manifestações, são essências e figurações da energia psíquica; de forma não diversa, por exemplo, de como uma queda de água representa pura e simplesmente a essência e a figuração da energia. Isso porque, sem energia, ou seja, força física (tomada porém apenas como hipótese de trabalho), não haveria queda de água, cuja essência ela perfaz; mas também em seu modo de ser assim externo, essa água representa ao mesmo tempo uma figuração dessa energia, que sem a queda de água de modo algum proporcionaria uma observação e constatação. Isso pode soar um tanto paradoxal; no entanto, precisamente o paradoxo pertence à essência profunda de todo psíquico.

---

67. Uma definição detalhada de símbolo e suas qualidades vem exposta pela autora em JACOBI. *Komplex.*

68. *A energia psíquica.* OC 8/1, § 92.

Os símbolos têm *ao mesmo tempo um caráter de expressão e de impressão*, na medida em que, por um lado, *expressam* esse acontecimento – depois de terem se tornado em imagem, como que se "encarnaram" num material imagético – e, por outro, *impressionam* esse acontecimento através de seu conteúdo de sentido e assim dão propulsão à torrente do decurso psíquico. Por exemplo, o símbolo da árvore da vida seca, que teria de tornar visível uma vida humana superintelectualizada, a qual teria perdido sua ligação natural com os instintos[69], expressaria em imagem, por um lado, esse sentido, colocado frente à visão do sonhador, e, por outro, ao colocar isso na visão do sonhador, impressioná-lo, influenciando seu acontecer psíquico na medida em que lhe fornece um direcionamento. Os símbolos são, portanto, os verdadeiros *transformadores de energia* do acontecimento psíquico.

No curso de uma análise é possível constatar como os motivos singulares de uma imagem condicionam-se mutuamente ou impulsionam-se mutuamente para frente. No começo surgem ainda envoltos no material de experiência pessoal, trazem os traços de recordações da infância ou lembranças de outro tipo, por exemplo, aqueles que surgem de acontecimentos recentes. Mas quando a análise avança para as camadas mais profundas, tanto mais claramente se mostram os efeitos dos arquétipos quanto mais claramente o símbolo domina sozinho o campo; pois o símbolo possui um arquétipo, um núcleo de significado invisível, mas carregado de energia em si. Ocorre o mesmo quando, por exemplo, extraem-se imagens de uma chapa: a primeira imagem é extraordinariamente nítida, seus detalhes são reconhecíveis até

---

69. Cf. um exemplo de sonho na nota 35 deste capítulo.

A psicologia de C.G. Jung

as últimas particularidades e seu significado está fixado de forma inequívoca; mas as seguintes já são mais pobres em detalhes e menos claramente definidas; até a última imagem ainda percebível, cujos contornos e detalhes já estão totalmente difusos, e continua reconhecível apenas ainda a forma fundamental, deixando em aberto ou unidos em si, porém, todos os possíveis aspectos. Por exemplo, aparece na série do "feminino" em primeiro lugar a imagem onírica da mãe real ainda em seus traços singulares, desenhada nitidamente e em seu significado atual estreitamente delimitado; depois esse significado se aprofunda e se multiplica para um símbolo da mulher em todas as variações como companheira do sexo oposto em geral; avançando para uma camada ainda mais profunda a imagem traz traços mitológicos, é uma fada ou um dragão; até que no material da experiência humana coletiva, universal, que se encontra no mais profundo, aparece como caverna escura, como submundo, como mar, para em seu último significado ampliar-se para uma metade da criação, no caos, nas trevas, no concebente absoluto. Esses símbolos provindos do inconsciente, seja que se mostrem como sonhos, visões ou fantasias, visualizam por assim dizer uma espécie de "mitologia individual", que encontra suas analogias mais próximas nas configurações típicas da mitologia, das sagas e do mundo dos contos[70]. "Por isso, é de se admitir que correspondam a certos elementos estruturais *coletivos* (e não pessoais) da psique humana em geral, como são herdados os elementos morfológicos do corpo humano"[71].

---

70. Cf. o diagrama XIV à p. 80.

71. "Arquétipo da criança". OC 9/1, § 262

"Os símbolos jamais foram *concebidos conscientemente*, mas produzidos pelo inconsciente no caminho da assim chamada revelação ou intuição"[72]. Símbolos podem representar os mais diversos conteúdos. Em roupagem simbólica, podem ser representados tanto processos e acontecimentos naturais quanto processos intrapsíquicos. O surgir do sol pode, por exemplo, visualizar para o homem primitivo o acontecimento natural exterior concreto e para o homem moderno, psicologicamente orientado, pode representar um acontecimento semelhante, igualmente normativo em seu mundo interior. O símbolo do "renascimento", por exemplo, sempre representa a ideia originária da transformação psíquica, apareça no rito de iniciação primitivo, como batismo no significado do cristianismo primitivo, ou na imagem onírica correspondente de um indivíduo moderno. Só que o caminho para se chegar a esse "renascimento" é cada vez distinto, dependendo da situação histórica e individual da consciência. Por essa razão é, pois, necessário avaliar e interpretar cada símbolo de um lado coletivamente, mas, de outro, individualmente, se quisermos fazer jus a seu significado de fato em cada caso particular. "Imagens mitológicas jamais aparecem isoladas, pertencem originariamente sempre a um contexto objetivo e a um contexto subjetivo: em estreita conexão com o que é trazido à luz e na conexão desse com aquilo que promove esse trazer para fora"[73]. O contexto pessoal e o princípio do momento psicológico individual, porém, devem continuar sendo sempre o decisivo na interpretação.

---

72. *A energia psíquica.* OC 8/1, § 92.

73. KERENYI, K. *Einführung in das Wesen der Mythologie.* Amsterdam, 1941, p. 12.

A psicologia de C.G. Jung 155

Símbolo e sinal

O conteúdo de um símbolo jamais poderá ser expresso racionalmente de forma completa. Ele provém daquele "âmbito intermediário da realidade sutil que pode ser expressa, de forma suficiente, única e precisamente através do símbolo"[74]. Uma alegoria é um sinal, uma expressão sinônima para um conteúdo conhecido; mas o símbolo sempre abarca também algo não exprimível através da linguagem, portanto através do instrumental da *ratio*. É por isso que Freud não tem razão em chamar "aqueles conteúdos conscientes que permitem pressentir um plano de fundo inconsciente", de símbolos, uma vez que em sua teoria eles "só desempenham a função de sinais ou sintomas de processos do plano de fundo"[75]. Contrariamente a isso, por exemplo, quando Platão "expressa todo o problema da Teoria do Conhecimento na Alegoria da Caverna, ou quando Cristo expressa o conceito do Reino de Deus em suas parábolas, trata-se ali de símbolos autênticos e verdadeiros; a saber, tentativas de exprimir uma coisa para a qual ainda não existe nenhum conceito prévio"[76]. A palavra alemã para exprimir símbolo (*Symbol*) chama-se imagem de sentido (*Sinnbild*), e com essa junção vocabular expressa magistralmente que seu conteúdo provém de e pertence a *ambas* as esferas: enquanto sentido está subordinado à consciência, ao racional enquanto imagem, ao inconsciente ao âmbito irracional. Com essa sua peculiaridade consegue informar mais adequadamente também sobre os processos no todo da psique, e

---

74. "As ideias de salvação na alquimia". OC 12, § 400.

75. "A relação da psicologia analítica com a obra de arte poética". OC 15, § 105.

76. Ibid.

tanto expressar o mais contraposto e mais complexo estado de coisas na psique quanto influir sobre o mesmo. "Em princípio, o que decide se algo é um símbolo ou não é a atitude da consciência que observa"[77], afirma Jung; portanto, depende de o observador ter o dom ou estar interiormente constituído de tal forma que consegue reconhecer um objeto, por exemplo, uma árvore, não meramente em sua aparição concreta como tal, mas, por exemplo, como símbolo de uma vida humana, ou seja, também como imagem de sentido de algo mais ou menos desconhecido. Aqui é bem possível que o mesmo fato ou objeto represente para uma pessoa um símbolo, enquanto que para outra represente apenas um sinal. Todavia, segundo Jung, há produtos cuja concepção se impõe como símbolo, imediata e obrigatoriamente, a todo observador, como o caso de um triângulo, incluindo um olho. É claro que, no geral, depende do tipo de pessoa, se ela se apega preferentemente em fatos concretos ou se aborda esse produto com um sentido para o simbólico.

A imagem de sentido não é uma alegoria e nem um sinal, mas a imagem de um conteúdo que em grande parte transcende a consciência. De qualquer modo, símbolos podem sempre "degenerar" em sinais, tornando-se em "símbolos mortos", na medida em que o sentido oculto no símbolo é desnudado inteiramente, suspendendo sua carga significativa, uma vez que agora podemos apreendê-lo completamente pela razão. Isso porque um símbolo autêntico jamais pode ser interpretado sem deixar restos. Podemos deduzir da consciência sua parte racional, e de sua parte irracional apenas "aproximar-se com o coração". Por isso, um símbolo fala sem-

---

77. *Tipos psicológicos*. OC 6, § 823.

A psicologia de C.G. Jung

pre ao mesmo tempo ao todo da psique, sua parte consciente e também inconsciente, assim como a todas as suas funções. É por isso que Jung insistia tenazmente com seus pacientes para que gravassem suas "imagens internas" não apenas na linguagem ou por escrito, mas também que as reproduzissem em sua manifestação originária, na qual recebe um significado individual específico; não apenas o conteúdo da imagem, mas também suas cores e sua distribuição[78]. É só assim que se poderá, propriamente, fazer plenamente jus à função que ele tem para o paciente, e aproveitar de sua configuração assim como de seu conteúdo como fator efetivo para o processo psíquico de consciencialização[79].

Configurações imagéticas

Como exemplo, pode servir a figura 1 (cf. ilustrações às p. 163s.). É a representação simbólica de uma psique, "olhada internamente", como ela busca tornar-se consciente, tensionada entre suas quatro funções psíquicas, mas, apesar de tudo, permanecendo eternamente presa no círculo da serpente,

---

78. A atribuição de cores às respectivas funções modifica-se com as diversas culturas e grupos humanos, e até entre indivíduos singulares. No entanto, via de regra (onde encontramos também muitas exceções), para a psicologia do europeu, azul, a cor do espaço aéreo vazio, do céu claro, é considerada a cor do pensar; amarelo, a cor do sol com visão distante, que, enquanto gerador da luz, surge das trevas insondáveis e volta a desaparecer nas trevas, é considerada a cor da intuição, a saber, daquela função que aprende as origens e as tendências dos acontecimentos como que através de uma iluminação-relâmpago; vermelho, a cor do sangue pulsante e do fogo, serve como a cor dos sentimentos vivos e ardentes; enquanto que verde seria a cor de plantas terrestres, apreensíveis, percebíveis de imediato, que representa a função do sentimento.

79. Cf. nota 96 do cap. 1.

das imagens de sentido dos instintos originários. As quatro funções são simbolizadas pelas quatro cores diversas – azul, amarelo, vermelho, verde – da auréola, a busca de tornar-se consciente através das quatro tochas de fogo. A "explicação" dessa imagem, assim como das seguintes, *não* pode ser feita com precisão. Compõe apenas uma tentativa de revestir com palavras aproximadas os sentimentos e pensamentos da pessoa que quis "figurá-la". Todas essas figurações não passam de meros símbolos e pertencem à essência inerente do símbolo; seu conteúdo jamais pode ser totalmente racionalizado e reportado em palavras. Uma parte decisiva se retrai da reprodução discursiva e só pode ser apreendida pela via da intuição, o que tem validade onde um artista agraciado consegue compor tais símbolos em "imagens-palavras". Também esses esclarecimentos presentes devem servir apenas para, de certo modo, introduzir o leitor naquele "reino intermediário de realidades sutis", que falam a nós nos símbolos, para facilitar um pouco sua compreensão.

Um segundo exemplo do forte caráter expressivo dessas imagens podemos ver na figura 2. A "serpente da paixão", como símbolo do universo instintivo não diferenciado no ser humano, no curso do processo psíquico deixou o santuário imerso no mar do inconsciente, onde se conservava cuidadosamente encarcerada pela repressão, erguendo-se para o alto. De sua garganta irrompe um verdadeiro feixe de raios de fogo abrasador, ardente; no entanto, sua cabeça traz o sinal da cruz que anuncia a redenção, visualizando assim seu duplo aspecto como poder destrutivo *e salvador*. A saturação e força das cores empregadas indicam a forte emoção com a qual surgiu a imagem e que a fez deslanchar.

Em tais imagens não é preciso "que se trate naturalmente de arte, mas de algo diferente que mera arte, a saber, atuação

A psicologia de C.G. Jung 159

viva no paciente"[80], ele mesmo – ou naquele que produziu a imagem (portanto, também em pessoas sadias). Por isso, também, é totalmente indiferente se tal imagem é boa ou ruim no sentido de uma avaliação artística, podendo até acontecer que um artista perfeito no pintar e desenhar faça essas imagens com mão pouco hábil de criança, de forma primitiva e representativa muito pior do que alguém que jamais tenha pego um lápis ou um pincel, mas cujas imagens interiores são tão fortes e vivas que ele consegue "figurá-las" de forma perfeita[81]. Aquilo que foi pintado e desenhado desse modo são "fantasias ativas; é aquilo que atua interiormente no ser humano que as faz [...]. Além disso, a configuração material da imagem força a uma consideração prolongada da mesma em todas as suas partes, de tal modo que só por isso já pode desenvolver perfeitamente sua atuação [...] e aquilo que atua então no paciente é ele próprio, mas não mais no sentido do equívoco antigo, onde ele tomava seu eu pessoal por seu si-mesmo, mas num sentido novo, estranho a ele até o presente, onde seu eu se lhe aparece como *objeto do que atua nele*"[82].

"A atividade meramente representativa, em si, é insuficiente". Para além disso, é necessário ainda uma compreensão intelectual e emocional das imagens, porque elas não só são integradas na consciência pelo entendimento, mas também pela moral. Depois devem ser submetidas ainda a um trabalho de interpretação sintético. Todavia, aqui, movemo-nos ainda num país novo, no qual importa primeiro de tudo

---

80. "Os objetivos da psicoterapia" (1929). OC 16/1, § 104.

81. Em tal caso fica evidente a dissociação entre o criar consciente do pintor e aquilo que ele produz em imagens a partir do inconsciente. Cf. o que se disse a respeito na p. 46-50.

82. "Os objetivos da psicoterapia". OC 16/1, § 106.

adquirir uma rica experiência. Todavia, aqui está em questão um processo vital da alma fora da consciência, que podemos observar de maneira indireta. E ainda não sabemos até que grau de profundidade penetra aqui nosso olhar"[83].

Todavia, quem uma vez na vida, numa necessidade premente e profunda da alma, já experimentou o efeito libertador de uma disposição de humor trazida à luz desse modo ou de uma imagem interior apreendida e conservada de tal modo que não possa ser revestida de palavras, sabe que alívio ilimitado isso pode proporcionar. Pessoas que jamais pegaram em mãos pincel e lápis, desse modo, no curso de uma análise, acabam se transformando em atores hábeis dos conteúdos da psique, que jamais podem ser descritos em palavras, e, assim, de certo modo podem participar do mesmo arrebatamento do artista, que faz erguer-se da profundeza de seu inconsciente uma imagem, para então fixá-la conscientemente e dar-lhe forma.

A "fixação" assim articulada de um símbolo significa de certo modo sua objetificação, concede forma ao que, do contrário, é inexprimível e indeterminado e nos possibilita penetrar até seu conteúdo verdadeiro, compreendê-lo, e, na medida em que dele nos conscientizamos, integrá-lo. Assim fixado, o símbolo possui uma espécie de força mágica, que, no mais, é proporcionada também pelo fundamento psicológico da maioria dos recursos de mágica, amuletos e sinais de adivinhação das épocas antigas, assim como de fórmulas, lemas e imagens semelhantes, mesmo que muitas vezes não sejam reconhecidos como tais. Pertencem aqui, também, os diversos emblemas, bandeiras, brasões e logomarcas, com sua simbologia de imagem e de cores, muitas vezes com efeito mágico,

---

83. Ibid., § 111.

A psicologia de C.G. Jung   161

e sua forma arrebatadora das massas, como são utilizadas na arena política e na concorrência econômica (por exemplo, como a forma mais moderna de influenciar os consumidores através do assim chamado *motivational research*).

Princípios fundamentais da análise

A situação analítica – assim podemos dizer, portanto – possui quatro aspectos: a) o analisando apresenta, com suas próprias palavras, a imagem consciente de sua situação; b) os sonhos ou fantasias do analisando fornecem ao psicoterapeuta a imagem complementar correspondente do inconsciente; c) a situação de relação na qual se encontra o analisando através do fato de ter diante de si um contraponto no psicoterapeuta acrescenta o lado objetivo aos dois outros lados subjetivos; d) o debate com os materiais levantados em a, b, c, assim como as amplificações e explicações acrescentadas pelo psicoterapeuta, complementam a respectiva imagem da situação psicológica, que na maioria das vezes se encontra num contraste vivo para com o ponto de partida da personalidade do eu, levando assim a todas as reações e problemas ideais e emocionais possíveis, que premem por respostas e soluções.

Como Freud e Adler, também Jung considera que *conscientizar* e *manter conscientes* os conflitos é *conditio sine qua non* do sucesso terapêutico[84]. Só que ele não reduz os conflitos em geral a um único fator instintivo, mas considera-os como consequências do *distúrbio do jogo conjunto de todos os fatores da psique total*: portanto, dos fatores que pertencem à estrutura pessoal e àquela que pertence à estrutura da parte coletiva de nossa totalidade psíquica consciente

---

84. *Símbolos da transformação*. OC 5, § 95.

e inconsciente. Outra diferença de princípio consiste no fato de Jung tentar solucionar a maioria dos conflitos a partir de seu significado *atual* e não a partir daquele significado que tinham no momento de seu surgimento, sem levar em consideração se esse momento se encontra distante no passado ou não. Pois, segundo ele, cada situação de vida e cada estágio da idade condicionam e exigem sua solução própria, e por isso um conflito possui cada vez uma função e uma significação diversa para o indivíduo, mesmo que sua origem continue sendo sempre a mesma. O modo como alguém de cinquenta anos tem de resolver o complexo com seus pais é, portanto, totalmente diferente daquele que possui vinte anos de idade, muito embora em ambos o complexo se encontre na mesma vivência infantil.

O método de Jung é *finalista*, seu olhar *está sempre voltado para a inteireza da psique*, muito embora mesmo o mais limitado dos conflitos coloque em relação a totalidade do psíquico. E nessa totalidade psíquica, ao inconsciente não cabe apenas a função de um sistema de levante para os conteúdos reprimidos da consciência, mas ele forma sobretudo a "mãe eternamente criativa dessa consciência"[85]. Tampouco constitui um "truque da psique", como diz Adler antes, ao contrário, é a instância primária e criativa do ser humano, a fonte de toda arte e de todo criar humano, que jamais seca.

Essa concepção de inconsciente e de suas configurações arquetípicas, como figurações simbólicas da "unificação dos contrários", permite a Jung empreender a interpretação dos conteúdos do sonho, tanto do ponto de vista redutivo quanto do prospectivo, construtivo, na medida em que ali não se

---

85. *Desenvolvimento da personalidade*. OC 17, § 201.

Figura 1 Representação simbólica da psique

Figura 2 A serpente da paixão

A psicologia de C.G. Jung 165

Figura 3 A figura auxiliar da sombra

Figura 4 O *animus* como águia

Figura 5 O velho sábio

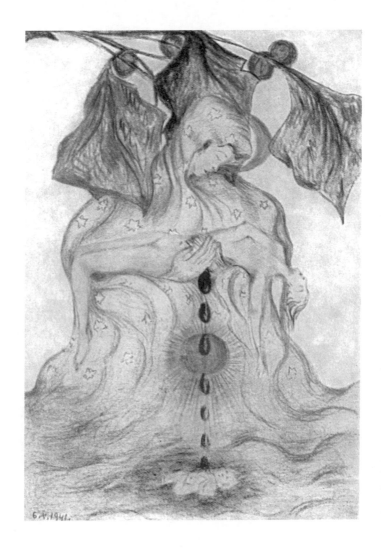

Figura 6 A grande mãe

A psicologia de C.G. Jung 169

Figura 7 A inteireza da psique

Figura 8 Mandala budista

Figura 9 Mandala da Rosa Cruz do século XVIII

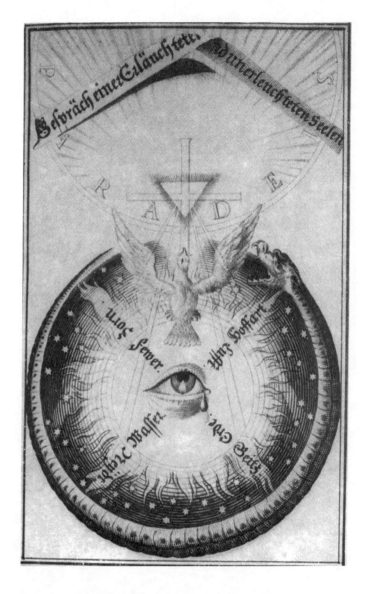

Figura 10 Mandala cristã de Jakob Böhme

A psicologia de C.G. Jung

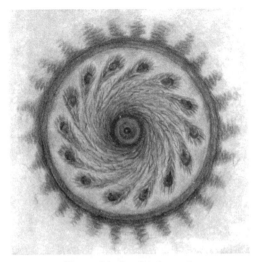

Figura 11 O rabo do pavão

Figura 12 O filho do sol de quatro braços

Figura 13 Mandala da coletânea de Jung

Figura 14 O olho de Deus

Figura 15 A *coniunctio* errada

Figura 16 A *coniunctio* correta

A psicologia de C.G. Jung

Figura 17 As núpcias

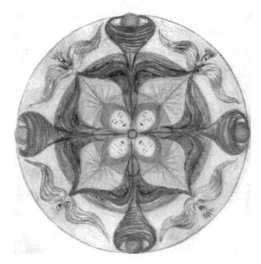

Figura 18 O nascimento

Figura 19 A face da eternidade

A psicologia de C.G. Jung   179

ocupa "apenas com as fontes que jazem ao fundo do produto inconsciente ou com materiais iniciais, mas procura trazer o produto simbólico a uma expressão geral e compreensível. As ideias que ocorrem livremente em relação ao produto inconsciente, portanto, são consideradas em vista da direção finalista e não de sua proveniência [...]. Esse método parte do produto inconsciente como que de uma expressão simbólica, o qual, *antecipando-se*, representa uma parcela prévia de desenvolvimento psicológico [...]"[86]. Segundo Freud, que restringe o conceito de inconsciente ao âmbito da "história de vida individual" do paciente, os símbolos, assim, só poderiam ser concebidos, no melhor dos casos, como sinais ou alegorias, e apenas como "figuras encobridoras". Foi só a concepção junguiana de símbolos como formas de expressão do "rosto" de todo acontecimento psíquico, voltado ao mesmo tempo para trás *e* para frente, do paradoxo do "tanto isso quanto aquilo", que possibilitou um trabalho analítico na psique, que não parte apenas – como em Freud – buscando suspender seus bloqueios e congestionamentos e não busca apenas sua normalização, mas, através da exigência consciente da formação simbólica e da abertura de seu sentido, enriquece a psique com germes de crescimento, e assim se empenha em abrir para ela aquelas fontes de força que podem mostrar-se criativas para a futura configuração de vida do paciente.

Sobre o sentido da neurose

Assim, Jung consegue ver a neurose não apenas como algo negativo, uma moléstia importuna, mas considerá-la positivamente como um fator gerador de saúde, como motor

---

86. *Tipos psicológicos*. OC 6, § 771, 770.

formador da personalidade. Isso porque tanto faz se somos forçados a reconhecer nossa superficialidade, conscientizando-nos de nosso tipo atitudinal ou tipo de função, ou que tenhamos de lançar mão das profundezas do inconsciente para equilibrar nossa consciência parcial ou totalmente exacerbada. Com isso sempre vêm ligados *uma ampliação e aprofundamento de nossa consciência*[87], ou seja, uma *ampliação de nossa personalidade*. Por isso, uma neurose pode também servir como chamada de emergência, enviada por uma instância interior superior, para nos chamar a atenção de que estamos precisando urgentemente ampliar nossa personalidade e que podemos alcançá-la se abordarmos *corretamente* nossa neurose. A orientação junguiana possibilita ao neurótico sair de seu isolamento ao ser levado a dar vida aos arquétipos presentes nele através do afrontamento de seu inconsciente, "aqueles arquétipos que perfazem aquele plano de fundo longínquo de nossa psique, que nos foram dados em herança desde os nebulosos tempos primevos. Caso haja essa alma supraindividual, tudo que se traduz em sua linguagem de imagens deveria ser abstraído ao pessoal. E quando isso se torna consciente, então, *sub specie aeternitatis*, isso não mais apareceria como *meu* sofrimento, mas como *o* sofrimento do mundo, não mais como uma dor pessoal isolada, mas como uma dor sem amargura, que liga a todos nós, seres humanos. E não precisamos procurar maiores demonstrações de que tal coisa possa curar"[88].

Mas Jung está longe de negar haver também neuroses de origens traumáticas, cujas causas se encontrariam nas vivên-

---

87. Cf. nota 96 do cap. 1.

88. *A natureza da psique*. OC 8/2, § 315-316.

A psicologia de C.G. Jung 181

cias decisivas da infância, e que então, correspondentemente, deveriam ser tratadas segundo o ponto de vista freudiano. Em inúmeros casos, também, Jung emprega esse método, que é considerado o mais correto sobretudo em neuroses de pessoas jovens, na medida em que sua causa é traumática. Todavia, nega de forma absoluta que todas as neuroses sejam desse tipo, precisando, consequentemente, serem assim tratadas.

"Tão logo falamos do inconsciente coletivo, encontramonos numa esfera e num nível de problemas que, para a análise prática de pessoas jovens ou daqueles que permaneceram por muito tempo como infantis, está em princípio fora de cogitação. Aonde ainda se tem de superar a imagem de pai e de mãe, em que uma parcela de nossa vida, que naturalmente o humano médio possui, ainda deve ser conquistada, ali seria melhor não falarmos de inconsciente coletivo e do problema dos contrários. Mas onde foram superadas as transferências dos pais e as ilusões da juventude, ali teríamos de falar do problema dos contrários e do inconsciente coletivo. Aqui nos encontramos além das reduções de Freud e de Adler; uma vez que aqui já não mais estamos às voltas com a questão sobre como podemos nos livrar de tudo que pode estar impedindo a pessoa no exercício de uma profissão ou no casamento ou de alguma outra coisa que represente uma expansão de sua vida, mas estamos diante da tarefa de encontrar aquele sentido que possibilita a progressão geral da vida, na medida em que esse sentido deva ser mais do que resignação e retrospectiva nostálgica"[89].

---

89. *Psicologia do inconsciente.* OC 7/1, § 113. Em seu comentário ao *Livro tibetano dos mortos,* Jung mostra de forma impressionante como parece ser consciente aos tibetanos o fato de na psique estarem contidos tanto âmbitos pessoais quanto impessoais. O caminho que tem de percorrer a psique dos

É por isso que se emprega preponderantemente um ponto de partida redutivo em todos aqueles casos em que se está às voltas com ilusões, ficções e exageros. Assim ganha importância um ponto de partida construtivo, prospectivo em todos aqueles casos em que a atitude consciente está mais ou menos em ordem, mas é capaz de alcançar maior plenitude e refinamento, ou onde tendências inconscientes do inconsciente, com capacidade de desenvolvimento, são malcompreendidas e reprimidas pela consciência. "O ponto de partida redutivo sempre leva de volta ao primitivo e elementar; o construtivo, ao contrário, procura atuar, construir sinteticamente, voltando seu olhar para frente"[90].

Sobretudo em idade avançada, os condicionamentos para uma neurose podem encontrar-se também totalmente localizados na própria situação atual. Na juventude uma consciência do eu ainda não bem firmemente articulada e desenvolvida é, no fundo, algo natural, assim como, na época de tornar-se varão, uma atitude da consciência unilateral pode até constituir-se numa necessidade. Todavia, quando se trata da idade da velhice, ao contrário, se ainda persistirem, essas

---

mortos, segundo a ideia dos tibetanos, deixando os mesmos até chegar a uma nova encarnação – se nós, homens ocidentais o compreendemos de certo modo como "caminho de iniciação", como um processo de amadurecimento intrapsíquico, que deve ser trilhado durante nossa vida –, leva a três grandes secções. A primeira apresenta a terra do inconsciente pessoal, que forma uma espécie de portal de passagem para o segundo âmbito, o lugar das imagens coletivas, as configurações impessoais dos arquétipos, carregadas de numinoso (dos "demônios" sanguessugas, como se diz no ritual dos mortos tibetano), a fim de, atravessando-as ou pelo confronto com seus "habitantes", alcançar aquele "lugar" em que se instala a paz na superação dos contrários, onde reina soberano o "poder" (o si mesmo) central que supera e abarca todo acontecimento psíquico como instância ordenadora.

90. *Desenvolvimento da personalidade*. OC 17, § 195.

A psicologia de C.G. Jung

duas formas podem deslanchar neuroses tão logo a pessoa não mais esteja em condições de adaptar-se a uma situação presente, uma vez que seus instintos, seu inconsciente, ainda não estão ligados "naturalmente" com ele. Em certas circunstâncias, as causas disso devem ser buscadas na infância, mas podem estar ancoradas também perfeitamente na situação momentânea. Aqui, na vivência das imagens e símbolos que vão surgindo, que ampliam a consciência e levam avante o acontecer psíquico, inicia-se aquele modo de consideração de enfoque finalista, prospectivo, que volta seu olhar sobretudo para a formação de um novo equilíbrio na psique do paciente, com base na situação atual.

O aspecto prospectivo

A neurose intenciona a algo positivo – esse é o ponto crucial da concepção junguiana – e não a uma persistência na enfermidade como um fim em si, como muitas vezes pode dar a impressão. Isso porque, "através da neurose, as pessoas são impingidas a sair de sua pasmaceira, muito frequentemente contra sua própria preguiça ou contra sua resistência desesperada"[91]. No curso da vida, a energia bloqueada em consequência da unilateralidade da consciência, assim como um estado de inconsciência que não se adaptou às exigências do mundo exterior, podem levar, por si mesmos, a uma neurose mais ou menos aguda. De qualquer modo, apesar de tudo, nem todos incidem no destino de uma neurose, mesmo que, entre os assim chamados intelectuais, o número parece estar crescendo numa proporção assustadora atingindo as regiões mais amplas do Ocidente. Talvez sejam, inclusive, "as

---

91. *Psicologia do inconsciente*. OC 7/1, § 290.

pessoas verdadeiramente grandes, mas que, por alguma razão, permaneceram por demais tempo num estágio inadequado"[92], aos quais sua natureza já não mais os suporta, porque, provavelmente sob a pressão do mundo externo tecnificado, já não conseguem fazer frente às exigências das realidades interiores. Mas por trás disso não precisamos imaginar haver um "plano" do inconsciente. "A razão propulsora disso, na medida em que podemos conceber tal motivo, parece ser essencialmente apenas um instinto de autorrealização [...] poderíamos falar também de um amadurecimento tardio da personalidade"[93].

Assim, em certas circunstâncias, a própria neurose se torna num aguilhão para a luta em prol da inteireza da personalidade, que para Jung se constitui tanto em tarefa quanto em meta, formando a mais elevada saúde terrena que o ser humano pode conseguir; um fim que não depende de qualquer ponto de vista terapêutico-medicinal.

Se quisermos suplantar uma neurose ou um distúrbio do equilíbrio psíquico em geral é preciso que trilhemos o caminho da ativação, descoberta e assimilação de determinados conteúdos do inconsciente na consciência. Isso porque, na medida em que os reprimimos, e começa a oscilar nosso equilíbrio, com o crescer da idade aumenta a periculosidade de nosso inconsciente. Por assimilar e integrar, compreende-se uma interpenetração mútua de conteúdos conscientes e inconscientes, assim como sua edificação interna no conjunto total da psique e não uma avaliação desses conteúdos. Mas acima de tudo não se devem ferir os valores essenciais da

---

92. Ibid., § 291.

93. Ibid.

A psicologia de C.G. Jung

personalidade consciente, ou seja, do eu; do contrário, não restaria ninguém ali que pudesse cumprir a tarefa de integrar. Isso porque "a compensação através do inconsciente só é efetiva quando coopera com uma consciência íntegra"[94]. Quem exerce a função do tratamento analítico acredita, implicitamente, no sentido e valor da consciencialização, porque partes inconscientes da personalidade são submetidas à escolha e crítica conscientes. Por meio disso a pessoa que está buscando a cura é colocada diante de problemas e estimulada a julgar conscientemente e tomar decisões conscientes. Mas isso não significa nada menos do que uma provocação direta da função ética, por meio da qual acaba sendo posto em ação o todo da personalidade"[95].

O desenvolvimento da personalidade

Alcança-se a inteireza da personalidade quando os principais pares de contrários estão relativamente diferenciados, quando portanto as duas partes do todo da psique, consciência e inconsciente, estão mutuamente interligados, e estão numa relação mútua viva, pelo que se assegura o gradiente energético, o seguimento imperturbado da vida psíquica através do fato de que o inconsciente jamais poderá tornar-se totalmente consciente, mantendo sempre a plenitude energética mais forte. A inteireza, portanto, permanece sempre relativa, e *continuar a trabalhar na mesma continua sendo uma tarefa para toda a vida*. "A personalidade, como uma realização plena da inteireza de nosso ser é um ideal inalcançável. Mas o caráter inalcançável jamais representa uma razão que

---

94. "Aplicação prática da análise de sonhos". OC 16/2, § 338.

95. Ibid., § 315.

se contraponha ao ideal; isso porque ideais nada mais são do que indicadores de caminho e jamais finalidades"[96].

O desenvolvimento da personalidade é ao mesmo tempo graça e maldição. É preciso pagar caro por eles, pois significa solidão. "Sua primeira consequência é a separação consciente e inevitável do ser singular da indistinção e da inconsciência do rebanho"[97]. Mas não significa apenas isolamento, mas também fidelidade para com a própria lei. "Somente quem conscientemente consegue dizer sim ao poder da determinação interna que lhe vem ao encontro poderá tornar-se personalidade"[98], e é só essa que poderá encontrar seu lugar correto na coletividade, e ela também possui força real formadora de comunidade, ou seja, a capacidade de formar uma parte integradora de um grupo humano e não só um número na massa, que consiste sempre apenas da adição de indivíduos, e jamais poderá se tornar num organismo vivo, como uma comunidade, que conserva e distribui vida. Por isso, tanto na referência a mais pessoal e individual quanto na coletiva, extrapessoal, a autorrealização se torna numa decisão moral, e é essa que confere as forças ao processo de tornar-se si-mesmo, que Jung chama de caminho de *individuação*.

Por isso, pesquisar a si mesmo e levar a si mesmo à realização são – ou melhor, deveriam ser! – o pressuposto indispensável para a adoção de compromissos mais elevados, e também seria o único pressuposto para realizar o sentido da vida individual da melhor forma possível e no máximo alcance, o que, de qualquer modo, a natureza sempre faz, todavia, sem a responsabilização, que é a determinação de destino

---

96. "Da formação da personalidade" (1934). OC 17, § 291.

97. Ibid., § 294.

98. Ibid., § 308.

A psicologia de C.G. Jung   187

e divina do ser humano". Individuação significa: "Tornar-se ser singular, e na medida em que, por individualidade, compreendemos nossa unicidade própria mais íntima, derradeira e incomparável, *tornar-se si-mesmo*"[99]. Todavia, individuação de modo algum significa individualismo, no sentido estrito, egocêntrico dessa palavra, pois a individuação transforma o ser humano apenas naquele ser único que ele é, pura e simplesmente. Com isso ele não se torna "egoísta", mas apenas realiza sua característica própria de ser, que não pode ser confundida com egoísmo e individualismo. A inteireza que ele alcançou, através de elementos conscientes e inconscientes, como ser singular e coletivo, está referida à inteireza do mundo. Mas isso não significa um acentuar individualista do suposto modo de ser característico e próprio em contraposição aos deveres e compromissos coletivos, mas, como foi exposto acima, a realização desse modo de ser próprio dentro de sua inserção no arranjo do todo. "Isso porque só surge um conflito real com a norma coletiva quando se instaura um caminho individual para a norma, o que constitui a intenção própria do individualismo extremo"[100].

O processo de individuação

Em sua inteireza, o processo de individuação é um decurso dentro da psique, potencialmente dado a todo e qualquer ser humano, espontâneo, natural e autônomo, mesmo que na maioria das vezes esse não tenha consciência disso. Na medida em que não é impedido, barrado ou desviado por distúrbios específicos, enquanto "processo de maturação ou

---

99. *O eu e o inconsciente*. OC 7/2, § 266.

100. *Tipos psicológicos*. OC 6, § 747.

de desenvolvimento", forma o paralelo psíquico ao processo de crescimento e de envelhecimento do corpo. Sob certas circunstâncias, como no trabalho prático da psicoterapia, ele pode ser provocado, intensificado e conscientizado, vivenciado conscientemente e processado, ajudando a pessoa com isso a alcançar maior "plenitude", um "arredondamento" de seu ser. Em tais casos, constitui um trabalho analítico intensivo que, sob a mais rigorosa integridade e direção da consciência, concentra-se no processo intrapsíquico através de uma máxima ativação dos conteúdos do inconsciente, revolvendo todos os pares contrapostos, experimentando vivamente sua estrutura e atravessando todas as desventuras de uma psique que saiu dos eixos, e vai perpassando, camada após camada, até conduzir àquele centro que representa a fonte e o último fundamento de nosso ser psíquico: o núcleo interno, o *Si-mesmo*[101]. Como já foi mencionado, esse caminho não é aconselhado nem pode ser trilhado por todos. Também não pode ser feito de qualquer jeito, necessitando de um rigoroso controle do parceiro ou do médico, assim como da própria consciência, para preservar a integridade do eu frente aos conteúdos que irrompem de maneira poderosa do inconsciente e poder estabelecer sua ordenação, dando-lhe um fim consciente. É por isso, também, que esse caminho só deve ser trilhado "no tempo certo". A tentativa de percorrê-lo sozinho, como pode acontecer em muitos lugares em esforços análogos, mas sob condições internas e externas totalmente distintas, precisamente para o homem ocidental seria nefasto, se é que ele conseguiria fazê-lo[102].

---

101. Cf. p. 218 e o livro da autora: *Der Weg zur Individuation*. 2. ed. Freiburg im Breisgrau: Olten, 1971.

102. Cf. ibid.

A psicologia de C.G. Jung

O querer pautar-se apenas sobre si mesmo leva facilmente a orgulho espiritual, a um maturar estéril e isolamento no eu próprio. O ser humano precisa de um contraposto, do contrário a base da vivência é pouco real. Tudo flui internamente e é sempre respondido apenas pela própria pessoa e não por um outro, diverso. O "diálogo", que o catolicismo costuma ser cultivado com o cura d'almas na confissão, é por esse motivo também uma instituição infinitamente sábia; para o fiel praticante, seus recursos alcançam ainda mais profundamente. Mas para aqueles muitos que não se confessam ou que não conhecem a confissão por não pertencerem a nenhum âmbito religioso, o trabalho com psicoterapeutas se constitui num auxílio necessário. No entanto, a diferença é bastante acentuada, na medida em que esse não é um sacerdote que fala em nome de um poder superior nem se constitui em autoridade moral absoluta – e tampouco pode se fazer passar por tal –, mas, no melhor dos casos, como uma pessoa de confiança, com alguma experiência de vida, e um saber aprofundado a respeito da essência e leis da psique humana. "Ele não exorta ao arrependimento, na medida em que o paciente já não a faz por si mesmo, não dá penitência, sendo que o próprio paciente – como, no entanto, é o caso, quase que invariavelmente – já não se tenha colocado numa enrascada, tampouco dá absolvição se Deus não tem piedade dele"[103]. Se devemos estabelecer como fim o crescimento natural da "inteireza", ou seja, a realização da personalidade nata originalmente no analisando, então o psicoterapeuta deve auxiliar colaborando compreensivamente para essa fi-

---

103. De uma entrevista com C.G. Jung, *Selbsterkenntnis und Tiefenpsychologie*, no caderno de setembro, 1943, da revista *Du*.

nalidade. Mas se ela não crescer a partir de si, tampouco poderá ser provocada arbitrariamente.

O decurso da individuação está pré-delineado em traços primários e apresenta uma normatividade formal. Consiste de duas grandes secções, que trazem sinais prévios contrários, condicionando-se e complementando-se mutuamente: a parte da primeira e a da segunda metade da vida. Se a primeira, como tarefa, representa a "iniciação na realidade exterior", que se conclui com a firme formação completa do eu, com a diferenciação da função principal e do modo predominante de atitude, assim como com o desenvolvimento da *persona* correspondente, tendo portanto como finalidade uma adaptação e arranjo do ser humano em seu ambiente circunstante, a segunda parte leva a uma "iniciação na realidade interior", a uma visão de si mesmo aprofundada, e conhecimento humano, a um "retorno" (*reflectio*) aos traços do ser que até o presente permaneceram inconscientes ou que assim se tornaram à sua conscientização e, com isso, a um consciente estar-referido interior e exteriormente do ser humano à conjuntura terrena e cósmica do mundo. Jung dedicou sua atenção e seus esforços sobretudo a essa última parte, abrindo assim ao ser humano, na guinada de sua vida, a possibilidade de uma ampliação de sua personalidade, que pode ser considerada também como uma preparação para a morte. Quando fala do processo de individuação, em primeira linha, ele tem em mente precisamente essa segunda seção.

Como indicadores e marcos de caminho de tal processo de individuação, descrito e observado por Jung, podem ser apontados determinados símbolos arquetípicos, cujo modo de configuração e de manifestação varia de indivíduo para indivíduo. Também aqui, o que decide é o modo de ser próprio da pessoa. Uma vez que "o método representa apenas o caminho e a direção que alguém trilha, mas o como de seu agir permanece sendo a expressão fiel de seu ser e sua essência"[104]. Expor esses símbolos na imensa variedade de seus modos de manifestação exigiria um profundo conhecimento e lançar mão das diversas mitologias e representações simbólicas da história da humanidade. Sem essas, não poderiam ser descritos e explicitados em todos os seus detalhes. Por isso, a seguir, será suficiente que apresentemos apenas um breve esboço, que expõe apenas aquelas configurações simbólicas que são características para as etapas principais do processo. É evidente que, ao lado desses, aparecem também inúmeras outras imagens e símbolos arquetípicos, que em parte ilustram problemas paralelos, em parte representam variações das figuras principais.

A sombra

A primeira etapa leva à experiência da *sombra*, que visualiza nosso "outro lado", nosso "irmão escuro", que, apesar de ser invisível, pertence inseparavelmente a nós, a nossa inteireza. Isso porque "a forma viva precisa de sombra escura para aparecer plasticamente. Sem a sombra ela permanece uma miragem superficial"[105].

A sombra é uma figura arquetípica que surge na representação dos primitivos, e aparece ainda hoje personificada em muitas formas. Ela também é parte do indivíduo, uma espécie de cisão de seu ser, ligada a ele, porém, "como sua sombra". Por isso, para os primitivos, quando alguém pisa em

---

104. "Comentário a *O segredo da flor de ouro*" (1929). OC 13, § 4.

105. *O eu e o inconsciente*. OC 7/2, § 400.

sua sombra significa azar, e isso só pode ser corrigido através de uma série de cerimônias mágicas. Também na arte a figura da sombra é um tema predileto e bastante trabalhado. Em seu criar e na escolha de seu tema o artista é amplamente alimentado pelas profundezas de seu inconsciente e, por seu lado, com aquilo que ele cria toca de volta o inconsciente de seu público, onde também, em última instância, encontra-se o mistério de sua atuação. Isso porque são as imagens e as figuras do inconsciente que se elevam nele e falam poderosamente às pessoas, muito embora não saibam de onde provém seu "arrebatamento". *Peter Schlemihl*, de Chamissos, *O lobo da estepe*, de Hermann Hesse, *Frau ohne Schatten* (A mulher sem sombra), do Hoffmannsthal de Straus. *Frey Eminence*, de Aldous Huxley, o belo conto de Oscar Wilde *Der Fischer und seine Seele* (O pescador e sua alma), mas também Mefisto, o tentador obscuro de Fausto, são exemplos do emprego artístico do tema da sombra.

O encontro com a sombra coincide muitas vezes com a conscientização do tipo de função e de atitude ao qual se pertence. A função indiferenciada e o modo de atitude desenvolvida de modo inferior são nosso "lado escuro", aquela disposição originária em nossa natureza que, por razões morais, estéticas ou outras, rejeitamos e não deixamos surgir, porque se contrapõem aos princípios conscientes. Mas na medida em que a pessoa só diferenciou sua função principal e usa quase que exclusivamente esse lado de seu órgão da vivência, de sua psique, para apreender os dados externos e internos, suas três funções restantes permanecem obrigatoriamente no escuro, ainda estão na "sombra", e como que pedaço por pedaço precisam ser separadas dessa e afastadas da contaminação com as diversas figuras do inconsciente.

A psicologia de C.G. Jung 193

Mesmo tendo um acento diferente, trabalhar a sombra corresponde, em grandes traços, àquilo que objetiva a psicanálise com a descoberta da história de vida, e sobretudo com a descoberta da história da infância do indivíduo; por isso as concepções e pontos de vista freudianos conservam sua validade, em muitos pontos, também para Jung, na medida em que se trate de pessoas que se encontrem ainda na primeira metade da vida, nas quais no tratamento se está às voltas com a conscientização das propriedades da sombra.

Podemos encontrar-nos com nossa "sombra" numa figura interior, simbólica, ou uma figura exterior, concreta. No primeiro caso, a sombra aparece no material do inconsciente, por exemplo, como uma figura do sonho, que representa propriedades psíquicas personificadas, únicas ou ao mesmo tempo múltiplas, da pessoa que sonha; no segundo caso, será uma pessoa do mundo circunstante, que por determinadas razões estruturais se torna sujeito da projeção dessas propriedades, únicas ou múltiplas, abscônditas no inconsciente.

Mas, na maioria dos casos e segundo o que é mais óbvio, a sombra se mostra como pertencendo a nós mesmos, como nossa propriedade a mais própria, muito embora – se é que o fazemos – a muito contragosto estamos dispostos a reconhecê-la como tal. Quando somos tomados por um ataque de ira, por exemplo, e começamos imediatamente a praguejar e nos comportamos de forma desrespeitosa e bruta, frequentemente, contra nossa vontade, procedemos de maneira associal, ou então somos avarentos, mesquinhos, resmungões, somos covardes ou atrevidos, insensíveis e desavergonhados, assim denunciamos propriedades que nas circunstância usuais reprimimos e escondemos cuidadosamente e cuja existência em nós, na maioria das vezes, nós próprios desconhecíamos. Mas quando essas propriedades se tornam visíveis e constatáveis através da emoção que tomou conta de nós, então já não podemos mais ignorá-las, e frente a esses traços de caráter temos de nos perguntar admirados e incrédulos: Sim, como é possível isso tudo? Estaria tal coisa realmente escondida em nós?

Jung distingue duas formas de sombra, muito embora nomeie as duas igualmente. A primeira forma é a da "sombra pessoal", que contém os traços psíquicos do indivíduo não ou quase não vivenciados. A segunda é a "sombra coletiva", que já pertence às figuras do inconsciente coletivo, e corresponde, por exemplo, a uma figura negativa do velho sábio ou do lado obscuro do si-mesmo; visualiza por assim dizer o "lado de trás" do espírito do tempo vigente, seu contraposto oculto. As duas formas são atuantes na psique humana.

Dependendo se pertence ao âmbito do eu ou do inconsciente pessoal, ou ao inconsciente coletivo, a sombra possui uma forma de manifestação pessoal ou coletiva. Por isso, pode surgir tanto como uma figura de nosso círculo da consciência, como, por exemplo, nosso irmão mais velho (ou irmã), nosso homem de confiança ou, por exemplo, como no *Fausto*, o Fâmulo para Wagner, ou seja, como aquele ser humano que representa nosso contraposto, assim como também numa forma mítica – quando se trata de representações do inconsciente coletivo – como no caso de Mefistófeles, um fauno, Hagen, Loki, entre outros[106]. Correspondentemente, pode ser igualmente o irmão gêmeo ou o "melhor amigo" ou a figura de uma obra de arte como Virgílio, que acompanha Dante como seu companheiro fiel por seu caminho através do inferno. "Eu e sombra", como par, são um tema arquetípico bem

---

106. Aqui também se aplica o que se disse anteriormente sobre o "arquétipo do feminino" (cf. p. 153).

A psicologia de C.G. Jung 195

conhecido; Gilgamesh e Enkidu, Castor e Pollux, Caim e Abel podem ser mencionados como paralelos.

Mas, como *alter-ego*, a sombra – por mais paradoxal que possa parecer à primeira vista – também pode ser representada por uma figura positiva, por exemplo, quando o indivíduo, cujo "outro lado" ele personifica, vive na vida exterior consciente, por assim dizer, "abaixo de seu nível", abaixo das possibilidades que lhe são dadas; são portanto seus aspectos positivos que produzem uma existência obscura de sombra[107]. No aspecto individual a sombra representa o "obscuro pessoal", como a personificação dos conteúdos de nossa psique não admitidos, rejeitados e reprimidos durante nossa vida, que em certas circunstâncias podem ter também um caráter positivo; sob o aspecto coletivo, representa o lado escuro geral-humano em nós, a disposição estrutural para o inferior e obscuro que habita dentro de todo ser humano. Dentro do trabalho na psique encontramos a sombra de imediato e preponderantemente naquelas figuras que pertencem ao âmbito do inconsciente pessoal, e devemos em primeiro lugar e sempre considerá-la e interpretá-la em seu aspecto totalmente pessoal e só depois, em segunda linha, em seu aspecto coletivo.

A sombra está por assim dizer no limiar de passagem para as "mães", para o inconsciente. É o verdadeiro contra-

---

107. Uma imagem correspondente do inconsciente com o título "Die hilfreiche Schattenfigur" (A figura auxiliar da sombra) provém de uma mulher que não tinha consciência de ter um "outro" lado oculto, uma "sombra", que estava ali presente ao seu lado auxiliando-a a suportar o peso difícil, a tornar mais fácil a "pedra dos problemas de sua vida". A lua retratada e as duas estrelas apontam para o fato de aqui tratar-se de um problema eminentemente feminino. Essa "imagem do inconsciente" foi pintada por uma mulher, e por isso tem de ser compreendida e interpretada a partir da psicologia feminina. A figura a qual se faz referência encontra-se nas ilustrações a partir da p. 163.

ponto de nosso eu consciente, sim, cresce e se intensifica, por assim dizer passo a passo com o eu. Com sua massa escura, composta do material das vivências jamais admitidas ou quase não admitidas à vida, ela nos barra o caminho para chegar às profundezas criativas de nosso inconsciente. É por essa razão, também, que vemos aquelas pessoas que querem se manter "no alto", agarrando-se com acrobacias de uma vontade assustadora, acima de suas próprias forças, que não confessam sua fraqueza nem a si nem aos outros, caírem vítimas de uma longa e repentina esterilidade. Seu nível espiritual e moral não cresceu de forma natural, mas são uma armação forjada artificialmente e mantida de pé pela força, correndo constante perigo de romper-se já sob a mínima ofensa. Vemos como essas pessoas têm dificuldades ou até são incapazes de afrontar sua verdade interior, manter um relacionamento correto ou prestar um trabalho vivamente elaborado, e como se veem cada vez mais fortemente enredados nos tentáculos da neurose, quanto mais material reprimido se acumula em sua camada de sombra. Isso porque, na juventude, essa camada está naturalmente ainda bastante fina, e por isso também mais fácil de ser suportada; no entanto, se no curso da vida for se acumulando cada vez mais material, com o tempo, acaba, muitas vezes, se tornando numa barreira intransponível.

"Todo mundo é seguido por uma sombra, mas quanto menos incorporada for essa sombra na vida consciente do indivíduo, tanto mais escura e densa se torna"[108]. "Ora, se as tendências reprimidas da sombra nada mais fossem que más, não haveria problemas. Mas, em geral, a sombra é apenas algo

---

108. *Psicologia e religião*. OC 11/1, § 131.

baixo, primitivo, inadequado e precário, e não absolutamente mau. Contém também propriedades infantis e primitivas, que em certo sentido vivificariam e embelezariam a existência humana; mas nos chocamos com regras produzidas"[109], com preconceitos, com decência e costumes, com questões de prestígio de todo tipo; e, porque estão estreitamente ligadas com o problema da *persona*, especialmente essas últimas podem desempenhar uma função nefasta, impedindo qualquer desenvolvimento da psique. "Buscar curar-se da sombra através de mero recalque seria a mesma coisa que buscar curar a dor de cabeça cortando-a fora [...]. Quando um toma consciência de um sentimento de inferioridade sempre tem a chance de corrigi-lo. Mesmo que ele esteja sempre em contato com outros interesses, de modo a estar constantemente submisso a modificações. Mas quando é reprimido e isolado da consciência, jamais poderá ser corrigido"[110].

Assim, o confronto com a sombra significa, sem poupar a si mesmo, criticamente tomar consciência de seu próprio ser. Mas condicionada pelo mecanismo da projeção, a sombra nos aparece como tudo que nos é inconsciente, nos aparece transferida num objeto, razão pela qual, também, "o outro é sempre culpado", quando não se reconhece conscientemente que o obscuro se encontra em nós mesmos. Por isso, a conscientização da sombra no trabalho analítico tem de contar necessariamente, na maioria das vezes, com grande resistência da parte do analisando, que frequentemente não consegue suportar e aceitar todo esse obscuro como igualmente pertencente-a-si-mesmo, temendo constantemente ver ruir sob o

---

109. Ibid., § 134.

110. Ibid., § 131, 133.

peso desses conhecimentos o edifício de seu eu consciente, construído e mantido com esforço[111].

É por isso, também, que muitos analisandos fracassam pelo fato de, já nesse estágio do trabalho, não suportarem o confronto com os conteúdos do inconsciente, interrompendo, nesse entremeio, o trabalho, a fim de se refugiar na segurança de seu autoengano ou de sua neurose. Uma vez que, infelizmente, isso pertence a casos bastante comuns! – aquele que está de fora desse processo jamais deverá deixar de levar isso em consideração na avaliação e julgamento das análises aparentemente "fracassadas"!

Por mais amargo que seja o cálice, ninguém deve ser poupado. Pois é só quando tivermos aprendido a distinguir-nos de nossa sombra, tendo conhecido e reconhecido sua realidade como uma parte de nosso ser, e manter sempre presente esse conhecimento, é que o confronto e embate com o restante dos pares de contrários da psique poderá ter sucesso. É propriamente só então que se inicia aquela atitude objetiva frente à própria personalidade, sem a qual não poderá haver progresso no caminho rumo à inteireza. "Mas quando nos representamos alguém suficientemente aplicado para suspender todo o conjunto (*allesamt*) de suas projeções[112], então surge um

---

111. O fato de Jung colocar um valor tão elevado na conscientização da sombra, chegando a privilegiar esse procedimento diante de todos os demais, constitui uma das mais importantes razões, mesmo que muitas vezes inconscientes, do medo de muitos em submeter-se a uma análise junguiana.

112. A palavra "todo o conjunto" (*allesamt*) na citação supra não pode ser tomada literalmente, pois jamais se poderá tomar consciência e reter todas as projeções; do contrário, por assim dizer, não restaria mais nada de inconsciente no ser humano. Sempre depende, portanto, da situação psíquica do indivíduo que parte do material inconsciente e em que medida poderá ser processado.

A psicologia de C.G. Jung 199

indivíduo que está consciente de uma sombra considerável. Todavia, tal pessoa se vê sobrecarregada de novos problemas e conflitos. Tornou-se para si mesma uma tarefa grave, uma vez que agora não mais pode dizer que os *outros* fazem isso ou aquilo, que *eles* estão errados e que é preciso lutar contra *eles*. Vive na "casa da autorreflexão", do recolhimento interior. Tal pessoa sabe sempre que aquilo que está pervertido no mundo está também nele próprio, e se ele aprender a dar conta de sua própria sombra, então terá feito algo de real para o mundo. Terá conseguido, pelo menos, responder uma parte mínima das questões insolúveis e gigantescas de nossos dias"[113].

Animus e anima

A segunda etapa do processo de individuação é marcada pelo encontro com a configuração da "imagem da alma", chamada por Jung, no homem, de *anima*, e, na mulher, de *animus*. A figura arquetípica da imagem da alma representa respectivamente a participação da psique sexual-complementar, mostrando em parte como nossa relação pessoal é formada em relação a isso, e em parte o depósito de toda experiência humana no sexo oposto. Representa, portanto, a imagem do outro sexo, que trazemos em nós como ser individual único, mas também como ser da espécie. "Todo homem traz em si sua Eva", afirma um ditado popular. Como já se disse anteriormente, segundo a lei intrapsíquica, todo latente, ainda não vivido, indiferenciado, está projetado na psique tudo que se encontra no inconsciente, e assim também a "Eva" do homem e o "Adão" da mulher. Em consequência disso vivenciamos nosso próprio fundamento originário do outro sexo *no*

---

113. *Psicologia e religião*. OC 11/1, § 140.

outro, não de modo diferente que vivenciamos, por exemplo, a própria sombra. Escolhemos um outro, ligamo-nos a um outro que representa as propriedades da própria alma.

Também aqui temos de distinguir, na sombra e em geral em todos os conteúdos do inconsciente, entre uma forma de manifestação de *animus* e *anima* interna e externa. Encontramos a forma interna em nossos sonhos, fantasias, visões, entre outros, no material do inconsciente, onde, individualmente ou em conjunto, dão expressão a todo um conjunto de traços característicos do outro sexo inerentes à nossa psique; e encontramos a forma externa quando uma pessoa do outro sexo, que pertence ao nosso mundo circunstante, torna-se sujeito da projeção de apenas uma parcela de nossa psique inconsciente ou de toda parte inconsciente de nossa psique, e não nos damos conta de que é por assim dizer nosso próprio interior que encontramos assim a partir de fora.

A imagem da alma é um complexo funcional mais ou menos firmemente articulado e o não poder distinguir-se dela leva a manifestações como a do varão mal-humorado, dominado por impulsos femininos, guiado por emoções, ou da mulher que sabe tudo, racional, que reage de forma masculina e não lançando mão dos instintos[114]. "Ocasionalmente, percebemos em nós uma vontade estranha, que faz o contrário daquilo que nós mesmos queremos ou que qualificamos como bom. Não é necessariamente a maldade que executa essa outra vontade, mas ela pode também querer o melhor,

---

114. Muito embora não se disponha de normas absolutas, fixadas cientificamente, sobre qual traço deve ser considerado "feminino" ou "masculino", nesse sentido possuímos representações admitidas em geral, provindas de nossas tradições culturais históricas e que talvez possam até remontar às propriedades das células biológicas de gênero, originariamente mais simples.

A psicologia de C.G. Jung   201

e então é sentida como um ser superior orientador ou inspirador, como um espírito protetor ou um gênio, no sentido do *daimon* socrático"[115]. Nesses casos, temos a impressão de que uma outra pessoa, uma pessoa estranha teria "se apossado" do indivíduo, "nele entrou um outro espírito" etc., como expressa de forma tão profunda e significativa a linguagem popular. Ou então vemos o homem que fica cegamente caído por um determinado tipo de mulher – como é usual vermos precisamente intelectuais altamente formados absolutamente perdidos por causa de prostitutas, porque seu lado emocional feminino está totalmente indiferenciado! –, ou também a mulher se vê enredada aparentemente sem explicação numa aventura ou presa a algum impostor e não consegue mais se desvencilhar. A constituição de nossa imagem anímica, a *anima* ou o *animus* de nossos sonhos é mensurador natural de nossa constituição intrapsíquica. No caminho do autoconhecimento merece uma atenção toda especial.

A multiplicidade de formas de manifestação da imagem da alma é de certo modo inesgotável. Raramente a imagem da alma é unívoca; é quase sempre um fenômeno complexo-cambiante, equipado com todas as propriedades da natureza contrária, na medida em que essas são tipicamente femininas ou masculinas. A *anima* pode aparecer, por exemplo, tanto como virgem doce ou deusa quanto como bruxa, anjo, demônio, mendiga, prostituta, esposa, amazona etc. Uma configuração da *anima* bastante característica é, por exemplo, a Kundri da

---

115. JUNG, E. "Ein Beitrag zum Problem des *Animus*". In: JUNG, C.G. (org.). *Wirklichkeit der Seele* – Anwendungen und Fortschritte der neueren Psychologie. Com colaborações de Hugo Rosenthal, Emma Jung, W.M. Kranefeldt (*Psychologische Abhandlungen*, vol. 4). 2. ed. Zurique: Rascher, 1947, p. 297. [A seguir citado como JUNG, E. *Animus*).

saga de Parsifal ou a Andrômeda do Mito de Perseu; na formulação artística, por exemplo, a Beatriz da *Divina comédia*, *She* de Rider Haggard, a Antineia no *Atlântida* de Benoit etc. Mesmo que com certa diferença, o mesmo se aplica também para as manifestações do *animus*, para as quais podem servir de exemplo Dionísio, o cavaleiro Barba-azul, o capturador de ratos, o holandês voador ou Sigfried, num nível mais elevado, e o astro de cinema Rodolfo Valentino ou o campeão mundial de Box Joe Louis num nível mais baixo, mais primitivo, ou em tempos da história especialmente agitados como hoje, por exemplo, também alguns políticos famosos ou comandantes militares, na medida em que se trata de figuras individuais. Mas o *animus* e a *anima* podem ser simbolizados também através de animais e até de objetos com caráter especificamente masculino ou feminino, sobretudo quando ainda não alcançaram o nível da forma humana e aparecem, sobretudo, em seu caráter puramente instintivo. Assim a *anima* pode tomar a forma de uma vaca, de um gato, de um tigre, de um navio, de uma gruta etc., e o *animus* aparecer na forma de uma águia, de um touro, como leão ou como lança, como torre ou como alguma forma fálica.

A figura 4 é uma representação especialmente rica e reveladora[116], uma mulher percebe uma montanha saindo do mar do inconsciente coletivo, como símbolo de um ponto de partida consciente, como uma nova conquista, mais elevada e firme; com isso se expressa o nascimento de "um novo mundo", para cujo processo encontramos paralelos em inúmeras cosmologias, imagens mitológicas e representações religiosas (basta lembrar aqui a "montanha dos adeptos" na simbologia

---

116. Cf. figura 4, ilustração à p. 166.

A psicologia de C.G. Jung   203

alquímica e o "Monte Meru" na mitologia índica). O sol como imagem de sentido da consciência forma o topo da montanha, mas organicamente está imerso nela; mantém preso em si a águia, extremamente ousada e de altos voos, o símbolo do *animus*, o intelecto feminino ambicioso, e na medida em que o faz sofrer "até sangrar", terra e água são assim irrigadas e fecundadas, e o verde da vida pode lançar rebentos à saciedade.

"A primeira a servir de suporte às imagens da alma é sempre a mãe, mais tarde são aquelas mulheres que despertam o sentimento do homem, não importa se em sentido positivo ou negativo"[117]. Um dos mais importantes e mais complicados problemas para tornar-se personalidade é a dissolução dos laços com a mãe, sobretudo no homem. Os primitivos possuem para isso toda uma série de cerimônias, sagrações masculinas nos ritos de passagem, ritos de renascimento etc., nos quais o iniciado recebe aquela instrução que deverá deixá-lo em condições de dispensar a proteção da mãe. E só depois disso que poderá ser reconhecido na tribo como adulto. Mas o europeu tem de produzir esse "reconhecimento" com sua parte psíquica feminina ou masculina no caminho da conscientização dessa parcela da própria psique. Que a figura da imagem anímica do outro sexo esteja assim tão mergulhada no inconsciente, no caso do ser humano ocidental, desempenhando correspondentemente um papel decisivo e muitas vezes nefasto, deve-se em grande parte a nossa cultura com orientação patriarcal. Isso porque "para o homem significa virtude reprimir o máximo possível traços femininos, como para a mulher, pelo menos até o presente, ser uma mulher viril é algo meio doentio. A repressão desses traços e tendências femininas leva natu-

---

117. *O eu e o inconsciente*. OC 7/2, § 314.

ralmente a um acúmulo dessas exigências no inconsciente. A *imago* da mulher torna-se então naturalmente o receptáculo dessas exigências, razão pela qual o homem, ao escolher sua amada, muitas vezes recai na tentação de conquistar aquela mulher que melhor corresponde ao modo específico da sua própria feminilidade inconsciente; uma mulher, portanto, que possa acolher a projeção de sua alma sem mais problemas"[118]. Desse modo, muitas vezes o homem se casa com sua própria e pior fraqueza, o que pode explicar certos casamentos curiosos; e com a mulher as coisas não se dão de modo diverso[119].

Em consequência do desenvolvimento de orientação patriarcal de nossa cultura ocidental, é evidentemente também natural para a mulher a concepção de que o masculino seja mais valioso que o feminino e para isso muito contribui para acentuar o poder do *animus*. Têm parte nisso as possibilidades de controle de natalidade, a diminuição dos compromissos das mulheres domésticas em consequência da técnica moderna, e por fim um aporte das capacidades espirituais da mulher hodierna, que não deve ser negado. No entanto, assim como o homem, por natureza, é inseguro em relação ao Eros, a mulher será sempre insegura no âmbito do *logos*. "O que a mulher deve superar, portanto, frente ao *animus*, não é o orgulho, mas a falta de autoconfiança e de resistir à indolência"[120].

No *animus* como na *anima* existem as duas formas fundamentais da figura clara e escura, da figura "superior" e "inferior", com sinais prévios positivos ou negativos. Como

---

118. Ibid., § 297.

119. Cf. tb. "Arquétipo materno". OC 9/1, § 148-198.

120. JUNG, E. *Animus*.

mediador entre a consciência e o inconsciente, "no *animus*, de acordo com a essência do *logos*, o acento está colocado no conhecimento, e de modo especial na compreensão. O que ele deve transmitir é muito mais o *sentido* do que a imagem"[121]. A quaternidade, pela qual se determina o princípio do *logos* no *Fausto* de Goethe, por exemplo, tem como pressuposição um elemento da consciência"[122]. "A imagem é transferida a um homem real parecido com o *animus*, ao qual então recai o papel do *animus*, ou aparece como figura onírica ou da fantasia, e, por fim, visto que representa uma realidade psíquica viva, consegue atribuir uma determinada coloração a todo o comportamento a partir de dentro"[123], visto que o inconsciente é sempre "matizado com as cores" do sexo oposto. Assim, "uma importante função do *animus* superior, ou seja, suprapessoal, é que, como verdadeiro psicopompo, conduz e acompanha a mudança e a transformação da alma"[124]. É claro que um arquétipo como é, por exemplo, o *animus* e a *anima* jamais se identificará por completo com um ser-assim factual de uma pessoa individual; e quiçá, quanto mais individual for uma pessoa, tanto menos concordes se mostrarão o sujeito

---

121. Ibid., p. 332.

122. Em seu belo trabalho "Ein Beitrag zum Problem des *Animus*", Emma Jung é da opinião de que na sequência graduada "palavra, sentido, força, ato", que servem para reproduzir a palavra grega *logos*, parece vir designada a quintessência do ser masculino e que cada um desses graus tem seu representante na vida do varão, não diversamente do que no desenvolvimento da figura do *animus*. Assim, numa ordem de sequência modificada, corresponderiam ao primeiro nível "os homens-força" ou "homens-vontade", ao segundo, os homens-ação, ao terceiro os homens de "palavra" e, finalmente, ao quarto, aqueles que direcionaram sua vida ao "sentido".

123. Ibid., p. 302.

124. Ibid., p. 342.

que serve de suporte e a imagem projetada sobre ele. Assim, a individualidade é precisamente o contraposto mais próprio de um modo de manifestação arquetípico. "Isso porque o individual não é precisamente o típico, mas a mistura única e singular de traços singulares típicos"[125]. Essa falta de concordância, que em princípio se faz invisível por causa da transferência, com o tempo vai se revelando cada vez mais claramente no ser real do sujeito portador da projeção, levando a conflitos e decepções inevitáveis.

A imagem da alma está diretamente reportada com a compleição da *persona* de uma pessoa. "Se a *persona* for intelectual, seguramente a imagem da alma será sentimental"[126]. Pois, como a *persona* corresponde à atitude habitual exterior de uma pessoa, assim *animus* e *anima* correspondem à atitude habitual interior. Podemos considerar a *persona* como *função intermediadora entre eu e mundo exterior* e a imagem da alma como a função correspondente intermediadora *entre eu e mundo interior*. O *diagrama XVIII* procura tornar visualizável o que se disse. A seria a *persona* que está como intermediador entre o eu e o mundo exterior; B o *animus* ou a *anima*, designado como função de intermediação entre o eu e o mundo interior do inconsciente; C é igualmente eu *e persona*, que representam nossa compleição fenotípica psíquica manifesta, visível para fora; D seria a parte genotípica que perfaz nossa compleição interna invisível, latente, inconsciente. *Persona* e imagem da alma estão numa relação compensatória mútua, e quanto mais arcaica, indiferenciada, violenta for e atuar a imagem da alma, tanto mais

---

125. Ibid., p. 312.

126. *Tipos psicológicos*. OC 6, § 806.

firmemente a máscara, a *persona* separa o ser humano de sua vida instintiva natural. É extraordinariamente difícil livrar-se tanto de uma quanto da outra. Mas, mesmo assim, torna-se uma necessidade premente tão logo o indivíduo já não mais consiga se distinguir das mesmas.

Diagrama XVIII

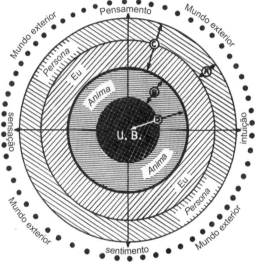

Enquanto os diversos aspectos e traços da psique inconsciente ainda não tiverem sido distinguidos, diferenciados entre si e acoplados à consciência (por exemplo, enquanto não se conhecer sua sombra!), todo o inconsciente do homem possui indícios femininos e o inconsciente da mulher, indícios masculinos; tudo ali tem por assim dizer uma coloração de qualidades masculinas ou femininas. Por isso, também Jung, na medida em que busca destacar essa característica, chama a esse âmbito do inconsciente simplesmente de *anima* ou *ani-*

mus. Se, portanto, a *persona* se torna por demais rígida, isto é, se só se diferenciou uma função, a função principal, e as outras três estão ainda mais ou menos indiferenciadas, então naturalmente a *anima* será uma mistura dessas três funções; mas no curso da análise, ou seja, depois do desenvolvimento das duas funções paralelas, ela irá se anunciar cada vez mais como a "configuração" da função obscura, da quarta, da função inferior[127]. Se a sombra ainda for indiferenciada, ou seja, se ela se encontra ainda completamente nas profundezas inconscientes, estará muito frequentemente contaminada com os traços da *anima*. Nesses casos, nos sonhos poderemos nos encontrar primeiramente com uma tríade de figuras da sombra, que por assim dizer ainda pertencem às funções inconscientes, e igualmente com uma tríade de configurações da *anima* ou do *animus*. Nos sonhos a contaminação pode se dar a conhecer também como uma espécie de "situação a dois", uma espécie de "casamento" entre uma figura de sombra e uma de *anima* ou de *animus*.

Quanto mais nos identificamos com a *persona*, tanto mais no "obscuro" permanece a *anima*[128]. "Assim, primeiramente ela é projetada, e desse modo o herói estará sob o comando de sua mulher"[129]. Isso porque "a falta de resistência no mundo exterior frente às seduções da *persona* significa uma fraqueza semelhante para dentro, frente às influências do inconsciente"[130]. O homem dominado pela *anima* corre o perigo de perder sua *persona* "bem-assentada" e recair na

---

127. Cf. diagrama V, à p. 33..

128. Cf. p. 50ss.

129. *O eu e o inconsciente*. OC 7/2, § 309.

130. Ibid., § 308.

A psicologia de C.G. Jung 209

efeminação, assim como a mulher dominada pelo *animus* corre o perigo de perder sua *persona* habitual feminina pelas "opiniões" de seu *animus*. Uma das manifestações típicas das duas figuras é aquilo que se chama desde há muito de "animosidade".

Raramente o *animus* é uma figura única. Se levarmos em consideração a propriedade compensatória dos conteúdos do inconsciente em relação ao comportamento consciente, poderemos dizer: uma vez que em sua vida externa o homem está mais predisposto a ser polígamo, sua *anima*, sua imagem da alma, irá aparecer na maioria das vezes como uma única manifestação, unificada numa imagem única pelos mais diversos e contraditórios tipos de mulheres[131]. Daí provém também o "caráter rutilante", o "ser travesso" das reais figuras da *anima*. Na mulher, ao contrário, cujo comportamento de vida está predisposto à monogamia, na imagem da alma irá revelar-se uma tendência poligâmica, e o masculino-complementar irá aparecer personificado em todas as variações possíveis para ela, muitas vezes numa série de figuras singulares diversas. Por isso, o *animus* é representado na maioria das vezes por uma "pluralidade"; de "algo assim como uma reunião de pais e demais autoridades, que, *ex cathedra*, proferem juízos 'ra-

---

131. Todavia, no fundo, isso só se aplica ao varão que alcançou ser perfeitamente "masculino". Mas, quanto mais feminino for – e isso é muito frequente hoje em dia –, o que poderíamos expressar também do seguinte modo, quando mais fortemente desenvolvido nele estiver o complexo materno, tanto mais numerosas também serão as figuras femininas, consistindo muitas vezes até de uma multiplicidade de tipos iguais (por exemplo, de um grupo de bailarinas ou de mulheres do serviço militar etc.), que em seus sonhos e visões incorporam as propriedades de sua alma. É só com o prosseguir do desenvolvimento da personalidade que vão se adensando numa única imagem feminina, que contém em si todas as diversas propriedades.

cionais' inatacáveis"[132]. Muitas vezes são, sobretudo, opiniões, preconceitos, princípios tomados sem crítica, que induzem a mulher a argumentar e raciocinar. Isso se aplica em primeira linha a mulheres cuja função principal é o sentimento e nas quais, assim, a função do pensamento foi a que menos se diferenciou. Numa relativamente grande porcentagem das mulheres isso parece ser o que se dá por predisposição natural, muito embora a partir da virada do século anterior essa realidade parece ter-se modificado um pouco, talvez em função da emancipação da mulher[133]. Mas, uma vez que a imagem da alma coincide com a função que ainda repousa no inconsciente, e que foi minimamente trazida à luz, seu caráter irá mostrar-se como contraposto à função principal e tornar-se visualizável numa figura específica correspondente. Assim, ao científico abstrato pertence de modo coerente uma *anima* de sentimento romântico primitivo, ou ao artista intuitivo, sensitivo, pertence um tipo de mulher terrestre, sensorial; e não é por acaso que homens ternos trazem em seu coração a imagem da amazona, em nossa época revestida como feminista ou como senhorita doutora. As configurações do *animus* das mulheres, dependendo da compleição de sua respectiva função principal, irão se manifestar uma vez como perigoso Don Juan, outra vez como professores com longa barba ou talvez como heróis de força e de poder – sejam soldados, cavaleiros, jogadores de futebol, motoristas, pilotos ou astros de cinema, apenas para citar alguns exemplos! Mas como a *anima* não expressa em figura apenas a "serpente", o perigo instintivo

---

132. *O eu e o inconsciente*. OC 7/2, § 332.

133. Cf. JACOBI, J. *Frauenprobleme; Eheprobleme*. Zurique/Stuttgart: Rascher, 1968.

A psicologia de C.G. Jung

que espreita para seduzir no escuro do inconsciente, mas dá expressão também à guia sábia, iluminada do homem – portanto, ao outro aspecto do inconsciente – que não o puxa para baixo, mas para mais próximo, assim também o *animus* não é a opinião diabólica contrária a toda lógica, mas também um ser gerador, criativo, todavia não na forma de um criar masculino, mas como palavra geradora, como *logos spermatikos*. E como um homem gera sua obra como uma criatura burilada a partir de um "feminino" interior e ali a *anima* se torna sua musa inspiradora, "assim o masculino interior da mulher produz germes criativos, que podem fecundar o feminino do homem"[134]. Desse modo, os dois sexos se complementam numa mútua influência natural venturosa não apenas no nível corpóreo, para doar vida à "criança carnal", mas também naquela torrente misteriosa prenhe de imagens que inunda e liga entre si as profundezas de suas almas para ajudar a gerar uma "criança espiritual". Mas uma vez que a mulher tenha tomado consciência disso, saberá "lidar" com seu inconsciente e se deixar guiar pela voz do interior, estará em condições de tornar-se a *femme inspiratrice* ou defensora de princípios que sempre tem razão, a Beatriz ou Xântipa do homem.

Quando na velhice homens se tornam femininos e mulheres, lutadoras, isso sempre é um sinal de que uma parte da psique, que deveria estar voltada para o interior e atuar no interior, voltou-se para o mundo exterior, pois essas pessoas descuraram de atribuir ao interior, no tempo devido, aquela realidade e reconhecimento que lhe convinha. Isso porque é só assim que se fica perdido por uma mulher ou por um homem, e de antemão nada se sabe das surpresas que eles

---

134. *O eu e o inconsciente*. OC 7/2, § 336.

podem preparar para alguém quando não vislumbram sua verdadeira natureza. Mas só se pode vislumbrar a essa *apenas em si mesmo*, uma vez que na maioria das vezes escolhemos nosso(a) parceiro(a) de tal modo que ela faz as vezes da parte psíquica desconhecida, inconsciente de nossa personalidade. Mas, uma vez que se tenha tomado consciência da mesma, então não mais se atribui as próprias falhas à companheira mulher ou ao companheiro homem, ou seja, suspende-se a projeção. Mas com isso recupera-se uma grande quantidade de energia psíquica, que pode ser disponibilizada para o próprio eu. Esse suspender a projeção, naturalmente, não pode ser confundido com aquilo que se designa em geral como "narcisismo". É bem verdade que também através desse caminho se chega "ao si mesmo", mas não na forma do "autoagrado", e sim na do autoconhecimento.

Quando tivermos perpassado com a visão e tomado consciência do sexo oposto na própria alma, tomamos nas próprias mãos de maneira bastante ampla as próprias emoções e afetos. Significa, sobretudo, independência verdadeira, mesmo que, concomitantemente, isso signifique solidão – aquela solidão do ser humano "interiormente livre", que já não mais consegue colocar correntes nas relações amorosas ou na relação com o(a) parceiro(a), para o qual o outro sexo perdeu sua estranheza, porque aprendeu a conhecer os traços de sua essência nas profundezas da própria alma. Tal pessoa tampouco poderá estar "apaixonada", pois não mais consegue se perder em outra pessoa; mas estará tanto mais capaz de um profundo "amor", no sentido de uma entrega consciente a um tu. Isso porque sua solidão não o aliena do mundo, apenas cria a distância correta em relação ao mesmo. E, na medida em que o mundo dá uma ancoragem firme para seu

A psicologia de C.G. Jung

próprio ser, possibilita-lhe até que ele vá ao encontro de seu semelhante sem reticências, uma vez que isso já não coloca em perigo seu modo próprio de ser. Naturalmente que será preciso, na maioria dos casos, empregar uma meia-vida até que se tenha escalado para conseguir alcançar a esse nível. Ninguém alcança esse estágio sem luta. Faz parte desse processo, igualmente, uma medida cercada de experiências – sim, de decepções. É por isso, também, que o embate e confronto com a imagem da alma não é tarefa da juventude, mas da maturidade. E provavelmente, por isso, também no curso da vida mais tardia terá necessidade de ocupar-se com esse problema. O matrimônio com o sexo oposto na primeira metade da vida tem como meta precisa e preponderantemente a união corporal para fazer surgir a "criança carnal" como fruto e continuação; mas, na segunda metade da vida, está em questão em primeira linha a *conjunctio* psíquica, uma união com o outro sexo tanto no espaço do próprio mundo interior como com o portador de sua imagem no mundo exterior, para auxiliar no nascimento da "criança espiritual" e gerar fruto e perduração ao ser espiritual de ambos.

O encontro com a imagem da alma significa sempre, portanto, que a primeira metade da vida findou com a adequação necessária à realidade exterior e a orientação exterior da consciência, com isso condicionada, e agora é preciso iniciar a etapa mais importante de adequação ao interior, a confrontação com a parte do outro sexo dentro de si próprio. "Assim, a ativação do arquétipo da imagem da alma é um evento cuja importância tem caráter de destino, pois é o sinal inconfundível de que se iniciou a segunda metade da vida"[135].

---

135. WOLFF, T. *Studien*, p. 159.

Na poesia alemã temos o belo exemplo no *Fausto* de Goethe. Na primeira parte, Margarida é a pessoa que se torna sujeito da projeção da *anima* de Fausto. Mas o fim trágico dessa relação obriga-o a suspender a projeção do mundo exterior e procurar em si mesmo essa parte de sua psique. Assim, ele a reencontra num outro mundo, no "submundo" de seu inconsciente, simbolizado em Helena. A segunda parte do drama de Fausto representa a versão artística de um caminho interior, de um processo de individuação, com todas as suas figuras arquetípicas, e ali Helena representa a figura clássica da *anima*, a imagem da alma da psique de Fausto. Em diversas modificações e níveis, ele se confronta com essa até chegar à manifestação suprema, a *mater gloriosa*. É só então que está redimido e pode entrar naquele mundo da eternidade no qual foram supressos todos os contrários.

Assim como a conscientização da sombra permite o conhecimento de nosso outro lado, escuro, mas do mesmo sexo, a conscientização da imagem da alma permite o conhecimento do sexo oposto em nossa psique. Quando se reconheceu e descortinou a imagem, ela para de atuar a partir do inconsciente e nos permite finalmente diferenciar também essa parte do outro sexo de nossa psique, incluindo-a na atitude consciente, por meio da qual se terá alcançado um extraordinário enriquecimento dos conteúdos pertinentes à nossa consciência, e com isso uma ampliação de nossa personalidade.

Os arquétipos do princípio espiritual e material

Até aqui já franqueamos um bom trecho de caminho. Quando todos os riscos da confrontação com a imagem da alma tiverem sido superados, então erguem-se novas configurações arquetípicas que forçam a pessoa a novos confrontos e

A psicologia de C.G. Jung

215

posicionamentos. Na medida em que pode ser experimentado, todo o processo tem um direcionamento finalista. É bem verdade que o inconsciente é a mais pura natureza sem intenção, apenas com um "potencial ser direcionado", todavia, por uma ordem interior própria invisível, uma tendência implícita para buscar o fim. Nesse sentido acontece que, "se a consciência participar ativamente, covivenciando cada etapa do processo e compreendendo-a pelo menos através do pressentimento, então a próxima imagem começará cada vez no nível superior, alcançado através desse processo, e assim surge o direcionamento rumo a um fim"[136]. Todavia, trata-se de um processo que não surge simplesmente através do enfileiramento de uma série de símbolos, mas que avança cada vez que se torna consciente, cada vez que se supera e se integra um problema determinado.

Assim, não é por acaso que, depois do confronto com a imagem da alma, se pode indicar como o próximo marco de caminho do desenvolvimento interno a aparição do arquétipo do *velho sábio* (figura 5), da personificação do *princípio espiritual*. Sua imagem oposta no processo de individuação da mulher é a *Magna mater*, a grande mãe terrenal, que representa a *verdade fria e objetiva da natureza* (figura 6)[137].

---

136. *O eu e o inconsciente.* OC 7/2, § 386.

137. Um exemplo dos inúmeros modos de manifestação desses dois arquétipos são as figuras 5 e 6 (cf. figuras às p. 167s.). No rosto do "velho sábio" vêm desenhados saber e compreensão ilimitados, primordiais. Os olhos estão voltados para dentro, os traços imóveis, a boca fechada expressam espiritualidade suprema, uma espiritualidade por assim dizer talhada e crescida junto com a natureza, que se tornou ela própria natureza. Peito e ombros se tornaram terra, recobertos de grama e de musgo; eles fornecem alimento às pombas, aos pássaros de Afrodite, da bondade e do amor. O disco solar por trás de sua cabeça aponta para o caráter de *logos* da aparência, e o cristal em suas mãos simboliza a inteireza, aponta para o supremo fim do desenvolvimento da alma, ao "si-mesmo"; isso porque o "velho sábio", enquanto

Importa lançarmos luz, agora, nas dobras mais secretas do próprio ser, naquilo que é o "masculino" ou "feminino", o mais próprio e originário; portanto, no homem o princípio "espiritual", na mulher o princípio "material". Dessa vez não vamos nos ocupar debatendo a parte do outro sexo da psique – como no *animus* e *anima* –, mas por assim dizer tornar-se sábios sobre aquilo que perfaz o próprio ser, sobre aquilo que em alguém constitui o fundamento originário apenas-feminino ou apenas-masculino, retornando até alcançar aquela imagem originária segundo a qual foi formado. Se pudéssemos ousar uma formulação, poderia soar assim: o homem é espírito tornado matéria, a mulher é matéria banhada de espírito; o homem é determinado, portanto, em sua essência pelo espírito, a mulher, pela matéria. E aqui importa tornar consciente a escala relativamente ampla de possibilidades a esse respeito, que cada um traz em si e pode desdobrar, desde o "ser originário" primitivo em si até chegar à imagem de sentido a mais elevada, a mais múltipla e perfeita.

Ambas as figuras, do "velho sábio" e da "grande mãe", têm uma infinidade de formas de manifestação e são bem co-

---

arquétipo, já pertence ao círculo das figuras do si-mesmo, é a metade masculina deste (figura 5). A "grande mãe", o mundo inexorável, pan-abrangente, em vestes celestes tecidas de estrelas, envolta com a proteção de frutos dourados e suavemente iluminada pela lua crescente, olha cheia de compaixão para a pobre criatura, que ela própria amarra com um forte abraço de suas mãos toscas, até sangrar de uma ferida profunda. O sofrimento por essa dilaceração através dos dois contrapostos, o âmbito superior e o inferior de seu ser, e o sustentar a tensão dali emergente mostra, é verdade, a vida como um martírio, mas esse martírio, também, como pressuposto para o renascimento na criança como imagem de sentido do "si-mesmo" e para o brilhar do sol nas profundezas do seio insondável do mundo (figura 6). Aqui fica bem visível a tensão de contraposição inerente a toda forma arquetípica, portanto também a essas duas figuras.

A psicologia de C.G. Jung 217

nhecidas a partir do universo dos primitivos e das mitologias, visibilizadas em seus aspectos bons e maus, claros e escuros, como encantador, profeta, mágico, guia dos mortos, líder ou como deusa da fertilidade, Sibila, sacerdotisa, mãe igreja, Sofia etc. De ambas as figuras provém um fascínio poderoso, que arrasta o indivíduo ao qual vem ao encontro, irrecusavelmente, para uma espécie de autodomínio e delírio de grandeza quando não sabe libertar-se do perigo de uma identificação com sua imagem escamoteadora através de conscientização e distinção. Um exemplo disso vemos em Nietzsche, que se identificou totalmente com a figura do Zaratustra.

Jung chama essas figuras arquetípicas do inconsciente de "personalidades-mana"[138]. Mana significa o "extraordinariamente efetivo". Possuir mana significa ter forma atuante sobre outros, mas também o perigo de tornar-se arrogante e autocrático. Assim, o tomar consciência dos conteúdos que edificam o arquétipo da personalidade mana significa "para o homem a segunda e verdadeira libertação do pai, para a mulher, a libertação da mãe, sentindo com isso pela primeira vez sua própria individualidade singular"[139]. Só quando o ser humano chegar a esse ponto que poderá, que terá o direito

---

138. Fica claro que uma figura onírica impressionante e fascinante, uma "personalidade de mana" de um determinado sexo, terá no sonho de um varão um significado diferente daquele que tem quando ocorre no sonho de uma mulher. Se a figura é feminina, no sonho de um varão provavelmente deverá ser interpretada como uma configuração da *anima*; mas no sonho de uma mulher irá representar a figura da "grande mãe", sendo que essa última sempre já deve ser contada entre o estreito círculo dos "símbolos unificadores", que tornam apreensível o si-mesmo. O mesmo se aplica, *mutatis mutandis*, para a figura do "velho sábio" ou do *puer aeternus* no sonho de um varão (cf. "Aspectos psicológicos da Core" (1941). OC 9/1, § 306-383).

139. *O eu e o inconsciente*. OC 7/2, § 393.

218 Coleção Reflexões Junguianas

de "adentrar a filiação espiritual de Deus", no sentido verdadeiro da palavra. Todavia, precisamente então, apenas se ele não mais "inflar" sua consciência ampliada, para com isso recair "paradoxalmente numa inconsciência da consciência"[140], numa inflação. Frente às intuições profundas alcançadas, talvez tal *hibris* não fosse nenhuma surpresa e no curso de um processo aprofundado de individuação todo mundo acaba incidindo nela por um momento. Mas as forças que foram ativadas no indivíduo através das intuições só estarão à sua disposição se ele souber distinguir-se delas com humildade.

O si-mesmo

Agora já estamos bem próximos da finalidade. O lado escuro foi conscientizado, o outro sexo em nós foi diferenciado, e nossa relação para com o espírito e a natureza originária foi clareada. A dupla face do fundo da alma foi reconhecida, apagou-se o orgulho espiritual. Mergulhamos profundamente na região do inconsciente, de lá elevamos muitas coisas, aprendendo a orientar-nos em seu mundo originário. Nossa consciência, como suporte de nossa unicidade individual, foi confrontada com tudo que é inconsciente em nós, como suporte de nossa participação psíquica no universal-coletivo. O caminho não se deu sem crises. Isso porque a torrente de conteúdos inconscientes irrompendo para dentro da região da consciência, junto com a dissolução da *persona* e da deposição da forma orientadora da consciência, constitui-se num estado de distúrbio do equilíbrio psíquico. Foi produzido artificialmente com o objetivo de solucionar uma dificuldade que impedia o seguimento do desenvolver-se da personalidade.

---

140. "Epílogo". *Psicologia e alquimia*. OC 12, § 563.

A psicologia de C.G. Jung

Essa perda de equilíbrio é um procedimento em vista do fim, pois, com auxílio da atividade autônoma e indistinta do inconsciente, leva ao estabelecimento de um *novo* equilíbrio, supondo que a consciência esteja em condições de assimilar e processar os conteúdos que sobem do inconsciente[141]. "Isso porque é só pela superação da psique coletiva que surge o verdadeiro valor, a conquista do tesouro, da arma invencível, recurso mágico de proteção, ou o que quer que o mito intenciona em bens desejáveis"[142].

A imagem arquetípica que conduz desse confronto para uma *ligação dos dois sistemas psíquicos parciais* – a consciência e o inconsciente – através de um *ponto intermédio comum*, chama-se de *si-mesmo*. Designa a última estação no caminho da individuação, que Jung chama também de "tornar-se si-mesmo".

Só quando se encontrou e integrou esse ponto central que se pode falar de um homem "redondo". Só então que ele terá solucionado o problema da relação com as duas realidades a nós incumbidas, a interior e a exterior, o que representa uma tarefa ética e gnosiológica extraordinariamente difícil, cuja solução bem-sucedida só poderá ser alcançada pelos escolhidos e agraciados.

Para a personalidade consciente, o nascimento do si-mesmo não significa apenas um deslocamento de seu centro psíquico atual, mas, como consequência disso, uma atitude de vida e concepção de vida completamente modificada, portanto, uma "mudança" no mais verdadeiro sentido da palavra. "Para que se estabeleça essa mudança é indispensável a con-

---

141. *O eu e o inconsciente*. OC 7/2, § 253.

142. Ibid., § 261.

centração exclusiva no *centro*, ou seja, no lugar da mudança criativa. Ali, somos "picados" por animais, ou seja, temos de nos expor aos impulsos animalescos do inconsciente, sem se identificar com os mesmos e sem "fugir dali" – uma identificação com esses impulsos significaria viver inteiramente e sem restrições sua instintividade, e um fugir dali significaria que nós a reprimimos; todavia, o que se exige aqui é algo totalmente distinto: a saber, tomar consciência dela e reconhecer sua realidade, por meio da qual ela perde por si mesma sua periculosidade –, "pois a fuga frente ao inconsciente tornaria ilusória a meta do procedimento. É preciso perseverar ali, e o processo introduzido pela auto-observação tem de ser vivenciado em todas as suas peripécias e articulado na consciência através da melhor compreensão possível. É claro que isso significa, muitas vezes, uma tensão quase insuportável por causa da inusitada incomensurabilidade da vida consciente e do processo no inconsciente, e este último só pode ser vivenciado no ânimo interior e jamais poderá tocar a superfície visível da vida"[143]. É por isso que também Jung exige que a vida usual do dia a dia e o trabalho profissional diário não sejam interrompidos em nenhum momento, apesar de toda convulsão interna. Pois é só e precisamente o suportar a tensão, o perseverar em meio ao processo de revolver a psique o que garante a possibilidade de uma nova ordem psíquica.

Seguramente, a representação geral vigente, de que o desenvolvimento psicológico acaba levando a um estado no qual já não há sofrimento é completamente equivocada. Sofrimento e conflitos fazem parte da vida, e não podem ser vistos como "enfermidade"; são os atributos naturais de todo

---

143. "Símbolos oníricos". OC 12, § 186.

e qualquer ser humano, são como que o polo contrário normal da felicidade. É só onde o ser humano procura fugir deles por fraqueza, covardia ou incompreensão que surgem a enfermidade e os complexos. Por isso precisamos distinguir de forma rigorosa entre repressão e recalque. "O recalque corresponde a uma decisão moral, enquanto que a repressão representa uma tendência, mais ou menos amoral[144], de livrar-se de manifestações desagradáveis. O recalque pode causar pesar, sofrimento e conflito, mas não provoca nenhuma neurose. "A neurose representa sempre um substituto de um sofrimento legítimo"[145], diz Jung. É no fundo um sofrimento "inautêntico", sentido como contrário à vida e sem sentido, e, ao contrário, o sofrimento "legítimo" sempre traz consigo também a impressão de uma posterior realização de sentido e de enriquecimento da alma. Compreendido desse modo, o tornar consciente pode também ser visto como o transferir um sofrimento inautêntico para um autêntico.

"Quanto mais a gente se torna consciente de si mesmo através de autoconhecimento e de um agir correspondente, tanto mais delgada se tornará aquela camada do inconsciente pessoal sedimentada no inconsciente coletivo. Por meio

---

144. É preciso compreender corretamente esse enunciado de Jung. Quando ele fala de "tendência imoral" não tem em mente, naturalmente, que esse "imoral" seja provocado por uma decisão consciente. Sabemos que no ser humano a repressão começa na primeira infância e em parte representa também um mecanismo de proteção necessário, possuindo, em certo sentido, também um aspecto exigido pela cultura. O que Jung tem em mente é mais o fato de que um homem, também em idade mais avançada, pela fraqueza de suportar dificuldades, aguentar tensões, lança mão dessa "proteção" muito mais frequentemente do que outro, o que pode ser condicionado igualmente por disposição natural, como pode provir de fatores tardios, que impedem o desenvolvimento.

145. *Psicologia e religião*. OC 11/1, § 129.

disso surge uma consciência que não mais está embrulhada num eu-mundo pequeno e pessoalmente sentimental, mas participa de um mundo mais amplo, no mundo dos objetos. Essa consciência mais ampla não é mais aquele emaranhado sentimental, egoísta de desejos, temores, esperanças pessoais, compensado por contratendências inconscientes pessoais, ou que precisa ser corrigido por essas, mas se constitui numa função relacional ligada com o objeto, com o mundo, que transpõe o indivíduo para uma comunidade incondicional, comprometida e indissolúvel com ele"[146]. Tal "renovação da personalidade é um estado subjetivo, cuja real existência não pode ser credenciada por nenhum critério exterior. Assim, toda e qualquer outra tentativa de descrição e de explicação não logra sucesso, e é *só quem fez essa* experiência que está em condições de conceber e testemunhar sua realidade de fato"[147]. Assim, tampouco é possível fornecer um critério objetivo, como por exemplo "felicidade", que, apesar disso, possui uma realidade absoluta. Isso porque "no fundo, tudo nessa psicologia é vivência; mesmo a teoria; mesmo ali onde ela ostenta ser a mais abstrata das teorias, ela provém diretamente daquilo que se vivencia"[148].

O si-mesmo é "uma grandeza de ordem superior ao eu consciente. Não abarca apenas a parte consciente, mas também a parte inconsciente da psique, e é por assim dizer uma personalidade que nós somos *também*"[149]. Sabemos que os processos inconscientes são na maioria dos casos uma relação compensatória em relação à consciência, o que nem sempre

---

146. *O eu e o inconsciente*. OC 7/2, § 275.

147. "Símbolos oníricos". OC 12, § 188.

148. *Psicologia do inconsciente*. OC 7/1, § 199.

149. *O eu e o inconsciente*. OC 7/2, § 274.

A psicologia de C.G. Jung

significa uma relação "contrastante, visto que inconsciente e consciência não são necessariamente contrapostos. Complementam-se para o si-mesmo. Podemos até nos representar almas parciais, mas não podemos nesse sentido representar o que é propriamente o si-mesmo, pois para isso seria necessário que a parte apreendesse o todo.

O *diagrama XIX* tenta reproduzir uma visão geral da psique total, colocando o si-mesmo como centro entre a consciência e o inconsciente, de modo a participar de ambos, mas alcança a ambos em sua auréola luminosa; isso porque "o si-mesmo não é só o ponto central, mas também o começo, que inclui consciência e inconsciente; é o centro da totalidade psíquica, do mesmo modo que o eu é o centro da consciência"[150]. Com esse desenho busca-se expressar que o si-mesmo forma tanto o centro quanto inclui e abarca todo o sistema psíquico com a força de sua irradiação. As diversas partes, já discutidas, do todo da psique são reprisadas igualmente no esquema, sem postular com isso um arranjo real, uma gradação de valor etc. Isso porque, propriamente, só é possível representar algo assim tão complexo num esquema de modo bastante limitado. Esse esquema deve servir apenas como motivação e uma indicação de algo que só pode ser compreendido corretamente apenas através da experiência própria vivida[151].

---

150. "Símbolos oníricos". OC 12, § 44.

151. A figura 7 (cf. figuras às p. 163s.) apresenta a figura de uma paciente desenhando com lápis de cor uma imagem da totalidade psíquica, como se lhe manifestara em imagem interior no decurso do tratamento analítico. O pássaro azul no círculo superior simboliza a esfera da consciência, o fogo com as serpentes, no círculo inferior, simboliza o âmbito do inconsciente; o pequeno círculo amarelo no meio representa o centro, o si-mesmo, que se encontra entre a parte feminina da alma, um campo escuro com um ovo claro, e a parte masculina da alma, um campo claro com um ovo escuro, cercado por uma torrente de vida, que liga e inunda todos os círculos.

O único conteúdo do si-mesmo que *nós* conhecemos é o eu. "O eu individuado sente-se como *objeto* de um sujeito desconhecido e de ordem superior"[152]. Sobre seus conteúdos nada mais podemos expressar. Com qualquer tentativa desse gênero nos deparamos com os limites de nossa capacidade cognitiva, pois o si-mesmo *só* conseguimos *vivenciar*. Se quiséssemos caracterizá-lo, teríamos de dizer: "É uma espécie de compensação para o conflito entre interior e exterior; é a finalidade da vida, pois é a mais completa expressão da combinação de destino que chamamos de indivíduo, e não apenas do ser humano singular, mas de todo um grupo, no qual um complementa o outro para formar uma imagem completa"[153], por meio do qual, novamente, estaria sendo dada apenas uma indicação para algo que só pode ser apreendido na vivência, mas não pode ser definido conceitualmente.

Esse nosso si-mesmo, nosso verdadeiro "ponto central" está tensionado entre dois mundos e suas forças imaginadas apenas como obscuras, mas sentidas de forma bem clara. "É-nos estranho e no entanto tão próximo, é tão perfeitamente nós próprios e no entanto desconhecido a nós, um ponto central virtual de constituição misteriosa [...] os começos de toda nossa vida psíquica parecem inextricavelmente brotar desse ponto, e todos os fins supremos e derradeiros parecem correr para lá. Um paradoxo que, no entanto, é inevitável, se quisermos assinalar algo que se encontra além da nossa capacidade de compreensão"[154]. Todavia, consegue-se transformar o si-mesmo em um novo centro gravitacional

---

152. *O eu e o inconsciente*. OC 7/2, § 405.

153. Ibid., § 404.

154. Ibid., § p. 398s.

Diagrama XIX

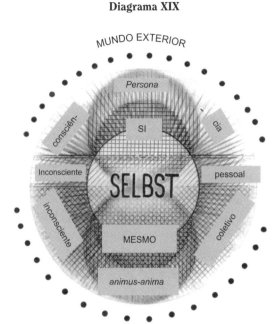

do indivíduo, surgindo daí uma personalidade que, por assim dizer, ainda sofre nos primeiros andares da construção, mas que, nos superiores, é propriamente arrebatada do acontecer de sofrimento e de alegria"[155]. A ideia do si-mesmo, que representa apenas um conceito limite, como é por exemplo a "coisa em si"[156] em Kant, já é portanto em e para si um postulado transcendente, "que até pode ser justificado psicologi-

---

155. "Comentário a *O segredo da flor de ouro*". OC 13, § 67.
156. "Símbolos oníricos". OC 12, § 247.

camente, mas não pode ser demonstrado cientificamente"[157]. Esse postulado serve, pois, para formular e ligar os processos constatados empiricamente[158]. Isso porque o si-mesmo é uma indicação do fundamento originário da psique, que não tem mais outras fundamentações. Todavia, como um fim colocado, é também um postulado ético, um fim a ser realizado – e na doutrina junguiana há que se assinalar precisamente isso, a saber, que exige e leva a decisões éticas. Mas o si-mesmo é igualmente uma categoria psíquica, e como tal é vivenciável, e, se buscamos expressá-lo numa linguagem não psicológica, podemos chamá-lo também de o "fogo central", nossa participação individual em Deus, ou a "centelha" de Mestre Eckhart. É o ideal cristão originário do Reino de Deus, "que está dentro de vós". É o que há de derradeiro que pode ser experimentado na e pela psique.

O tornar-se si-mesmo

O *processo de individuação* – como foi elaborado por Jung, como método e caminho para a ampliação da personalidade – só pode ser delineado aqui em traços rápidos. Como vimos, consiste numa aproximação passo por passo dos conteúdos e funções da inteireza psíquica e no reconhecimento de sua influência sobre o eu, levando inevitavelmente ao fato de reconhecermos a nós mesmos como *somos* a partir da natureza, em contraposição àquilo que gostaríamos de ser. E provavelmente nada haja de mais difícil ao ser humano

---

157. *O eu e o inconsciente*. OC 7/2, § 405.

158. Esse é precisamente o papel que os postulados ou máximas heurísticas, que não podem ser justificados logicamente, desempenham também em outras ciências.

A psicologia de C.G. Jung

do que precisamente isso. Esse processo não é acessível à consciência sem um *conhecimento e uma técnica psicológicos específicos*, e sem uma atitude psicológica específica. Por isso, é preciso destacar que no psíquico-coletivo se trata de fenômenos e experiências reconhecidas e descritas *cientificamente* pela primeira vez por Jung, e das quais ele próprio afirma: "O termo *individuação* designa simplesmente a região dos processos de centralização, formadores da personalidade, localizados no inconsciente, ainda obscuros e precisando ser pesquisados"[159].

A inclusão e composição de todas as possibilidades presentes na psique, no tratamento, partindo da situação atual da alma e dirigindo-se para a criação de uma totalidade psíquica no ser humano, dão a Jung o direito de chamar ao seu método de *prospectivo*, em contraposição a um método retrospectivo, que considera que a descoberta de causas remotas é o fator que irá trazer a cura. Por isso, enquanto um caminho de autoconhecimento e autorregulamentação, como ativação da função ética, de modo algum está preso a enfermidade ou neurose. É bem verdade que, frequentemente, uma enfermidade serve de propulsão para trilhar esse caminho, mas com a mesma frequência vemos ali o desejo de encontrar um sentido para a vida, reedificar a fé perdida em Deus e em si mesmo; isso porque, como afirma Jung, "geralmente, mais ou menos um terço dos casos, não sofre de qualquer neurose determinável clinicamente, mas apenas na falta de sentido e de objetivo em sua vida"[160]. Mas parece que precisamente isso se tornou a forma da neurose comum de nossa época, uma época em que

---

159. *Psicologia e alquimia* (1944). OC 12, § 564.

160. "Objetivos da psicoterapia". OC 16, § 83.

todos os fundamentos dos valores ameaçam ruir, e em que a humanidade se vê tomada por uma desorientação total em matéria de espírito e alma. Frente a essa situação, o caminho da individuação, como é postulado por Jung, pode ser visto como uma primeira tentativa de fazer frente a essa desorientação do homem moderno através da ativação das forças criativas de seu inconsciente e de sua atitude consciente no todo da psique. Significa uma "libertação" das armadilhas da natureza instintiva, um *opus contra naturam*, pensado, porém, em primeira linha, para a segunda metade da vida.

Isso porque o aprofundamento e ampliação da consciência[161] através da conscientização de conteúdos que se encontram no inconsciente é uma "clarificação", um ato espiritual; "é por essa mesma razão que a maioria dos heróis míticos são marcados com atributos do sol, e o momento do nascimento de sua grande personalidade é chamado de iluminação"[162]. Com isso não se tem em mente nada além do que aquilo que pode ser visualizado de forma maravilhosa na ideia do sacramento cristão do batismo. Sobre isso Jung diz: A reivindicação do sacramento cristão do batismo significa um marco do mais alto significado no desenvolvimento psíquico da humanidade. Batismo concede uma alma *essencial*; o que faz isso não é o rito batismal singular, mágico, mas a ideia do batismo, que destaca o homem de sua identidade arcaica com o mundo, transformando-o num ser superior ao mundo. O fato de a humanidade ter escalado, conquistando a altura dessa ideia, isso é, no sentido mais profundo, o batismo e o nascimento do homem espiritual, não natural"[163].

---

161. Cf. nota 96 do cap. 1.

162. *Desenvolvimento da personalidade*. OC 17, § 318.

163. "O homem arcaico" (1931). OC 10/3, § 136.

A psicologia de C.G. Jung

Mas também Jung nada tem a acrescentar àquela consciência que ainda está protegida na fé e na simbologia do dogma; do mesmo modo que esse, também aquele que procura o caminho de retorno à igreja é fortalecido ali de todo modo. *Anima naturaliter christiana est* é uma convicção partilhada também por Jung; e precisamente no caminho para o tornar-se si-mesmo, quando "compreende o sentido daquilo que faz, o ser humano pode tornar-se um ser humano mais elevado, que torna realidade o símbolo de Cristo"[164].

O tornar-se si-mesmo, talvez até em primeira linha, é portanto, também, um caminho para a doação de sentido, para a formação de caráter, e com isso para a formação de uma concepção de mundo. Isso porque "consciência superior condiciona mundivisão. Toda consciência de fundamentos e intenções é uma mundivisão germinadora. Todo crescimento em experiência e conhecimento significa um passo à frente na evolução da mundivisão. *E, junto com a imagem que o homem pensante cria do mundo, ele próprio também se modifica.* Aquele homem, cujo Sol ainda se volve circulando a Terra, é diferente daquele outro cuja Terra se tornou o satélite do Sol"[165].

A pessoa doente ou também a pessoa meramente esvaziada de sentido, em geral, vê-se afrontada com problemas com os quais ela duela em vão. Isso porque "os maiores e mais importantes problemas, no fundo, são todos insolúveis; e precisam também ser assim, porque expressam a polaridade necessária imanente a todo sistema autorregulador. Jamais poderão ser solucionados, mas apenas superados pelo cres-

---

164. "Comentário a *O segredo da flor de ouro*". OC 13, § 81.

165. "Psicologia analítica e cosmovisão" (1931). OC 8/2, § 696.

cimento [...]. Esse superar os problemas pessoais do indivíduo pelo crescimento se nos apresentou porém como uma elevação de nível da consciência. No círculo de visão ingressou algum interesse mais elevado e mais amplo, e com essa ampliação do horizonte o problema insolúvel perdeu sua constringência. O problema não foi solucionado logicamente em si mesmo, mas apenas empalideceu frente a um novo e mais forte direcionamento de vida. Não foi reprimido nem tornado inconsciente, mas apenas apareceu numa luz diferente, e assim também se tornou diferente. Aquilo que num nível inferior deu motivos para os mais selvagens conflitos e ataques de pânico dos afetos, agora, considerado a partir do nível mais elevado da personalidade, aparece como uma tempestade de vale vista a partir de uma alta montanha. Com isso nada se retira da realidade do furor da tempestade, já não nos encontramos nela, porém, mas acima dela"[166].

O símbolo unificador

A figuração arquetípica desse acontecimento, dessa transcondução dos contrários num algo terceiro – a *coincidentia oppositorum* –, numa síntese superior[167], expressa o assim chamado *símbolo unificador*[168] ao representar o sistema parcial da psique *unificado com o* si-mesmo num nível mais elevado e *de ordem superior*. Todos os símbolos e configurações

---

166. "Comentário a *O segredo da flor de ouro*". OC 13, § 17, 18.

167. Propriamente falando, todos os símbolos apresentam uma *coincidentia oppositorum*. No entanto, isso se expressa de modo o mais característico nos assim chamados "símbolos unificadores".

168. No cap. V de *Tipos psicológicos* Jung apresenta uma descrição detalhada dos diversos aspectos desse símbolo. OC 6, § 318-374.

A psicologia de C.G. Jung   231

arquetípicas do processo são portadores da *função transcen-dente*[169], ou seja, função de unificação dos diversos pares de contrapostos da psique numa síntese bem-sucedida. O "símbolo de unificação" surge quando a psique interna, no curso do desenvolvimento psíquico, "é experimentada de forma tão real, tão efetiva e do ponto de vista psicológico tão verdadeira quanto o mundo da realidade exterior"[170]. Com o surgimento desse símbolo, que pode aparecer nas mais diversas formas, produz-se o equilíbrio entre o eu e o inconsciente. Esse tipo de símbolos, que representam a imagem originária da totali-dade psíquica, apresenta sempre uma forma de manifestação mais ou menos abstrata, porque uma ordem simétrica das partes e sua relação para com um ponto central nelas funcio-na como regulabilidade, perfazendo sua essência. O Oriente conhece essas configurações simbólicas desde há muito tem-po; por exemplo, as que são chamadas de *mandalas*, o que pode ser melhor traduzido como "círculo mágico". Mas, com isso, de modo algum se está afirmando que a simbologia do si-mesmo possua sempre a forma de mandala. Dependendo da situação da consciência e do estágio de desenvolvimento psí-quico de uma pessoa, tudo que é criado, pequeno ou grande, baixo ou elevado, abstrato ou concreto pode se transformar num símbolo do si-mesmo, pode se transformar nesse "centro atuante". Todavia, se tivermos de apresentar uma visão sim-

---

169. "[...] sendo que, por 'função', não compreendo uma função básica, mas uma função complexa, composta de outras funções, e com 'transcendente' não quero designar uma qualidade metafísica, mas o fato de que, através dessa função, cria-se uma transição de uma atitude para outra", afirma Jung (*Tipos psicológicos*. OC 6, § 833). Jung fornece uma definição e descrição detalhadas desse conceito em seu artigo "A função transcendente" (1916). OC 8/2, § 131-193.

170. WOLFF, T. *Studien*, p. 134.

bólica e sintética conjuntural da psique, então as mandalas são suas representantes mais eloquentes e mais apropriadas.

Símbolos de mandala

Os símbolos de mandala pertencem aos símbolos religiosos mais antigos da humanidade, e já podem ser encontrados na época do paleolítico; podem ser encontrados em todos os povos e em todas as culturas; até como desenhos de arenito como nos povos indianos. Talvez as mandalas mais impressionantes e mais perfeitas do ponto de vista da arte pertençam ao Oriente, sobretudo ao budismo tibetano. Na ioga tântrica são escolhidas imagens de mandala como instrumento de contemplação. Têm grande importância em seu uso no culto, contendo em seu centro, via de regra, uma figura de supremo valor religioso: o próprio Schiva ou Buda"[171]. Há também inúmeras mandalas provindas da Idade Média, onde encontramos a figura do Cristo no centro do círculo, com os quatro evangelistas ou seus símbolos nos quatro pontos cardeais[172]. A grande valorização dos símbolos de mandala nos diversos círculos culturais corresponde perfeitamente ao significado central dos símbolos de mandala individuais, aos quais é própria a mesma qualidade, por assim dizer, de na-

---

171. *Psicologia e alquimia*. OC 12, § 125.

172. Apontamos aqui as mandalas extremamente belas do místico Jacob Böhme (1573-1624) em seu livro *Theosophische Werke* (Amsterdam, 1682). Mostra-se ali o mundo pecador da criação, rodeado pela serpente da eternidade, o uróboro, assinalado pelos quatro elementos e os pecados a eles subordinados; todo o círculo está referido ao centro, ao olho de Deus que chora, portanto, àquele ponto em que pode acontecer a redenção através de misericórdia e amor – a mediação simbolizada pelo espírito Santo rumo ao reino sem pecado, o paraíso.

A psicologia de C.G. Jung

tureza "metafísica"[173]. Jung estudou esses símbolos por quatorze anos seguidos, antes de ousar uma interpretação dos mesmos. Hoje em dia, porém, pertence ao mais importante âmbito da experiência psicológica, aberta e transmitida àqueles que trabalham sob sua orientação.

A simbologia característica das mandalas mostra em toda parte a mesma regularidade, que se manifesta num típico arranjo e numa típica simetria dos elementos da imagem. Todas estão preponderantemente referidas a um centro e encontram-se dispostas num círculo ou num polígono (usualmente quadrado), por meio do qual deve ser visualizada a "inteireza". Muitas delas têm forma de flor, de cruz ou de roda, com uma tendência clara para o número quatro. Como mostram os paralelos históricos, não se trata de curiosidades, mas, podemos dizer, regularidades"[174]. A figura 8[175] mostra um arranjo semelhante: no centro está retratada a figura principal, rodeada por um lótus estilizado em oito folhas; a base onde está postado o círculo consiste de triângulos em quatro diversas cores, que desembocam em quatro portais, representando os pontos cardeais, e se complementam num grande quadrado, que por sua vez é abarcado por um círculo, o círculo do "rio da vida". Sob esse grande círculo, que contém ainda inúmeras formas simbólicas, vem representado o submundo com todos os seus demônios, e acima do círculo a fileira de tronos dos deuses celestes.

---

173. *Psicologia e alquimia*. OC 12, § 126.

174. Ibid., § 331.

175. A figura 8 (cf. figuras às p. 163s.) representa uma mandala finamente pintada com suaves cores num pergaminho do budismo tântrico, provinda do começo do século XVIII e que se encontra na posse privada da família Jung.

A figura 9 é uma mandala do século XVIII[176] e mostra igualmente uma estrutura parecida: o salvador como figura central em meio a uma dupla flor octifolhada, contornada por uma auréola de fogo e dividida em quatro partes por uma cruz deitada, cujas hastes inferiores queimam no fogo do mundo dos instintos, e as hastes superiores são banhadas pelas lágrimas do orvalho celeste. As figuras 11, 12, 13, 14, 18 e 19 são mandalas feitas por pacientes de Jung a partir de uma "vivência interior". São produtos espontâneos, surgidos sem qualquer modelo ou influência externa. Também aqui trata-se de temas iguais, processados num arranjo semelhante. O círculo, o centro, o número quatro, a distribuição simétrica dos temas e cores expressam a mesma regularidade psíquica[177]. A meta continua sendo sempre reunir uma multiplicidade de cor e forma numa unidade orgânica balanceada, num todo conjuntural.

A figura 11, por exemplo, representa a "cauda de pavão", que se move na forma de um círculo, com seu jogo de cores e seus diversos olhos, que visualizam os aspectos e propriedades da psique em constante mutação e movimento, e que

---

176. Mandala colorida tirada do livro *Die geheimen Figuren der Rosenkreuzer* (Altona: Eckhardt-Verlag, 1785), p. 10.

177. Essas formas ao modo de mandala podem até surgir no arranjo das formas de um sonho. No começo do processo de individuação costuma aparecer no sonho, por exemplo, a primeira visão do "si-mesmo" muitas vezes na forma de três pessoas, sentadas à mesa redonda junto com quem sonha, sendo que a cada vez duas são caracterizadas como masculinas ou femininas; ou também na forma de quatro figuras femininas, referidas à pessoa, que figuram como um centro para o sonhador do sexo masculino. Nesse segundo caso, o si-mesmo está como que ainda "vestido", envolto pela inteireza da *anima* de quatro aspectos (ou seja, da imagem da alma), que estabelece a intermediação entre a consciência e o inconsciente. É só quando o confronto e embate com ela chega a uma relativa conclusão que a imagem do si-mesmo poderá se revelar à visão direta, portanto, p. ex., como um "símbolo unificador" correspondente.

A psicologia de C.G. Jung

tem como ponto decisivo no centro, no olho central. Ao redor da cauda se estende um círculo de línguas flamejantes que se projetam para frente que abarcam o acontecer misteriosamente simbolizado do tornar-se si mesmo, como que protegendo-o com "emoções ardentes", e condensando-o frente ao mundo exterior[178]. A figura 12 apresenta o "deus Sol com quatro braços", como símbolo do aspecto dinâmico do si-mesmo. Braços e raios têm caráter "masculino, a lua crescente tem caráter "feminino", as estrelas quintavadas visualizam o que no ser humano ainda é imperfeito, o natural; todas elas estão referidas ao sol, rodeado pela "torrente da vida", como símbolo do si-mesmo. A figura 13, ao contrário, é tida como formal e abstrata, todavia procura igualmente organizar a relação de uma multiplicidade de linhas e formas claramente articuladas com um centro. A figura 14 representa o olho de Deus, acentua e destaca as quatro direções cardeais com sua auréola que abarca o mundo. Também a figura 18 mostra uma multiplicidade de formas e cores diversas (azul, vermelho, verde, amarelo representam as quatro funções da consciência) num arranjo cambiável em torno do cálice de flores quadrifolhado do centro. Os botões envoltos em sua cobertura verde, como que ainda despertando em broto, apontam para o centro como si-mesmo em devir. Estão em contraposição para com a periferia, onde os frutos balançando presos ao cálice resplandecem como produções maduras e os pássaros prontos para o voo resplendem em seu desenvolvimento pleno, tendo já percorri-

---

178. Nessa mandala encontramos, tanto no arranjo quanto nos temas empregados e em toda disposição dinamicamente móvel, uma semelhança notável com a figura 10 (à p. 172), com uma mandala das visões de Jacob Boehme, muito embora fosse totalmente desconhecida ao analisando, que "pintou a imagem a partir do inconsciente".

do o caminho do desenvolvimento psicológico. Por fim, a figura 19 torna visível a visão do "rosto da eternidade", rodeada pela serpente do tempo, o uróboros, e o zodíaco.

Todavia, seria um erro querer compreender todas essas mandalas como "figuras" da individuação já realizada, isto é, da unificação bem-sucedida dos pares de contrários da psique. Trata-se, na maioria dos casos, de projetos prévios, mais ou menos aproximados e estágios prévios alcançados de uma plenificação e inteireza definitiva, que em vista de nossa humanidade limitada sempre serão apenas relativas, uma ideia do fim que se constitui em nossa sorte e nossa tarefa primordial buscar de forma inabalável. No fundo, as mandalas podem surgir durante todo o processo de individuação, e seria falacioso deduzir de sua manifestação, por exemplo, um estágio de desenvolvimento bastante elevado do respectivo indivíduo. No sentido da autorregulação psíquica elas surgirão sempre que uma "desordem" no âmbito do campo da consciência as convoca para atuarem como fator de compensação. As mandalas, com sua estrutura matemática, são como que figurações da "ordem originária da integralidade da psique" e são convocadas para transformar caos em cosmos. Isso porque essas configurações não apenas expressam ordem, mas também efetivam-na. O contemplar meditativo das imagens iantras em forma de mandalas, como é costume no Oriente, tem precisamente como meta estabelecer uma ordem intrapsíquica na pessoa que medita, e é empregado também nesse sentido. É claro que as mandalas individuais dos analisandos jamais alcançarão aquele grau de perfeição, a elaboração detalhada e a "harmonia firmada na tradição" que possuem as mandalas do Oriente, que já não mais são produtos espontâneos da alma, mas são geradas pela habilidade artística. Foram men-

A psicologia de C.G. Jung

cionadas aqui como paralelos para mostrar que repousam no mesmo pressuposto psíquico, demonstrando assim, numa concordância maravilhosa, a mesma normatividade[179]. Todas elas são figurações daquele "caminho mediador", chamado no Oriente de "TAO", e que para o homem ocidental se transforma em tarefa de encontrar a unificação dos contrários da realidade interior e exterior, de configurar conscientemente sua personalidade no saber a respeito dos poderes da natureza originária e no sentido de uma totalidade estrutural.

Embora as pessoas, em geral, quase nada consigam dizer sobre o sentido das mandalas que desenharam, sentem-se fascinadas por elas e, em relação a seu estado anímico, acham-nas impressionantes e efetivas. "Na mandala está escondida uma atuação mágica antiquíssima, pois provém originariamente de "círculo mágico protetor", do "círculo de encantamento", cuja mágica se conservou em inúmeros costumes populares. A imagem tem como meta expressa traçar um sulco mágico ao redor do centro, da região sagrada da personalidade interior, para impedir o "escapamento do fluxo" ou evitar apotropaicamente dispersão através do exterior[180]. Por isso, no Oriente coloca-se no centro da mandala a "flor de ouro" – empregada frequentemente também por pacientes ocidentais com o mesmo significado – chamado também de "seio celeste", o "reino da suprema alegria", o "país sem limites", o "altar onde se produz consciência e vida". O curso circular, simbolizado pela forma circular das imagens, não é um mero movimento circular. Mas tem, por um lado, o significado de uma separação da

---

179. Mais detalhes sobre isso em "Comentário a *O segredo da flor de ouro*". OC 13, § 1-84, e em "Considerações em torno da psicologia da meditação oriental" (1943). OC 11/5, § 945ss.

180. "Comentário a *O segredo da flor de ouro*". OC 13, § 36.

região sagrada, e, por outro, significa a fixação e concentração no centro; a roda solar começa a correr, ou seja, o sol é vivificado e começa a aviar-se. Com outras palavras: O Tao começa a atuar e tomar a direção[181]. É difícil dizer numa palavra o que significa *Tao*. R. Wilhelm traduz essa palavra por "sentido"; outros, por "caminho"; e outros até por "Deus". Quando concebemos Tao como método ou como caminho consciente de unificação do que está separado, isso provavelmente busca se aproximar ao conteúdo psicológico do conceito"[182].

Infelizmente, nosso espírito ocidental, em virtude de falta de cultura nesse sentido, ainda não encontrou qualquer conceito para a "unificação dos contrários num caminho mediador, essa peça principal e fundamental da experiência interna, quanto menos um nome que pudesse servir de paralelo descente ao Tao chinês[183]. "Psicologicamente, no sentido da doutrina junguiana, a melhor forma de caracterizar esse curso circular poderia ser mais ou menos com um "circular num círculo ao redor de si mesmo", onde todos os lados da personalidade são afetados e padecem juntamente. O movimento circular, que pode ser colocado paralelamente ao processo de individuação experimentado conscientemente, jamais é "gerado", mas vivenciado passivamente. Isso significa: Deixa-se acontecer psiquicamente. "Segundo isso, o movimento circular possui também o significado moral de vivificação de todas as formas claras e obscuras da natureza humana, e com isso de todos os contrapostos psicológicos, como quer que sejam. Isso significa autoconhecimento através de autoincubação. Uma representação originária semelhante de ser perfeito é

---

181. Ibid., § 38.

182. Ibid., § 30.

183. *O eu e o inconsciente*. OC 7/2, § 327.

A psicologia de C.G. Jung

também o homem platônico redondo por todos os lados, no qual estão unificados todos os contrapostos, também o sexual"[184]. Essa unidade, essa ligação dos dois sexos numa inteireza é visualizada nas imagens correspondentes através da *conjunctio* entre duas essencialidades de sexo oposto[185] (figuras

---

184. "Comentário a *O segredo da flor de ouro*". OC 13, § 38.

185. A figura 15 (cf. figuras às p. 163s.) apresenta um desenho de uma paciente, tentando dar expressão a uma *conjunction* que malogrou. Varão e mulher crescem juntos a partir de baixo, em sua esfera dos instintos, fundindo-se numa serpente d'água. Ao contrário disso, em seu mundo consciente, ou seja, acima da água, voltam as costas para o âmbito inconsciente. Vestem o sol, símbolo da consciência iluminadora, como um peso grave e não conseguem empregá-lo para sua iluminação. A figura 16 é uma "imagem do inconsciente" que procura expressar a função da relação para com o outro sexo em forma simbólica. Mostra a *conjunctio* como uma união verdadeira e criativa. As partes inconscientes animais do varão e da mulher são soldadas inseparavelmente uma na outra, como seria o caso de dependência sexual, mas se ligam através do símbolo da "serpente da cura", que os ajuda a sobre-elevar a pedra preciosa, o símbolo do si-mesmo, sem a qual sua comunhão correta, representada como árvore da vida ramificada, jamais poderia florescer, brotando deles. A figura 17 (tirada de uma obra alquímica *Rosarium Philosophorum*, Secunda pars Alchemiae de Lapide Philosophico, Francofurti 1550 – de posse do Dr. C.A. Meier, Zurique) mostra como paralelo a concepção alquimista de um estágio da *conjunctio*. "Rei" e "rainha" ou sol e lua, o par de irmãs, como imagem simbólica dos contrários originários "masculino-feminino" no âmbito psíquico. O "casamento" é pensado, aqui, em primeira linha, como espiritual, o que não vem expresso apenas nas palavras da primeira faixa central com o dito *spiritus est qui unificat*, mas também através da pomba, enquanto símbolo do espírito e (segundo testemunhos antigos) também símbolo do *amor conjugalis*. Aqui os contrários originários estão um frente ao outro, nus, sem qualquer envoltório convencional, em sua realidade autêntica, em sua essencialidade. Seu ser-outro fica claramente manifesto, desvela-se como "essencial", e só consegue alcançar uma união fecunda através da mediação do símbolo espiritual, que ali intermedeia provindo de "cima", a saber, a pomba, enquanto "unificadora". Os ramos mantidos e que se tocam em forma de cruz, as *flores mercurii*, e a flor pendente no bico da pomba e que os unifica, como símbolo do processo de crescimento, tornam visível de forma bastante pictórica o criar comum na obra viva da *conjunctio* (cf. tb. p. 213).

15, 16 e 17), por exemplo, através de Shiva e Shakti ou sol e lua ou por meio da figura hermafrodita. Pode acontecer de modo falso ou correto.

"A vontade consciente não consegue alcançar essa unidade simbólica, pois nesse caso a consciência é um partido contendente da mesma. O adversário é o inconsciente coletivo, que não compreende a linguagem da consciência. Por isso necessita do símbolo com atuação mágica, que contém aquele analogismo primitivo que fala ao inconsciente em sua linguagem mais própria [...] e cujo fim é unificar a unicidade da consciência do presente com o passado primordial da vida"[186]. O brotar desses símbolos da mandala a partir da profundeza da alma é um fenômeno que acontece sempre de forma espontânea; vem e parte a partir de seu próprio impulso e iniciativa. Seu efeito, porém, pode ser estupendo na medida em que pode levar à solução de diversas complicações psíquicas e a uma libertação da personalidade interior de emaranhados e imbróglios emocionais e de pensamento, através do que acaba sendo gerada uma unidade da essência que pode ser chamada com razão de um renascimento do ser humano no nível transcendental.

"O que hoje podemos expor sobre o símbolo-mandala é que representa um fato ou uma realidade psíquica autônoma, marcada por uma fenomenologia que se repete e pode ser encontrada por toda parte. Parece ser uma espécie de *átomo nuclear*, de cuja estrutura interior e significado último ainda nada sabemos"[187].

---

186. "Comentário a *O segredo da flor de ouro*". OC 13, § 44, 45.

187. *Psicologia e alquimia*. OC 12, § 249.

A psicologia de C.G. Jung 241

Paralelos ao processo de individuação

Não são apenas as mandalas dos diversos círculos culturais, enquanto expressão de uma estrutura psíquica comum,
que mostram impressionantes semelhanças fenomenológicas
e de conteúdo. Todo o processo de individuação apresenta
um processo de desenvolvimento interior que possui diversos
paralelos na história da humanidade. O processo de mudança da psique, como foi descortinado pela psicologia analítica
junguiana ao homem ocidental, representa, no fundo, uma
"analogia *natural* dos processos de iniciação religiosos, reali-
zados artificialmente"[188], em todos os tempos. Apenas que esses trabalham com prescrições e símbolos ligados à tradição,
e aquela trabalha com uma produção simbólica natural, busca
portanto alcançar seu fim através de uma manifestação psíquica *espontânea*. Os diversos métodos de iniciação religiosa
dos primitivos servem de exemplo disso, tanto quanto as formas de ioga budistas e tântricas ou os exercícios de Inácio de
Loyola. É claro que todos esses intentos são marcados respectivamente com o selo da época e das pessoas a quem pertenceram. Cada um deles foi condicionado por outros pressupostos da história do espírito, e têm sua importância assim para
a atualidade apenas como analogia histórica e estrutural. São
tentativas que não podem ser transpostas de forma direta
para o homem moderno e que só podem ser comparadas com
a concepção junguiana de individuação em seus traços básicos. Mas a maioria delas se distingue de seu método no fato
de trazerem elas próprias o caráter de ações religiosas ou
que deveriam levar a uma determinada mundividência, nelas

---

188. Comentário psicológico a Bardo Thödol (*O livro tibetano dos mortos*).
OC 11/5, § 854.

representada, e não como o processo de individuação junguiano que concebia o trabalho na psique como uma "preparação do caminho" para uma inserção religioso-ético-espiritual, que deve ser *consequência e não conteúdo* da preparação do caminho, e cujo resultado *tem de ser escolhido consciente e livremente* pelo indivíduo *e por ele desempenhado*.

Em suas pesquisas a esse respeito, Jung encontrou um paralelo especialmente fecundo no âmbito da filosofia hermética da Idade Média ou na *Alquimia*[189]. Por mais diversos que sejam os caminhos que seguem a alquimia e o processo de individuação, em virtude de sua postura espiritual e o condicionamento de sua época e seu mundo circunstante, ambos são tentativas de levar o ser humano a tornar-se si-mesmo. A mesma "função transcendente", como é designado por Jung o processo de formação de símbolos, essa capacidade admirável de transformação dos conteúdos da psique, "é também o objeto predileto da filosofia da Idade Média, como vem expresso pela conhecida simbologia alquímica"[190]. Seria, portanto, totalmente equivocado querer reduzir a corrente espiritual da alquimia a retortas e fornos de fundição. Jung designou-a inclusive como um "pré-estágio gerador da mais moderna psicologia". É claro que essa filosofia, "com suas inevitáveis concretizações de um espírito ainda tosco e não desenvolvido, não alcançara penetrar uma formulação psicológica. Todavia, também seu 'segredo' não era outro que o acontecimento da individuação, o fato da transformação da personalidade através da mistura

---

189. Uma rica exposição dessa região, com rico cabedal de imagens extraídas de escritos alquímicos antigos, que apresentam uma quantidade surpreendente de analogias com a simbologia das imagens das visões e sonhos, pode ser encontrada no livro de Jung *Psicologia e alquimia*. OC 12.

190. *O eu e o inconsciente*. OC 7/2, § p. 360.

A psicologia de C.G. Jung 243

e ligação de componentes nobres e vis, da função diferenciada e inferior, do consciente e do inconsciente"[191]. Isso porque é muito provável que na alquimia não estejam em questão experimentos químicos, mas algo como "processos psíquicos, expressos em linguagem pseudopsíquica. E o ouro buscado não era o usual *aurum vulgi*, mas, ao contrário, o ouro filosófico, ou até a pedra maravilhosa, a *lapis invisibilitatis*[192], o *alexipharmaca*, a "tintura vermelha", o "elixir da vida".

O número das designações desse "ouro" é infinito. Muitas vezes era representado também como um ser místico, constituído de corpo, alma e espírito e como alado e hermafrodita, outra imagem para o mesmo símbolo para indicar o que o Oriente designa como "corpo diamantino" ou "flor de ouro". "Em paralelo com a vida coletiva do espírito daqueles séculos temos sobremodo a imagem do espírito preso nas trevas, ou seja, a falta de remissão de um estado de relativa inconsciência, sentido como miserável, reconhecido no espelho da matéria e por isso também tratado na matéria"[193]. Assim, do caos do estado inconsciente, representado pela desordem da "massa confusa", jazendo enquanto matéria originária como fundamento do processo alquímico, gera-se o *corpus subtile*, "o corpo ressuscitado", o "ouro", através de partição e destilação etc. e por meio de ligas sempre novas.

Segundo pensavam os alquimistas, esse ouro não pode ser confeccionado sem a intervenção da graça divina, pois é o próprio Deus que ali se manifesta. Na gnose o homem-luz é uma centelha da luz eterna, caído nas trevas da matéria e

---

191. Ibid., § 360, 361.

192. *Psicologia e alquimia*. OC 12, § 343.

193. Ibid., § 557.

donde tem de ser redimido. Ao resultado do processo, portanto, pode-se atribuir o significado de um "símbolo unificador", e esse possui quase sempre um caráter numinoso. Com Jung poderíamos dizer: "A *opus* cristã era um *operari* dos que necessitavam de remissão em honra do Deus redentor, mas a *opus* alquímica era o esforço do homem redentor em prol da alma do mundo divina que jaz adormecida na matéria esperando pela remissão"[194]. Só assim, também, é possível compreender que aos alquimistas se fazia possível vivenciar o processo de transformação de sua própria psique na matéria alquímica. Só quando se encontra essa chave que se torna possível abrir o sentido profundo daqueles textos e processos místicos, sentido muitas vezes não só como misterioso, mas também em muitos aspectos como incompreensível, quem sabe até velado propositalmente[195].

Assim como a alquimia, as diversas formas de ioga se esforçam para promover uma "libertação" da alma, aquele estado do "estar solto e livre dos objetos", que os indianos chamam de *nirvana*, "estar livre dos objetos". Mas enquanto o alquimista representava e vivenciava simbolicamente a transformação da psique no processo químico, nos exercícios de ioga, é uma atuação direta na própria psique o que provoca a transformação através de correspondentes exercícios físicos e psíquicos conscientes. Os diversos níveis do caminho da ioga têm uma prescrição exata e exigem uma força e concentração psíquica extraordinárias. A meta final é a

---

194. Ibid.

195. Já em seus escritos mais antigos, em seu livro extraordinário *Probleme der Mystik und ihrer Symbolik* (Heller: Wien, 1914), Herbert Silberer já apontava para as analogias entre a alquimia e a psicologia profunda moderna, sobretudo a psicologia analítica junguiana.

A psicologia de C.G. Jung

"geração simbólica e nascimento de um corpo psíquico sutil (*subtile body*), que assegura a continuidade da consciência solta e livre. É o nascimento do homem pneumático"[196], de Buda como símbolo da existência eterna do espírito frente ao caráter perecível do corpo. Também aqui, a "contemplação" da "realidade" do acontecer, portanto uma visão do mundo dos pares de opostos, é a pressuposição necessária para conquistar a unidade e a inteireza. Até a ordem de sequência das representações e das etapas é análoga àquela da alquimia e ao processo de individuação, o que novamente comprova as leis fundamentais psíquicas eternamente iguais e em toda parte as mesmas.

A *opus* produzida pelo alquimista, e a *imaginatio*, que é o instrumento psíquico do homem oriental para "gerar" o Buda, repousam na mesma "imaginação ativa", que conduz também os pacientes de Jung à mesma vivência simbólica e, através dessa, à experiência do próprio "centro", o si-mesmo. Essa imaginação nada tem a ver com fantasiar no sentido usual da palavra. A imaginação é compreendida aqui real e literalmente como a *força de formar imagens interiores* (*Einbildungskraft*), correspondendo ao uso clássico da palavra, e em contraposição à *phantasia*, com a qual vem designado apenas "o ocorrer uma ideia", no sentido de um "divagar" indeterminado[197]. É uma evocação ativa de imagens internas, um desempenho verdadeiro de representações ou pensamentos, "que não faz apenas 'divagar fantasiando' vagamente, sem plano e sem chão, não joga portanto com seus objetos,

---

196. "Comentário a *O segredo da flor de ouro*". OC 13, § 69.

197. Assim, é preciso distinguir incondicionalmente entre imaginação ativa e "imaginação passiva", como a que podemos ver, p. ex., nos devaneios que se tem em vigília.

mas procura apreender os dados interiores da natureza em representações fielmente configuradas"[198]. É uma vivificação dos abismos profundos da alma para fomentar o surgimento dos símbolos, objetivando alcançar seu efeito criativo e curativo. A alquimia procura vivenciar esse processo nos materiais químicos, a ioga – e de maneira semelhante também os exercícios de Inácio de Loyola – através de exercícios prescritos, rigorosamente concatenados, e a psicologia junguiana, na medida em que conduz a pessoa a descer às profundidades de sua própria alma, reconhecendo os conteúdos dessa profundidade e integrando-os à consciência. Mas, segundo Jung, "esses processos são tão misteriosos que no geral se torna questionável se a compreensão humana se constitui num instrumental apropriado para apreendê-los e expressá-los. Não é por acaso que a alquimia designa-se como 'arte', com um verdadeiro sentimento de que se trata de processos configurativos que só podem ser apreendidos realmente na vivência, e que do ponto de vista intelectual só podem ser apontados"[199].

Esses apontamentos deveriam simplesmente mostrar que em nosso círculo de visão espiritual estão já presentes grandes intuições e preformações dos mais importantes conhecimentos psicológicos; esses, em grande parte, ainda sequer foram percebidos e de certo modo são ligados com superstição pela maioria das pessoas. Isso tudo, embora também aqui só estejam em questão aqueles fatos psíquicos fundamentais, que durante muitos séculos dificilmente se modificaram perceptivelmente, e junto aos quais essa verdade que já data de

---

198. *Psicologia e alquimia*. OC 12, § 219.

199. Ibid., § 564.

A psicologia de C.G. Jung

dois milênios continua sendo a verdade viva e atuante de hoje[200]. Ultrapassaria os quadros de referência desse nosso escrito se quiséssemos delinear com precisão o caminho desses diversos esforços que intentam ao mesmo fim. Por isso, aqui, devemos apontar sobretudo para as exposições múltiplas e detalhadas do próprio Jung[201], reiterando ao mesmo tempo sua exortação, muito bem-fundamentada, de que seria nefasto, por exemplo, querermos agora imitar a alquimia ou para um ocidental mandar que pratique exercícios de ioga. Continuaria sendo um afazer e interesse de sua vontade e consciência, e com isso nada mais faria senão aumentar sua neurose. Isso porque o europeu parte de pressupostos totalmente distintos e não pode simplesmente esquecer o saber gigantesco e os pressupostos da história do espírito da Europa, adotando por exemplo as formas de vida e de pensar do

---

200. Cf. tb. MEIER, C.A. *Antike Inkubation und Moderne Psychotherapie* (Estudos do Instituto C.G. Jung, vol. I. Zurique: Rascher, 1948).

201. Os escritos de Jung que entram em consideração aqui são sobretudo: Comentários Psicológicos a Bardo Thödol (*O livro tibetano dos mortos*) (1939). OC 11/5, § 831-858). • "Comentário a *O segredo da flor de ouro*", (1929). OC 13, § 1-84. • "O ioga e o Ocidente" (1936). OC 11/5, § 859-876. • "A visão de Zózimo" (1938). OC 13, § 85-144. • "Prefácio à obra de Suzuki: *A grande libertação – Introdução ao zen-budismo*". (1939). OC 11/5, § 877-907. • "Considerações em torno da Psicologia da meditação oriental". OC 11/5, § 908-949. • *Psicologia e alquimia* (1944). OC 12. • "Psicologia da transferência" (1946). OC 16/2, § 353-539. • *Gestaltungen des Unbewussten* (Configurações do inconsciente). Zurique: Rascher, 1950. In: OC 18/2, § 1.245-1.247. • "Prefácio a Jung. *Gestaltungen des Unbewussten*" (1950). OC 18/2, § 1245-1247. • "Psicologia e poesia" (1930). OC 15, § 133-162. • "Sobre o renascimento" (1940). OC 9/1, § 199-258. • "Estudo empírico do processo de individuação" (1934). OC 9/1, § 525-626. • "Simbolismo da mandala" (1938). OC 9/1, § 627-712. • *Aion* (1951). OC 9/2. • *Mysterium coniunctionis*. Tomo 1 (1955). OC 14/1; Tomo 2 (1956). OC 14/2. • *Um mito moderno sobre coisas vistas no céu* (1958). OC 10/4, § 589-824.

Oriente. "Também a ampliação de nossa consciência não deve ocorrer às custas de outros tipos de consciência, mas surgir a partir do desenvolvimento daqueles elementos de nossa psique, análogos às propriedades da psique estrangeira, assim como o Oriente também não pode abster-se de nossa técnica, ciência e indústria"[202]. "O Oriente chega ao conhecimento de coisas interiores através de um desconhecimento infantil do mundo"[203]. O caminho de um europeu é outro. Somos convocados a pesquisar a psique precisamente "apoiados em nosso saber histórico e na ciência da natureza, gigantesco e extenso. E mesmo que nesta época o saber exterior ainda se constitua no maior empecilho para a introspecção, a premência psíquica poderá superar tudo isso"[204].

Quem, portanto, reconhece uma realidade à alma não irá vivenciá-la, é claro, com os recursos da compreensão, mas com os mesmos recursos utilizados desde os tempos do pensamento primitivo[205]. E, assim, os caminhos procurados e encontrados para o esclarecimento do cosmos interior da alma conectam-se uns aos outros, mesmo que às vezes possa parecer que a humanidade estivesse saturada desse caminho difícil e já não mais conseguisse encontrá-lo, imersa na escuridão. Todavia, olhemos mais de perto, e iremos perceber que ali não existe nenhuma estagnação e que tudo que ocorreu até o presente era apenas "uma cadeia significativa de episódios naquele drama que se iniciou no obscuro tempo primitivo, e perpassando por todos os séculos se estende para um

---

202. "Comentário a *O segredo da flor de ouro*". OC 13, § 84.

203. Ibid., § 63.

204. Ibid.

205. Cf. *Psicologia e alquimia*. OC 12, § 564.

A psicologia de C.G. Jung

futuro longínquo. Esse drama é uma *aurora consurgens*: *a consciencialização da humanidade*"[206].

Psicologia analítica e religião

Assim, também a psicologia de Jung e a tentativa de descortinar os processos eternos de transformação da psique ao homem ocidental não passam de um "estágio no processo de desenvolvimento de uma consciência mais elevada da humanidade que se encontra a caminho de metas desconhecidas, e em si não são metafísica no sentido usual. Antes de tudo é apenas psicologia, mas enquanto tal é também passível de ser experimentada, compreendida e [...] real; uma realidade dotada de pressentimento e, por isso, viva"[207].

O fato de Jung se contentar, portanto, com o que é possível de ser experimentado psiquicamente e sua rejeição dos pontos de vista da metafísica, em sua teoria, não significa um gesto de ceticismo, tendo como ponto alto uma oposição à fé ou a confiança em poderes superiores. "Deve-se evitar rigorosamente toda e qualquer declaração sobre o transcendente, pois é sempre apenas uma presunção ridícula do espírito humano, que não tem consciência de sua delimitação. Por isso, quando se chama a Deus ou ao Tao de uma moção ou um estado da alma, espressa-se, com isso, *apenas* algo *cognoscível*, e *nada* se está dizendo sobre o desconhecido, sobre o que, em absoluto, *nada* se pode dizer"[208]. Por isso, Jung, como psicólogo, diz que "Deus é um arquétipo", e com isso tem em mente que "o tipo na alma, termo que, sabe-se provém de τύπος

---

206. Ibid., § 556.

207. "Comentário a *O segredo da flor de ouro*". OC 13, § 82.

208. Ibid.

= cunho, imprimir um caráter. A própria palavra arquétipo, portanto, pressupõe um marcar pregnante [...] a competência da psicologia, enquanto ciência da experiência, só vai até o ponto de constatar se o 'tipo' encontrado na alma, com certa razoabilidade, pode ser designado ou não, por exemplo, como 'imagem de Deus', com base em pesquisa comparativa. Mas com isso nada se disse, nem de forma positiva nem negativa, sobre uma possível existência de Deus, tampouco o arquétipo de 'herói' pressupõe a existência de tal herói [...]. Como o olho ao sol, a alma corresponde a Deus. Em todos os casos, a alma tem de ter em si, portanto, uma possibilidade de relação, uma correspondência com a essência de Deus, do contrário não poderia dar-se qualquer confluência. *Formulada psicologicamente*, essa correspondência é o arquétipo da imagem de Deus"[209]. A partir da psicologia, nada mais se pode dizer a respeito, e tampouco se deve dizer algo mais que isso.

"O ponto de vista religioso apreende o tipo como efeito da impressão de um selo, o científico, ao contrário, apreende-o como símbolo de um conteúdo desconhecido a ele e inapreensível"[210]. No espelho da psique humana *só* podemos adivinhar o absoluto precisamente na "refração" de nossa delimitação humano-criatural, e jamais poderemos conhecê-lo em sua verdadeira essência. Esse pressentir o absoluto é imanente à psique; mas sempre ela só poderá revesti-lo numa figuração experimentável e visualizável, que deverá ter forma demonstrativa eternamente apenas para o humano, mas não para o além-humano, isto é, o "totalmente outro", o divino, o que permanece para sempre negado a ela expressá-lo completamente.

---

209. *Psicologia e alquimia.* OC 12, § 11, 15.

210. Ibid., § 20.

A psicologia de C.G. Jung

A fé religiosa é um dom da graça que pessoa alguma pode impor a outro, nem sequer o psicoterapeuta. "A religião é um caminho de salvação 'revelado'. Suas intuições são produto de um saber pré-consciente, que se expressa sempre e em toda parte em símbolos. Mesmo que nossa compreensão não os apreenda, mesmo assim eles têm efeito, uma vez que nosso inconsciente os reconhece como expressão de realidades psíquicas universais. Por isso, onde existe, a fé é suficiente. Mas toda ampliação e fortalecimento da consciência racional nos distanciam das fontes dos símbolos, impedindo através de seu poder superior a compreensão dos últimos. Essa é a situação atual. Não podermos fazer a roda girar para trás e voltar a crer, ferrenhamente, 'sobre o que se sabe não ser'. Todavia, poderíamos prestar contas do que significam propriamente os símbolos. Desse modo, não só se poderia conservar tesouros inestimáveis de nossa cultura, mas acabaríamos abrindo para nós mesmos um novo acesso a velhas verdades, que, em virtude da estranheza de sua simbologia, desapareceram de nossa época [...]. Ao homem de hoje falta a compreensão que poderia ajudá-lo a crer"[211].

Jung conhece muito bem as consequências nocivas das doutrinas "impingidas", aceitas, seguindo a tradição, sem refletir. Ele sabe muito bem que só pode se desenvolver de forma viva e atuante apenas aquele que cresceu por si mesmo, jamais o que foi enxertado, a fim de não impor às pessoas que se confiam à sua orientação uma autodecisão e autorresponsabilização. Ele se nega a facilitar-lhes essa tarefa prescrevendo-lhes, por exemplo, a atitude que devem adotar. Isso por-

---

211. *Interpretação psicológica do Dogma da Trindade* (1942). OC 11/2, § 293.

que, na vivência dos conteúdos simbólicos profundos de sua alma, o crente irá deparar-se com os princípios eternos que lhe confirmam de mil maneiras diferentes a atuação de Deus em seu interior, apontando-lhe o fato de que Deus criou o homem segundo sua imagem; mas o infiel, que não quer crer ou que, apesar do desejo de ter fé, não consegue alcançá-la através de um ato da vontade ou do conhecimento, no caminho para o interior é levado pelo menos a uma vivência real, a *experimentar* as bases eternas de seu ser, e desse modo, com sua luta, talvez alcance o carisma da fé.

Quem uma vez trilhou esse caminho sabe que ele leva a vivências impossíveis de serem reportadas em palavras descritivas, e que só podem ser comparadas com os grandes arroubos enviados aos místicos e iniciados de todos os tempos. Em vez de um saber-pensado, essencialmente estranho à fé, o processo de individuação leva a um saber-experiência, cuja validade e realidade é realmente vivenciada, alcançando assim uma certeza inabalável. O fato de isso se tornar possível dentro do âmbito de uma teoria científica edificada sobre uma base rigorosamente empírica e fenomenológica, como é a teoria de Jung, significa na psicologia prática algo tão fundamentalmente novo quanto promissor.

Transformação e amadurecimento

Trilhar o "caminho do meio" é a vocação do amadurecido, pois a situação psicológica do indivíduo é diversa para cada idade. No começo da vida o ser humano deve sair de seu ser criança, ainda oculto e totalmente imerso no inconsciente coletivo, e voltar-se a uma distinção e um delineamento de seu eu. Tem de firmar pé na vida real e primeiramente superar as tarefas que essa lhe propõe: sexualidade, profissão, casamen-

A psicologia de C.G. Jung

to, descendência, ligações e relações de todo tipo. Por isso, é da maior importância que ele crie seu instrumental para esse fincar pé e adequar-se na máxima diferenciação possível de sua função natural superior. Só quando essa tarefa, aquela da primeira metade da vida, tiver sido realizada plenamente, é que a experiência e adequação ao interior deveria se juntar à adequação exterior. Quando a construção e solidificação da atitude da personalidade frente ao mundo exterior estiver plenamente realizada, então a energia poderá se voltar às realidades intrapsíquicas até o presente mais ou menos despercebidas, e só assim conduzir a vida humana a uma real plenificação. Isso porque "o ser humano tem duas metas: a primeira meta é da natureza, geração de descendência e todos os negócios relativos à proteção da "ninhada", do que faz parte também conquistar dinheiro e posição social. Quando essa meta for esgotada, começa outra fase: a meta cultural"[212]. "A meta espiritual, que aponta para além do homem meramente natural e sua existência mundana, é um requisito indispensável para a saúde da alma; pois é o ponto arquimediano a partir de onde o mundo é tirado dos eixos e um estado natural pode ser transformado num cultural"[213].

O estabelecimento da inteireza da personalidade é uma tarefa para todo o percurso da vida. Parece significar uma preparação para a morte, no sentido mais profundo da palavra. Isso porque a morte não é menos importante que o nascimento, e, como esse, pertence inseparavelmente à vida. A própria natureza, se a compreendemos corretamente, nos acolhe aqui em seus braços protetores. Quanto mais velhos

---

212. *Psicologia do inconsciente*. OC 7/1, § 114.

213. "Psicologia analítica e educação". OC 17, § 159.

nos tornamos, tanto mais vai se encobrindo o mundo exterior, que vai perdendo cor, tom e prazer, e tanto mais fortemente somos convocados e nos ocupamos com o mundo interior. O homem que vai envelhecendo se aproxima cada vez mais do estado do fluir para dentro da psique coletiva, a partir de onde ele surgiu enquanto criança, com muita dificuldade. E assim, pleno de sentido e disposto a retornar, conclui o ciclo da vida humana, começo e fim coincidem, como vem expresso simbolicamente desde tempos imemoriais na imagem do uróboros, a serpente que morde em sua cauda[214].

Se essa tarefa for levada até o fim de modo correto, a morte deverá perder seu caráter aterrador, e poderá ser inserida na inteireza da vida com sentido. Mas uma vez que muitos já não conseguem a realização daquelas exigências impostas ao ser humano pela primeira metade da vida – como demonstram os inúmeros adultos infantis –, o arredondamento da vida através do tornar-se si-mesmo é concedido só a bem poucas pessoas. E precisamente esses poucos desde sempre são os que criam cultura frente àqueles que produziram e forjaram apenas a civilização. Isso porque civilização é sempre um filho da *ratio*, do intelecto; cultura, ao contrário, surge do espírito, e espírito jamais está preso à consciência apenas, como o intelecto, mas contém, configura e domina ao mesmo tempo também todas as profundezas do inconsciente, a natureza originária. E o destino específico e individual do homem ocidental – visto que condicionamento histórico, proveniência e espírito do tempo são sempre fatores codeterminantes para a situação psicológica do ser humano – é que seu lado

---

214. Cf. figuras 10 e 19 (às p. 172 e 178), que inclui o uróboros, a "face da eternidade".

A psicologia de C.G. Jung

instintivo acabou se encolhendo no curso dos séculos por causa da superdiferenciação de seu intelecto e agora ele se sente sobrecarregado pelo desenvolvimento da técnica que ultrapassa sua capacidade psíquica de apreensão, provocando, muitas vezes, vertigem, de tal modo que perdeu quase a totalidade de sua relação natural para com o inconsciente. Tornou-se tão "inseguro em relação aos instintos", balançado de cá para lá pelo mar de ondas de seu inconsciente, que nesse meio-tempo acabou se inflando exageradamente ou – como podemos vivenciar, chocados, precisamente nos últimos acontecimentos – já inundado e tragado pelas ondas. "Na medida em que coletividades nada mais representam que amontoados de indivíduos, seus problemas também são um amontoado de problemas individuais. Uma parte se identifica com o homem superior e não pode descer até o fundo, e a outra parte se identifica com o homem inferior e quereria alcançar a superfície. Esses problemas jamais serão solucionados através da legislatura e de medidas artificiais. Só poderão ser solucionados por uma mudança geral de atitude. Essa mudança não começa com propaganda e aglomeração de massas e nem sequer com violência. Começa com modificações no indivíduo. Irá processar-se como transformação de suas tendências e aversões pessoais, de sua cosmovisão e seus valores, e é só o acúmulo dessas transformações individuais que poderá produzir uma solução coletiva"[215].

Assim, tornar-se si-mesmo não é um experimento da moda, mas a tarefa suprema que uma pessoa deve impor a si mesma. *Frente a si mesmo*, essa tarefa significa a possibilidade de ancoragem no indestrutível-imperecível, na natureza

---

215. *Psicologia e religião*. OC 11/1, § 134.

originária do psíquico-objetivo. Com isso, o indivíduo se posiciona novamente dentro da torrente eterna, onde nascimento e morte não passam de estações de passagem, e o sentido da vida não mais está postado no eu. *Frente ao tu*, essa tarefa gera nele uma tolerância e bondade, que só pode demonstrar aquele que investigou e vivenciou sua própria profundidade obscura. E, *frente ao coletivo*, seu valor especial consiste em estar em condições de contrapor-lhe aquele ser humano plenamente responsável que, a partir da experiência pessoal de sua totalidade psíquica, tem consciência da relação de dever de todo indivíduo para com o universal.

A responsabilidade é do indivíduo

Apesar de sua ligação íntima com as questões fundamentais de nossa existência, a teoria de Jung não pode ser abordada como religião nem como filosofia. É o sumário e apresentação de tudo aquilo que abrange a totalidade experimentável da psique; e assim como a biologia é a ciência do organismo físico vivo, aquele quer ser a ciência do organismo vivo da psique, sendo o instrumental e aparelhamento com que, desde sempre, o homem formou e vivenciou religiões e filosofias. Ela lhe dá a possibilidade de formar uma cosmovisão não meramente adotada, ligada à tradição e irrefletida, mas, com auxílio dessa pedra fundamental e instrumentário, pode ser trabalhada e configurada pessoalmente pelo indivíduo. Não é de se admirar que essa teoria, precisamente hoje, quando a alma coletiva ameaça significar tudo, e a alma individual, nada, possa oferecer consolo e arrimo. Também não nos pode surpreender que a tarefa que ela nos propõe, embora pertença às mais difíceis tarefas que existiram desde sempre, não convoque de modo assim tão comprometido: para superar a

A psicologia de C.G. Jung   257

contraposição entre indivíduo e coletivo numa *personalidade plena*, referida a ambos.

O salto para frente, alcançado no Ocidente pela *ratio*, nossa consciência unilateralmente diferenciada sobre nossa natureza instintiva, e que se expressa numa civilização altamente desenvolvida, numa técnica que tudo coage, e que parece ter perdido toda e qualquer relação para com a alma, só poderá ser compensada se invocarmos a ajuda dos poderes criativos do fundo de nossa alma eterna, restabelecer-lhe o direito e elevá-lo à altura da *ratio*. "Todavia, essa mudança só poderá ser iniciada no indivíduo"[216], afirma Jung; isso porque toda e qualquer coletividade, na medida em que representa também a soma de seus membros individuais, traz o selo da compleição psíquica desses indivíduos. E quando esse indivíduo transformado tiver se reconhecido como "imagem de Deus" apenas no compromisso ético profundo, então, como afirma Jung, "ele será, por um lado, um sabedor superior, por outro, um valente superior e não um super-homem arrogante"![217]

Assim, a responsabilidade e a tarefa da cultura do futuro estão postadas mais do que nunca no indivíduo.

---

216. *Psicologia e alquimia*. OC 12, § 563.

217. *O eu e o inconsciente*. OC 7/2, § 396.

Curriculum vitae resumido de C.G. Jung

Carl Gustav Jung nasceu em 26 de julho de 1875, em Kesswil (Cantão Thurgau), na Suíça, mas desde os quatro anos de idade viveu em Basel junto com seus pais, de onde provinha também sua mãe, enquanto que os antecedentes de seu pai vieram da Alemanha; da Alemanha seu avô emigrou para a Suíça, quando Alexander von Humboldt o auxiliou em 1822 a tornar-se professor de Cirurgia na Universidade de Basel. O pai de Jung era pastor e seus antecessores, tanto paternos quanto maternos, provinham igualmente de profissões intelectuais. Ele cumpriu seus estudos primário e secundário, assim como o estudo da medicina, na cidade natal de Basel, mas depois (1900), como assistente no manicômio cantonal e na clínica psiquiátrica na Universidade de Zurique, começou sua carreira de psiquiatra; mais tarde, precisamente ali, exerceu o cargo de médico-chefe durante quatro anos. Nesse meio-tempo, no ano de 1902, cursou um semestre de aulas junto a Pierre Janet na Salpetrière em Paris, aprofundando seus conhecimentos em psicopatologia teórica, e depois disso trabalhou sob a orientação de E. Bleuler, o então diretor da Clínica Burghölzli (Zurique), em inúmeras pesquisas científicas. Como resultado desses trabalhos, publicou uma série de

A psicologia de C.G. Jung

escritos importantes, dentre os quais um método de teste, introduzido por ele, o "experimento de associação" (publicado em 1904), que lhe assegurou renome internacional e fez com que recebesse muitos convites para conferências no estrangeiro e, entre outras coisas, rendeu-lhe o título de *doctor honoris causa* da Clark University (Massachusetts). Em 1905 tornou-se docente de psiquiatria na Universidade de Zurique. Em 1909 Jung renunciou ao seu posto na clínica psiquiátrica para, dali por diante, dedicar-se a sua atividade de médico psicoterapeuta, a suas pesquisas científicas e a seu trabalho de escritor. Em 1903 casou com Emma Rauschenbach, que se tornou sua colaboradora fiel e valorosa até sua morte em 1955; desse casamento nasceram um filho e quatro filhas, os quais já estão todos casados gerando inúmeros filhos e netos.

No ano de 1907 aconteceu o primeiro encontro pessoal com Sigmund Freud, e ali começou seu ingresso profundo para dentro das teorias da psicanálise, nas quais encontrou uma confirmação decisiva das pesquisas e resultados que ele realizara até então no âmbito da psicopatologia experimental. Seguiu-se uma época de trocas de pensamento e intercâmbio científico intensos e um enriquecimento mútuo, no decorrer do qual Jung se tornou o redator do *Jahrbuch für psychologische und psychopathologische Forschungen*, de Bleuler e Freud, e mais tarde (1911) tornou-se presidente da Internationale Paychoanalytische Gesellschaft, que fundou com a intenção de reunir todos os médicos e cientistas com orientação de psicologia profunda e que desenvolveu uma atividade científica viva. O livro *Wandlungen und Symbole der Libido* (Transformações e símbolos da libido), publicado em 1912, e que apresentava um debate com a teoria de Freud, já mostrava, porém, que as concepções de Jung estavam tomando um caminho diferente, divergente do de Freud, o que, mais tarde, em 1913, também acabou levando-o a uma separação definitiva de Freud e da escola psicanalítica. A partir daí Jung designou sua própria concepção como "psicologia analítica", e mais tarde, quando se tratava de qualificar a própria doutrina puramente teórica, chamou-a de "psicologia complexa". No entanto, hoje, alinhando-se com as formulações linguísticas de língua estrangeira, seus discípulos usam também na língua alemã apenas a designação de "Analytische Psychologie" (psicologia analítica). A partir de 1913 Jung renunciou também à sua atividade como docente na universidade, dedicando-se de forma cada vez mais exclusiva a suas pesquisas sobre a estrutura e a fenomenologia do inconsciente e sobre os problemas do comportamento psíquico em geral. Em sua obra sobre os *Tipos psicológicos* (1920) encontramos a primeira redação fundamental sobre o assunto. Numa sequência acelerada foram publicados seus trabalhos restantes, em parte abrindo um reino totalmente novo, sobre a natureza do inconsciente coletivo e de sua relação para com a consciência, assim como essência e formas do caminho de desenvolvimento psíquico, o "processo de individuação", que leva à elaboração e realização da "inteireza", presente como disposição natural na psique humana.

Em virtude de suas pesquisas sobre o inconsciente e de sua fenomenologia, logo Jung se viu motivado a empreender grandes viagens a fim de estudar a psicologia dos primitivos em contato direto com eles. Passou bastante tempo na África do Norte (1921), assim como junto aos povos indígenas no Arizona e Novo México, nos Estados Unidos (1924-1925), onde no ano seguinte (1926) se seguiu uma outra expedição aos habitantes das costas do sul e do oeste do Monte Elgon no Quênia (África Oriental

A psicologia de C.G. Jung

261

britânica). As analogias impressionantes entre os conteúdos do inconsciente de um europeu moderno e certas manifestações da psique primitiva e seu universo mitológico e das sagas motivaram Jung a estender e aprofundar suas pesquisas etnológicas e de psicologia da religião.

Logo começou a dedicar-se também à simbologia filosófica e religiosa do distante Oriente, encontrando ali também tesouros inestimáveis para o avanço no desenvolvimento de suas concepções. Nesse sentido, uma etapa decisiva foi marcada por seu encontro com Richard Wilhelm (morto em 1930), o então diretor do Instituto chinês em Frankfurt e tradutor e elaborador de quase todas as obras chinesas de filosofia e poesia. Como resultado desse encontro foi publicado em 1930 o trabalho conjunto de um texto do antigo taoismo *O segredo da flor de ouro*. Nos anos tardios, uma outra ligação fascinante se estabeleceu no trabalho conjunto com Heinrich Zimmer (morto em 1943), alemão estudioso de hindu, cuja última obra Jung publicou sob o título *Der Weg zum Selbst* (O caminho para o si-mesmo, 1944), e por fim a ligação com o filólogo e pesquisador de mitos, o húngaro Karl Kerényi, a cujo encontro se devem os trabalhos comuns sobre "Das Göttliche Kind" (A criança divina) e "Das Göttliche Mädchen" (A menina divina"), *Einführung in das Wesen der Mythologie* (Introdução à essência da mitologia), (Amsterdam, 1942).

Ao lado de sua extensa prática como psicoterapeuta, Jung proferiu também inúmeras conferências a convite de diversos congressos e universidades. Também atuou como professor-visitante de diversas escolas superiores, como por exemplo a Universidade de Fordham, a Universidade de Clark, a Universidade de Yale nos Estados Unidos, assim como a Universidade de Harvard, que por ocasião de seu terceiro centenário (1936) conferiu o título de doutor honorário aos mais importantes cientistas vivos então, dentre eles também a Jung. Depois disso, seguiram-se ainda outras homenagens a Jung com o título de doutor honorário; foi convidado para uma viagem à Índia pelo comitê organizador das festividades de comemoração dos 20 anos de existência da Universidade de Calcutá, onde recebeu em 1937 o título de d. de lit. da universidade indiana de Benares, da universidade maometana de Allahabad, assim como D. Sc. da Universidade de Oxford na Inglaterra, sendo nomeado como F.R.S. (Fellow of the Royal Society of Medicine).

Seus trabalhos científicos, seu interesse universal, suas inúmeras viagens e sua abertura para qualquer intercâmbio espiritual logo transformaram Jung em uma personalidade de liderança nas buscas internacionais da pesquisa no campo da psicologia profunda. Em 1930 foi-lhe conferida a presidência de honra da "Deutsche Ärtzliche Gesellschaft für Psychotherapie" (Sociedade médica alemã de psicoterapia) e em 1933, a presidência da "Internationale Allgemeine Ärztliche Gesellschaft für Psychotherapie" (Sociedade médica geral internacional de psicoterapia), e até sua demissão, que se deu em 1939, foi também editor do *Zentralblattes für Psychotherapie und ihre Grenzgebiete*. No mesmo ano (1933) retomou suas preleções acadêmicas no departamento de disciplinas livres da ETH (Eidgenössische Tecnische Hochschule), sendo nomeado como professor-titular em 1935. Desde 1935 foi presidente da "Schweizerische Gesellschaft für praktische Psychologie" (Sociedade suíça de psicologia prática) em Zurique. Por motivos de saúde, em 1942 renunciou a suas atividades junto à ETH, para, porém, no ano de 1944, apesar de estar extremamente atarefado, anuir ao convite da univer-

A psicologia de C.G. Jung

sidade de sua cidade natal, Basel, como professor ordinário nos quadros de um ordinariato de psicologia médica por ele fundado. Infelizmente, em virtude de enfermidade, um ano mais tarde teve de renunciar também a essa tarefa e pedir demissão. Desde então vive exclusivamente em função de seu trabalho científico e de escritor, renunciando inclusive à sua atividade prática como médico.

Nos últimos 20 anos apareceu uma série de publicações fundamentais científicas, em primeira linha no âmbito da alquimia em seu contexto psicológico e da psicologia da religião comparada, que receberam uma explicitação totalmente nova e uma interpretação psicológica através de Jung.

Após a Segunda Guerra Mundial, Jung voltou sua atenção cada vez mais aos fenômenos dos processos de centralização psíquicos e de sua simbologia, de onde surgiram inúmeras obras essenciais, como *Aion*, uma pesquisa em história da simbologia e os dois importantes volumes sobre *Mysterium coniunctionis*. Ele também mostrou um interesse renovado no âmbito das manifestações parapsicológicas, às quais dedicara atenção especial em sua tese de doutoramento através de pesquisas autônomas que lhe possibilitaram expor novos pontos de vista e novos princípios de explicitação.

Dentre as deferências que lhe foram concedidas por sua terra natal, devem ser mencionados o prêmio de literatura da cidade de Zurique (1932), a nomeação como membro de honra da "Scheizerische Akademie der Medizinische Wissenschaften" (Academia suíça de ciências médicas, 1943) e o título de doutor honorífico concedido a ele em 1945, por ocasião de seu 70º aniversário pela Universidade de Genf, assim como em 1955, por ocasião de seu 80º aniversário, pela da confederação da escola superior técnica de Zurique.

Durante os últimos anos de sua vida Jung dedicou um interesse sempre crescente também aos problemas do coletivo da humanidade. O escrito "Civilização e futuro", que alcançou ampla divulgação, apresenta um testemunho convincente disso. Mesmo já estando bastante adiantado o entardecer de sua vida, ainda encontrou tempo para compor, junto com sua fiel colaboradora e discípula, a Senhora Aniela Jaffé, sua biografia profunda no livro *Erinnerungen, Träume, Gedanken* (Memórias, sonhos, reflexões). No dia 6 de junho ele morreu, depois de uma longa vida plena, em consequência de breve enfermidade.

Com seu trabalho pioneiro, prestado em sua obra, que abarca mais que 120 escritos maiores e menores, ele não só deu um impulso totalmente novo à psicologia do inconsciente, mas também tocou e fecundou inúmeros outros âmbitos.

As obras de Jung foram traduzidas em todas as línguas europeias e também em algumas línguas extraeuropeias, e despertam interesse crescente também dentro das ciências que, em princípio, parecem estar afastadas da psicologia. A edição completa de suas obras em língua inglesa, publicada simultaneamente na Inglaterra e nos Estados Unidos, é composta de 18 volumes, como na edição completa alemã.

Referências

Obras de C.G. Jung

Obra Completa (OC). Volumes de 1 a 20, traduzida e publicada no Brasil pela Editora Vozes. Petrópolis.

OC 1: *Estudos psiquiátricos*
OC 2: *Estudos experimentais*
OC 3: *Psicogênese das doenças mentais*
OC 4: *Freud e a psicanálise*
OC 5: *Símbolos da transformação*
OC 6: *Tipos psicológicos*
OC 7: Dois escritos sobre psicologia analítica
OC 7/1: *Psicologia do inconsciente*
OC 7/2: *O eu e o inconsciente*
OC 8: A dinâmica do inconsciente
OC 8/1: *A energia psíquica*
OC 8/2: *A natureza da psique*
OC 8/3: *Sincronicidade*
OC 9/1: *Os arquétipos e o inconsciente coletivo*
OC 9/2: *Aion – Estudo sobre o simbolismo do si-mesmo*
OC 10: Civilização em mudança
OC 10/1: *Presente e futuro*

OC 10/2: *Aspectos do drama contemporâneo*

OC 10/3: *Civilização em transição*

OC 10/4: *Um mito moderno sobre coisas vistas no céu*

OC 11: Psicologia e religião ocidental e oriental

OC 11/1: *Psicologia e religião*

OC 11/2: *Interpretação psicológica do Dogma da Trindade*

OC 11/3: *O símbolo da transformação na missa*

OC 11/4: *Resposta a Jó*

OC 11/5: *Psicologia e religião oriental*

OC 11/6: *Escritos diversos* (Vols. 10 e 11).

OC 12: *Psicologia e alquimia*

OC 13: *Estudos alquímicos*

OC 14/1: *Mysterium coniunctionis – Os componentes da coniunctio, Paradoxa, Personificação dos opostos*

OC 14/2: *Mysterium coniunctionis – Rex e Regina, Adão e Eva, A conjunção*

OC 14/3: *Mysterium coniunctionis – Epílogo, Aurora consurgens*

OC 15 *O espírito na arte e na ciência*

OC 16: Psicoterapia

OC 16/1: *A prática da psicoterapia*

OC 16/2: *Ab-reação, análise dos sonhos e transferência*

OC 17: *Desenvolvimento da personalidade*

OC 18/1: *A vida simbólica*. Vol. 1.

OC 18/2: *A vida simbólica*. Vol. 2.

OC 20: *Índices gerais*

Índice de figuras

Figura 1 Representação simbólica da psique, 163

Figura 2 A serpente da paixão, 164

Figura 3 A figura auxiliar da sombra, 165

Figura 4 O *animus* como águia, 166

Figura 5 O velho sábio, 167

Figura 6 A grande mãe, 168

Figura 7 A inteireza da psique, 169

Figura 8 Mandala budista, 170

Figura 9 Mandala da Rosa Cruz do século XVIII, 171

Figura 10 Mandala cristã de Jakob Böhme, 172

Figura 11 O rabo do pavão, 173

Figura 12 O filho do sol de quatro braços, 173

Figura 13 Mandala da coletânea de Jung, 174

Figura 14 O olho de Deus, 174

Figura 15 A *coniunctio* errada, 175

Figura 16 A *coniunctio* correta, 176

Figura 17 As núpcias, 177

Figura 18 O nascimento, 178

Figura 19 A face da eternidade, 178

Índice onomástico

Abel 195
Adão 199
Adler, A. 101, 109, 161, 181
Afrodite 215
Agostinho 70
Andrômeda 202
Antineia 202

Barba-azul, 202
Bash, K.W. 82
Baynes, H.G. 66
Beatriz 202, 211
Beethoven, L. 48
Benoit, P. 202
Bergson, H. 73
Bleuler, E. 69, 258
Boehme, J. 235
Bohr, N. 106
Buda 233, 245
Burckhardt, J. 69

Caim 195
Castor 195
Chamisso, A. 192
Cristo 155, 229, 232

Dante 194
Dessoir, M. 58
Dionísio 202
Dionísio Areopagita 70

Eckehard 226
Eddington, A.S. 104
Enkidu 195
Eva 199

Fausto 192, 194, 205, 214
Fordham, M. 22
Freud, S. 18, 20, 24, 56, 58, 66, 81, 87, 93, 96, 101, 109,
    111s., 114, 128s., 133, 140, 145, 155, 161, 179, 181,
    259s.

Gilgamesh 195
Goethe, J.W. 205, 214

Hagen 194
Haggard, Sir H.R. 202
Harding, E. 72
Hartmann, M. 104
Helena 214
Héracles 81
Heráclito 90
Hesse, H. 192
Hofmannsthal, H. 192
Humboldt, A. 258
Huxley, A. 192

Inácio de Loyola 241, 246

A psicologia de C.G. Jung

Jaffé, A. 264
Jacobi, J. 53, 65, 109, 151, 210
Janet, P. 66, 258
Jeans, J. 104
Jung, C.G. 15-18, 22, 24, 34, 38, 46-51, 58, 62-65, 68-76, 83,
    87-89, 96, 99-117, 120, 124-137, 140, 144-146, 149-151,
    156s., 161s., 179-184, 190-193, 199, 207, 219-221, 226-
    229, 233, 238-242, 245-251, 256-258
Jung, E. 259

Kant, I. 36, 225
Kerényi, K. 83, 261
Kierkegaard, S. 105
Killian, J. 75
Knoll, M. 106
Kranefeldt, W. 109
Kundry 201

Lévy-Brühl, L. 41
Loki 194
Louis, J. 202
Lua 240

Mefistófeles 194
Meier, C.A. 106, 239
Mozart, W.A. 48

Neumann, E. 22
Nietzsche, F. 76, 217

Osíris 81

Pascal, Bl. 105
Piaget, J. 22
Planck, M. 104

Platão 73, 155
Pollux 195
Prometeu 81

Schiva 232
Schopenhauer, A. 36, 54
Siegfried 202
Shakti 240
Silberer, H. 244
Sol 235
Steinach, E. 40
Suzuki 247

Uexküll, J.J. 104

Valentino R. 202
Verworn, M. 135
Virgílio 194

Wagner (Fâmulus) 194
Whitehead, A.N. 107
Wilde, O. 192
Wilhelm, R. 238, 261
Wolff, T. 30s., 40, 64, 95

Xântipa 211

Zaratustra 217
Zeus 73
Zimmer, H. 261

Índice analítico

Abaissement du niveau mental 66, 85
acausal, acausalidade 84, 106
adequação
 ao mundo exterior (realidade) 22, 27, 29-31, 37-44, 52-55, 63, 94s., 183, 190, 213, 253
 diminuição de 16
 forma de 39, 53
 função de 30
adolescência 42
afeto 41, 59, 88, 212, 230
água 80, 203
águia 202s.
alegoria 155, 179
alma 19, 78, 91, 96, 146, 160, 205, 212, 223, 227, 236, 244, 247-252, 257
 atividade da 67
 energética da 93
 estrutura da 77
 subjetiva 72
 supraindividual 180
alquimia 203, 242-246, 263
alter-ego 195
alucinação 59
amarelo 158, 235

amazona 201, 210

amor 26, 41, 212, 215

amplificação 125, 137-140, 145, 161
  objetiva 144
  subjetiva 143

amuleto 160

analisando 112, 161, 189, 197

análise 18, 35, 40, 42, 109-112, 114, 123, 125, 129-131, 142, 152, 160-162, 181, 188, 198, 208, 222s.

analista 112s., 136

anamnese 114

anima 199-209, 214, 216

animal 204, 220

animosidade 209

animus 199-209, 216

anjo 201

antecipação 59, 128s.

aranha 80

arcaico 115, 132, 150, 206, 228

arquetípico
  base arquetípica 69
  concepção arquetípica 69s.
  configuração arquetípica 69s., 75s., 162, 192, 199, 214s., 231s.
  conteúdos arquetípicos 79
  figura arquetípica, cf. configuração
  imagens arquetípicas 70, 75-79, 85, 144s., 192, 219, 231
  modo de agir arquetípico 70
  modo de manifestação arquetípica 70, 75-79, 206
  pressuposição arquetípica 59
  processo arquetípico 70
  representação arquetípica 70, 76, 102
  símbolo arquetípico 72, 79, 190s., 230

A psicologia de C.G. Jung

sonho arquetípico 120-122, 137, 146
temas arquetípicos 77, 81, 146, 194

arquétipo 69
atualizado 70
campo de força do 73
centro de força do 72s.
estrutura do 73, 77
materno 78
não perceptível 70
núcleo significativo do 74s., 152
que transcende a consciência 77
vivificação do 132

artista 46-49, 158-160, 192, 210

árvore do mundo 81

assimilação 59, 103, 125, 142, 184, 219

associação 65, 136-138, 145
direcionada 127s.
livre 127s., 136-139, 144s.
processo de 68, 113, 117s., 127, 139

atenção 51s.

atitude 50, 88, 115, 198, 251-253, 255
consciente 30, 42, 64, 73, 116, 122, 125-128s., 145, 148, 155
exterior 206
interior 206
modo de atitude 38-42, 50, 91, 190, 192
tipo de 38-41, 45, 51, 95, 179s., 192

ativação, cf. vivificação (arquétipo, conteúdo, símbolo)

avaliação (valoração)
das percepções 29, 36, 73s.
dos conteúdos 184

aventura 46

avivamento 72

azul 158, 235

bandeira 160

base de vivência 188

batismo 154, 228

biologia (biológico) 16s., 39, 71, 74, 89, 101, 236

bloqueio 63, 93, 179

brasão 160

bruxa 80

budismo 92, 232, 241

busca de poder 100, 111

cabedal hereditário (massa hereditária) 25, 61-63

caixa 80

caminho 83-86, 96, 129-132, 154, 186, 190, 212, 218, 226, 229, 237, 242, 252, 260
    de individuação 186, 227
    de iniciação 190, 241
    dos conteúdos 72, 132
    para a vida 16
    para o inconsciente 44, 114s., 131

caos 97, 153, 236, 243

caráter de ser subdesenvolvido 42s.

casa 80

cauda de pavão 234

causa
    eficiente 109, 129
    final 109
    formal 109
    material 109

causalidade 84, 106, 110, 115, 120, 129, 249s.

ciência 16, 72, 88, 99, 103, 109, 211s., 252, 256
    da natureza 15-17, 72, 102, 107, 248
    do espírito 16

A psicologia de C.G. Jung 277

círculo 25s., 157, 222s., 231-234, 237

clarividência 83

claro (claridade) 26, 32s., 73, 86, 205, 238

climatério 50

coincidência
significativa 105-107
temporal 84, 137

coincidentia oppositorum 230

coletividade 52, 56, 187, 255-257

comparação, parábola 79, 142

compensação 39, 54, 116, 119-123, 130s., 144, 161s., 185, 205s., 208s.

compensatório 21s., 26, 37, 40s., 91, 116, 206

complemento 90, 116, 127, 146, 196s.

complexo 64-68, 93, 98, 113-117, 129, 136, 140, 147-151, 211
autonomia do 66
dos pais 162
elemento nuclear do 65, 77
portador de 98

complicação 43, 240

comportamento
compensatório 22, 26, 37, 40
consciente 207
emocional 20
modo de 27, 29, 51, 75
psicológico 127

condicionalidade 52, 76, 128, 136, 254

condicionalismo 135-137

confissão 189

conflito 42, 66, 95, 102, 122, 132s., 150, 187, 199s., 206, 220, 224s., 230 confrontação 42, 63, 179s., 198, 213

confronto e embate 34, 42, 111-115, 132, 160s., 197, 213-219

conjunctio 213, 239

consciência 19-27, 30, 40, 44, 54-58, 60s., 63-67, 70-73, 86, 91-96, 102-105, 119-124, 127, 131, 143, 149, 155-158, 179-182, 184-190, 196, 209, 213-217, 219-223, 227, 229, 237, 244-249, 257

âmbitos da 23, 59, 67, 72, 122s., 217-219

ampliação da 65s., 94-98, 180, 183, 214, 217-219, 221s., 227-233, 248, 251

autonomia da 144

campo da 22s., 34, 70, 236

coletiva 55

desenvolvimento da 31

diferenciação da 51, 94, 131, 144-147, 257

diminuída 117

elevar para a 35, 66, 75, 83s., 62s., 124s., 132, 142, 219

espaço da 65s.

estado da 102, 143s.

estrutura da 25-28, 64

força da 218s.

grau de 35

individual 25-27

limiar da 66, 132

princípio da 35

psicologia da 8, 119

raízes da 71

separação da 65

situação da 66, 127-130, 154, 231

consciencialidade 46, 49s., 78, 205, 223

conscientização 35, 78, 132s., 157, 160s., 185, 190-192, 197, 203, 212-215, 221, 228, 249

constelação 65, 70, 77, 97s., 120, 145

contaminação 34, 40, 192, 208

A psicologia de C.G. Jung

contemplação 232

conteúdos
da consciência 34, 72, 91, 102-107, 111, 120, 124, 155s., 162, 184, 214
do inconsciente 24s., 34, 58s., 63, 69, 73, 81s., 91s., 95s., 111, 115, 117, 121s., 127, 132, 142s., 150, 183s., 188s., 194, 198s., 207s., 218, 228, 246, 251, 261
do si-mesmo 223
do sonho 125-129, 136, 144, 148, 162
equivocidade dos 116s., 123-125
negativos 91
o superar os 47, 150, 188s.
pré-conscientes 24
positivos 91
psíquicos 22, 28, 63-68, 97, 101, 132, 150, 160, 224, 242, 245
reprimidos 195
síntese dos 34s.
subliminares 24, 58
vivificação dos C. 184s., 188s.

contexto 97, 118, 125, 132, 136s., 143-146, 154

continuidade 25

contos 81, 119s., 144, 153, 192

contrapositividade 92
aceitação da 46s., 89s.
interior 90

contraposto 188, 196s.

contrários 32, 41, 79, 90, 94, 103, 194s., 216, 238, 243s.
estrutura dos 89s.
pares de 37, 91s., 101s., 103, 185, 188, 198, 216, 231, 245
problemas dos 181s.
tensão dos 79s., 216s.
unificação dos 162, 230, 235-238

cor (das imagens) 145, 156-161, 234

corpo sutil 243

correção 116

cosmologia 203s.

cosmos 78, 83, 236

criação 81, 153

criança 43, 130, 146, 150, 211, 252-254

criativo (a) 105s., 162, 196, 211
  arte 97
  espírito 59
  força 48s., 228, 257
  processo 47
  síntese 16s.

cristal 75, 215

cromossomas 82

cruz 35, 156, 233

daimon 201

demônio 150, 201, 233

desajustes 66

desenvolvimento da humanidade 62, 228

Deus (deuses) 85, 150, 201, 226, 232s., 238, 243, 249-252

deusa da fertilidade 217

diástole 95

diferenciação 21, 26, 32, 34, 40s., 43s., 49, 61, 71, 94, 144,
  185, 189, 208s., 214s., 217s., 253-255

disposição
  inata 71
  natural 30, 43s., 55, 113, 211
  pessoal 65

dissociação 93

distúrbios psíquicos 131

divisão do indivíduo 93

do sexo contrário (do outro sexo) 153, 199s., 203-205, 211-
  216, 218, 239

A psicologia de C.G. Jung

dogma 85
dragão 79, 153
dragão-baleia 80s.

dualismo 103

educação 55
ego 111
emblema 160
emoção 29, 57s., 66, 84s., 96, 112, 159, 161, 194, 200, 211s., 235, 240
empiria, cf. experiência
enantiodromia 90
encarnação 152
energética, cf. Energia
energético
 equilíbrio 93, 101s.
 movimento, cf. movimento energético
energia 66, 87s., 95, 143, 151, 253
 carga de e. 69, 84, 91
 decurso da 96s.
 gradação de 92s., 98, 122s., 185
 psíquica 17, 38, 87-91, 97, 100, 151, 183, 212, 252
 sexual 93
 transformador de 96, 151
enfermidade 220, 227
entropia 94
epifenômeno 105
equilíbrio 37, 43, 65, 89, 96, 101s., 109, 116, 122, 136, 183s., 218, 231
 perturbação do 38, 42s., 185, 218
equivocidade 125-130, 136s.
eros 240s.

escuro 7, 33s., 72s., 79, 86, 153, 191-195, 204, 211, 214, 217, 238, 248, 256

esfinge 81s.

ESP (Extra-Sensory Perception) 83

espaço e tempo 84, 115, 120, 129

espírito 101, 107, 216, 242s., 249, 254
e natureza 101-104, 218

espiritual 101, 228, 253

esterilidade 196

estrela 235

eu 21-23, 42s., 51s., 56, 59, 63s., 123, 149, 185, 189, 194s., 206, 211s., 222, 226, 231, 256
consciência do 43, 182
conteúdo do 95
desenvolvimento do 190
devir do 70
distinção do eu 78
estabelecimento da finalidade do 119
ideal do 52s.,
personalidade do 67s., 161
vazio do 94

exercícios 240, 246

experiência 17, 22, 30, 34, 38, 62, 75s., 81s., 87, 94, 96, 99, 105-108, 132, 152, 160, 213, 222, 224s., 229, 233, 236, 245, 249s., 255
da humanidade (história da humanidade) 26, 75, 116, 191, 199
originária 81

extroversão 38, 45, 50, 97

extrovertido (o) 44, 46, 50

fada 80, 153

fálico 203

A psicologia de C.G. Jung

falta de instintos 130

fantasia 46s., 97

fantasias (imagens) 37, 64, 69, 117, 133, 153, 159-161, 200, 205, 242

fauno 194

feminino 32, 77, 153, 201s., 207s., 216, 235
 arquétipo do f. 77, 152, 194

fenômenos parafísicos 71

figura encobridora 145, 179

filha 24s.

filho 33

filogênese 61, 76, 81

filosofia 102, 110

fim 89, 99, 119, 162, 184, 189s., 215, 217s., 224, 236s., 244, 247s., 252s.

física 87, 91s., 103-107

flor de ouro 237, 243

floresta 80

fogo 226, 234

força
 atuante 217
 central 61
 consteladora 65
 da consciência 218
 mágica 41, 81, 86, 92, 160
 psíquica 57, 98, 142, 244

função
 compensatória 37, 116s.
 complexo da 19s., 51s., 200
 contrariedade da 29, 36, 41s.
 da consciência 26-30, 49, 235
 da relação 30

de adaptação 30
de ajuda 31-35, 41, 51, 55, 208s.
decurso da 30-32
diferenciada 30s., 33s., 43, 243
diferenciação da 32s., 39
do real 29
exclusão da 30, 34s.
fundamental 28s., 34, 46s., 49s.
inconsciente 207s.
indiferenciada 36, 43s., 55, 192, 208
inferior 31, 33s., 40s., 51, 55, 208, 243
irracional 29
isolamento da 44
masculina 34
modo da 43, 54
negligenciada 45
nível de desenvolvimento da 32, 42s.
par funcional da 29s.
psicológica 150
psíquica 32s., 71, 147, 157, 224
principal 32s., 38s., 43, 46s., 51, 190, 192s., 208s.
racional 29
superdiferenciada 38, 43s.
superior 31, 38, 55, 253
tipo de 36s., 39, 46, 48s., 52s., 95, 180, 192
transcendente 203s., 242

gato 80, 202
globo 20
gnosis 243s.
grau de valor 97, 128, 136s., 222s.
guia dos mortos 217

hábito 31, 38, 44
hedonismo 110

A psicologia de C.G. Jung

hereditariedade 72, 76, 153
hermafrodita 240, 243
herói 56, 81, 208, 227s., 249s.
hibris 218
hipótese de trabalho 63s., 151
histeria 114
homem (varão) 32s., 201-204, 207-209, 216s.
   mulher masculina 203s.

I Ching 32
idea principalis 70
ideal 185
ideal de mundo circundante 122s.
ideia 73, 139
identificação 54, 56, 208, 217, 220, 229, 254s.
iluminado, cf. claro
ilusão 181
imagem (ns)
   carregada de sentido 63
   configurações da 157s.
   coincidência da 84
   da consciência 97s.
   do inconsciente, cf. inconsciente
   iantra 236
   internas 84, 147s., 157, 160, 245
   psíquica 199s., 205-207, 214
   tema da 98, 151s.
imaginação 47, 97, 245
imago 204
imortalidade 60
impressões do dia 120s.

impulso 220

inadequabilidade 57, 129s.

incompatibilidade 66

inconsciencialidade 41, 183, 186, 243

inconsciente 19-25, 31, 36, 40s., 48s., 57-60, 66, 72s., 83s.,
90-93, 102, 107, 111-115, 118-121, 124s., 131s., 142,
147s., 153, 161s., 181s., 186, 192, 194, 199, 204s., 206s.,
214s., 219, 222s., 231, 251, 254
âmbito do 23s., 57-60, 64, 67, 80, 195, 209, 218s.
autonomia do 72, 112, 119, 146s., 219
camadas do 24s., 69
capacidade compensatória do 26, 38, 127, 144, 184s.,
209, 222s.
coletivo 23s., 47, 57s., 62s., 69, 81, 92, 97, 123, 129s.,
144, 153, 181, 194, 202, 221, 240, 252s., 260
confronto com o 180
energia possuída pelo 92s., 95s., 96
espontaneidade do 121
estrutura do 64, 260
figuras do, cf. imagem (ns)
imagens do 47s., 51, 96s., 144, 159, 191, 194s., 213s.,
234s., 237
intensificação do 95
mecanismo do 114s.
ordem interior do 72
pessoal 24, 26, 57-61, 69, 117, 131, 144, 194s., 222
processos do 122, 219s.
reação do 121s.

indicação de direção 113, 125, 127s., 136s.

individuação 116, 186, 190, 219, 227, 241

individualidade 51, 53s., 118, 125, 187, 205, 217

individualismo 187

indivíduo 26, 36, 42-44, 52, 60, 62, 65s., 76, 83, 93, 95s.,
110, 120, 128s., 132, 150, 162, 199, 206s., 216s., 221,
224, 230, 236, 252, 257

A psicologia de C.G. Jung

infância 112, 130, 152, 162, 181s., 193, 253

infantil 36, 43, 54, 110, 130, 162, 248

inferno 80, 153, 194

inflação 56, 218

influenciabilidade 36, 43

insegurança 43

instinto (s) 55, 59, 76, 101, 109, 130, 146, 152, 183, 200, 234, 239, 255
fator instintivo 37, 100, 161
instintividade 133, 220
natureza instintiva 101, 141, 228, 257
originário 158
processo instintivo 102

integração 27, 83, 123, 132s., 148, 159, 184s., 215, 219, 246

inteireza 20, 25, 27, 35, 45, 48, 64, 66, 76, 86s., 116, 133, 135, 184s., 187, 189, 191, 198, 215, 233, 254, 260
psíquica 20, 45, 162, 169, 226

intelecto 79, 131, 141, 203, 254s.

intermediador entre consciência e inconsciente 109, 205, 219, 234
entre eu e o mundo exterior 206
entre eu e o mundo interior 206s.

interpretação (método de) 76, 102, 116-119, 123-126, 129, 132-134, 141, 146, 233

introjeção 149

introspecção 85, 248

introversão 38s., 44, 46, 50, 97

intuir (intuição) 27s., 33, 36s., 40, 47s., 53, 60, 125, 154, 158s., 207, 235, 246

intuitivo (o) 31s., 37, 45s.

invasão 60

ioga 241, 244s.

irmã 194, 239

irmão 191, 194

irracionalismo 107, 153s., 203s.

isolamento, solidão 63

juventude 182, 196, 213

lança 202

leão 79, 202

libido 39, 87-98, 109, 150s.

ligação 112

linguagem imagética 79-81, 116, 180

lógica 108

logos 79, 204, 211

lótus 233

lua 216, 235, 239

luta 26, 213

luz 32, 79, 104, 244

mãe (s) 33, 76, 80, 98, 109, 152, 181, 195, 203, 215s.
    arquétipo de, cf. arquétipo
    complexo de 98, 109
    fixação na 99s.
    grande 78, 81, 215s.
    libertar-se da 204, 217
    seio de 33, 78

magia (mágico) 41, 81, 86, 92, 160, 192, 217, 228, 231, 237s.

mágica, cf. magia

Magna Mater 216
    cf. tb. mãe/grande mãe

A psicologia de C.G. Jung

maia 85

Mana 217s.

mandala 231-236, 240s.
  autonomia da 240

mar 80, 153, 158, 202, 255

mártir 56

máscara 43, 53, 207

masculino (s) 32, 34, 148, 200s., 204, 207s., 216, 234s.
  arquétipo 77-80

matemática 105

mater gloriosa 214

matéria 102, 214s., 243s.

maturação 184s., 187, 252-256

médico 113s., 118s., 127, 188

medo 26, 117

meio 220, 224s., 231, 235, 240, 245s., 253

mênade 73

metafísica 77, 104, 108, 231, 249

método
  de cura (via curativa) 15, 99, 251s.
  dialético 111s., 118, 125
  finalista 162

migração das almas 92

milagre 83

mistérios 81

mística (o) 103, 107, 243, 252

mitologema 138

mitologia individual 82s., 153

mitos (mitologia) 69, 83

modo de consideração
  causal 89, 109s., 129

das ciências naturais 104s.
finalista 89, 109-111, 183
integral 82
mecânico 89
modo de ser próprio 187, 190
mônada 95
monistas 88
montanha 80, 202s., 230
morte 25s., 190, 253s.
movimento energético 93, 95
progressivo 95
regressivo 95
mudança (transformação) 113, 154, 241s., 244, 249
psíquica 113, 154, 242, 244, 249
mulher 73, 78, 153, 195, 199-204, 208-211
psique da 34
mundividência 229, 241, 255s.
musa 211
mútua influência 111, 211

não ego 111
narcisismo 212
nascimento 26, 39, 202, 228, 245, 253
natureza originária 63, 101, 218, 237, 254
navio 202
necessidade premente 160, 207
neurose 45, 48, 55, 59, 93, 95, 99, 112, 114s., 122, 179-184, 196, 198, 221, 247
neurótico (a) 32, 49, 93, 180
distúrbio 93
pensamento 16
sentimento 16

A psicologia de C.G. Jung

nirvana 244
noite 47
numinoso 72, 84, 182, 244

objetividade 63, 112
objeto 35, 38s., 108, 119, 131, 148s., 197, 222, 224, 242, 245
   da psicologia 107
   exterior 19, 51
   interior 19
   nível de 146s.
obra 46, 48, 211
ódio 26, 41
olho 141, 156, 215, 234, 250
ontogênese 61, 76
operadores arranjadores 84
oráculo 122
ordem
   de sentido 17
   interior 73, 215
   invisível 73
   não influenciada 72
   princípio ordenador 88
   psíquica 220
   originária 236
organismo 16, 82, 89, 128, 186, 256
ouro 79, 243
ovo 72, 223

paciente 100, 112-115, 118s., 124s., 136s., 147s., 157, 159, 179, 183, 189, 223, 234, 237, 239, 245
pai (s) 26, 32s., 42, 55, 71, 73, 76, 78, 139, 147, 162, 181, 209, 217, 258

complexo paterno 98
direito paterno 203
princípio paterno 79, 82

palavra-estímulo 68

pampsiquismo 17

paradoxo 105, 151, 179, 224

paraíso 81, 232

participation mystique 41, 150

pássaro 72, 215, 235

Pattern of behaviour 72

pecado original 81

pedra 195, 239, 243, 256

peixe 81

pensamento 19s., 22, 27-30, 35, 45, 50s., 91s., 158, 210, 240, 245, 259
abstrato 105
causal 105
quatridimensional 82
tridimensional 82

percepção 29
interna 29, 34
subliminar 24, 58

perfeição, plenitude 99, 182, 188

perigo 26, 45

persona 51-57, 190, 197, 206-209, 218

personalidade 49s., 54, 110, 142, 150, 161, 180, 184-186, 190, 198, 203, 214, 219, 222, 225s., 230, 237s., 242, 253, 262
desenvolvimento da 49, 52, 78, 185s., 209
formação da 100s., 180, 227
interior 19, 56, 113, 240
renovação da 222

A psicologia de C.G. Jung

personificação 33, 71, 79, 195, 215

polaridade 229

polígono 233

polimorfismo 101

pomba 215, 239

ponte de arco-íris 130, 140

ponto central de mudança 39s., 97s.

ponto de partida
    da consideração da psique 25
    de Jung 15
    do pesquisador 17

ponto de vista
    biológico 16s.
    científico 250
    espiritual 16
    físico 17
    histórico 17
    medicinal-terapêutico 110, 184
    religioso 17, 250
    subjetivo 149

pontos cardeais 35, 232s., 235

postura fundamental 29s., 35

pré-consciente 24, 58

primitivo 34, 41, 59, 62, 83, 85, 117, 129, 149, 154, 182, 191, 197, 202s., 216s., 241, 260

princípio
    claro 26, 91
    de esclarecimento 84, 101, 107
    dialético 112
    do prazer 101
    escuro 26, 91
    espiritual 214-216
    formador 20, 87, 105

material 214, 216
ordenador 88
sui generis 101, 105

problemas matrimoniais 41s.

procedimento analítico 99, 112, 143

processo
de centralização 227, 263
de clarificação 75, 196s., 227, 249
de crescimento 188, 239
de desenvolvimento psíquico 40, 113, 188, 231, 260
de individuação 187, 190, 199, 214s., 218, 226, 234, 236, 238, 241, 252, 260
autonomia do 186s.

produtividade 48

profecia 117, 120

profeta 217

progressão 95s., 181

projeção 41, 112, 148, 150, 193, 197, 200, 204, 206, 212, 214

prospectiva 128, 143, 162, 182s., 227

protótipo 69, 71, 73, 76, 78

psicanálise 18, 193, 259

psicoide 77

psicologema 138

psicologia 27, 48s., 76s., 83, 88, 103-107, 110, 119, 125, 157, 195, 222, 242, 246, 249s., 264
analítica 82, 114, 139, 241, 244, 249, 260
aspecto duplo da 99
científica 20, 72, 137
complexa 40, 260
da *gestalt* 74
da religião 249, 261, 263
empírica 16

médica 16, 263
profunda 20, 22, 82, 105, 108, 113, 244, 259, 262

psicologismo 16

psicopatologia 258s.

psicopompo 205

psicose 59, 93, 95, 150

psicoterapeuta 161, 189, 251, 259, 261

psicoterapia 68s., 99s., 109, 112s., 188

psique
    adequação da 22
    âmbitos da 58, 77s., 142, 181
    aperfeiçoamento da 63s.
    aspectos parciais da 20, 147, 230
    burilamento da 48s., 63s., 188s.
    coletiva 62, 150, 254
    da criança 43
    dinâmica da 86
    divisão da 66-68, 130, 144, 192s.
    escura 71
    essência da 94, 105, 125
    estrutura da 38, 40, 50, 55, 60, 63, 70, 89s., 102, 125, 145, 241
    feminina 78, 203
    imagens da 118, 151
    inconsciente 34, 59, 75, 131, 222
    individual 61s., 96, 150
    inteireza da 45, 59s., 64, 162, 236
    lados da 22, 130s., 191s., 203s., 211-213, 217, 231
    leis da 15, 38, 46, 94, 189, 245
    masculina 78, 203
    perturbada 32
    primitiva 71
    propriedades da 234, 248
    representação filogenética da 61
    representação ontogenética 61

sadia 56
seu lugar carregado de complexos 69

psíquico (a)
   adoecimento 56s., 100
   base 25
   caráter de contraposição 46, 89
   decurso 63, 152, 187
   distúrbio 40, 93, 99, 101, 109, 131
   economia 67, 71
   equilíbrio 43, 65, 78, 111, 184, 218
   individual 25, 61s.
   intermediação 15
   manifestação 107, 241
   necessidade 71
   objetivo 63, 97, 118, 256
   processo 19, 25, 38, 58, 81, 87s., 96, 102, 115, 127, 157s., 243
   realidade 15, 17, 111, 137, 147, 205, 240, 251
   saúde 78, 96
   totalidade 17, 19s., 27, 161s., 223, 227, 231, 256
   vivência 75, 100

psiquismo 16

puberdade 50

Puer aeternus 44, 81, 217

Quatro (quaternidade) 34s., 50s., 81s., 84, 205, 233s.
que transcende a consciência 77, 156

raio 235

ratio 29, 45, 86, 107, 155, 254, 257

reação
   duração da 68
   forma de 39, 96
   hábito de 38

A psicologia de C.G. Jung

modo de 26, 38, 45, 50, 64
palavra de 68

redução 110, 127s., 136, 139-141, 162, 181

reflexão, cf. retorno

regressão 95s.

rei 79

reino
da infância 129s.
de Deus 155, 226

relação 218s., 257
com a consciência 119, 122
com o eu 22
com o inconsciente 46, 48s., 90, 111, 124, 131, 180, 184, 222, 254
com o mundo exterior 51, 55, 187, 222
da criança com os pais 26, 42
da pessoa com a imagem psíquica 206s.
dos sexos 26
subjetiva 145

religião 85, 92, 101, 110, 189, 202, 232s., 241, 249-252, 256

Renascimento 81, 155, 202, 214, 240

repressão 23s., 49, 58, 63, 93, 95, 130, 143s., 158, 162, 184, 194s., 203, 221, 230

restos do dia 116s.

retorno 190

rito 154, 203, 229s.
de sagração do homem (iniciação) 204

romance 46

romantismo 90-93, 210s.

rosa 80

rostos 84

sábio 81, 194, 215s.

sacrifício 81

saga 137, 157s., 260

sangue 203

santuário 158

sensação 27s., 33, 35, 37, 40, 50, 53, 60

sentido 76, 85, 102s., 156, 181, 205, 227s., 238, 256
  carregado de 97
  imagem com, cf. símbolo
  realização do 221s.

sentimento 27-30, 33, 35-37, 40, 45, 51, 53, 60, 156, 206s.,
  210

ser humano 48, 51, 63, 83, 144, 146, 187s., 228, 252s.
  criativo 46s.
  cultural 16, 131, 253
  natural 16, 253
  originário 20
  redondo 35, 219, 238

serpente 81, 145, 157s., 210, 223, 234s., 254

sexualidade 93, 100, 252

sibila 217

símbolo (simbologia) 32, 49, 64, 69, 72, 78, 85, 98, 107, 110,
  137, 144-146, 151-153, 156-158, 179, 190-192, 202, 214s.,
  230-232, 237-239, 245, 250s., 261s.

  alegoria da libido 151
  força de impressão do 152
  força expressiva do 152, 179s.
  iconografia do 34
  originário 32
  unificador 230, 243-245
  vivificação do 47, 246

si-mesmo 159, 186s., 194s., 216-220, 230, 245, 261
  conhecimento (visão) do 148, 190, 201s., 212, 221, 227s.,
  236s.

A psicologia de C.G. Jung

devir do 186, 220, 224-230, 235, 242, 254s.
engano do 198
incubação 238
pesquisa do 186s., 219s.
realização do 184, 187
regulação (controle) do 89s., 127s., 141s., 227-230, 236
sinal 155-158, 179
sincronicidade 83s.
sincronismo 84
síntese 34, 105, 111, 181s., 230
sintoma 64, 68, 93, 96
   análise do 114
sistema axial 35, 75-77
sístole 95
sociedade 52
sol 79, 154, 157, 203, 215, 229, 235, 238, 250
sombra 191-195, 207, 214
   camada da 196
   existência da 195
sonho 37, 64, 69, 84, 96s., 115-118, 123-126, 132-137, 143-146, 151s., 161, 193, 200
   arranjo do 115, 120, 123
   autonomia do 119
   choque 120
   clímax do 133
   desejo onírico 117
   devaneio 117s., 245
   estrutura do 133s.
   exposição do 133-135
   função compensatória do 127s.
   função progressiva do 128s.
   função regressiva do 128s.
   inicial 129
   interpretação do 117s., 123, 129, 132s., 138-140, 150s., 162

lysis do 134
peripécia do 134
ponto central significativo do 129s., 138s.
processo dinâmico no 141s.
raízes do 120s.
reação do 121
sentido do 126, 133, 136-139, 143-147
tipos de 121s.

sono 26, 76, 94

Sophia 217

subconsciente 58

subjetividade 100

sublimação 92s., 105

subliminar 24, 58, 143s.

submundo 80, 153, 233

substância, cf. matéria

sugestionamento 114s., 118

sujeito (s) 39, 65, 73, 119, 148, 224
da psicologia 105
nível do 146-150

superar pelo crescimento 229s.

superego 56

Taijitu 32

Tao 237s., 249

teleológico 111

telepatia 83

tema 69-71, 77, 81, 146, 183s., 192, 234

tender ao fim 63, 105-107, 109, 119s., 214s.

Teoria de Relatividade de Campo 104

Teoria Quântica 104

A psicologia de C.G. Jung

ter uma ideia 47-49, 84, 137, 161, 245
terapeuta, cf. médico
terapia 113, 118, 129
Terra 80, 203, 215, 229
tetrassomia 81
tigre 202
tipo (s)
    contraposição dos 41
    de pensamento 36, 41, 50
    de sensação 50
    de sentimento 29s.
    misturados 36
    orientação 39
    psicológicos 19, 31, 39, 46, 50, 55, 260
    teoria dos 50s.
tocha 158
tonalidade de sentimento 65, 68
torre 202
touro 202
transcendência 77, 103, 156-158, 225, 240s., 249
transe 58
transferência 112, 181, 205
transponibilidade 77
trauma 68, 112, 114, 121, 180s.
três 81
trevas 157
triângulo 156, 233
tu 112, 256
tulipa 80
unilateralidade 37, 41, 43, 45, 63, 93, 95, 125s., 130, 182, 257
universo 16
uróboros 232, 236, 254

vaca 80, 202

vale 80

valor psicológico 87, 96s.

velhice 70, 181, 211s., 253

verdades do ser 158, 186-189, 194s., 216-220, 231, 245, 261s.

verde 158, 235

viagem noturna por mar 81

vida 26, 95s., 110, 125, 130, 141, 148, 156, 184s., 196, 213, 219, 252-256
    árvore da 152
    começo da 45
    corrente de 223, 232-235
    energia da 89
    meio da (guinada da) 31, 45, 189s.
    metade da
        primeira 43-45, 190, 193, 213, 253s.
        segunda metade da v. 38, 42, 45, 190, 213, 228, 252s.
    noite da 45
    plano de 110

vingador 56

virgem 80, 201s.

visão dupla 104s., 130, 218s.

visões 49, 59, 64, 69, 97, 117, 133, 153, 200

vontade 30, 72, 92, 96, 148, 200, 240, 247, 252
    de poder 101

zodíaco 236

Índice geral

Sumário, 5

Prefácio, 7

Prólogo, 13
    de C.G. Jung

Introdução, 15

1 Essência e estrutura da psique, 19
    Consciência e inconsciente, 19
    As funções da consciência, 27
    Os tipos de atitudes, 38
    O problema dos tipos no ser humano criativo, 46
    A *persona*, 51
    Os conteúdos do inconsciente, 58
    O complexo, 64
    Os arquétipos, 69

2 As leis do desenrolar-se e de atuação da psique, 87
    O conceito de libido, 87
    A estrutura de opostos, 89

As formas de movimento da libido, 92

Progressão e regressão, 95

Intensidade de valor e constelação, 97

3 A aplicação prática da teoria de Jung, 99

O duplo aspecto da psicologia de Jung, 99

A relação com as ciências exatas, 103

Modos de consideração causal e final, 109

O procedimento dialético, 111

Caminhos do inconsciente, 114

O sonho, 115

A interpretação do sonho, 118

As raízes do sonho, 120

Os diversos tipos de sonho, 121

O arranjo dos sonhos, 123

A multiplicidade de significados dos conteúdos do sonho, 125

O aspecto compensatório do sonho, 127

O sonho como "reino infantil", 129

As etapas da interpretação, 132

A estrutura do sonho, 133

O condicionalismo, 135

O método de amplificação, 136

A interpretação redutiva, 139

O aspecto dinâmico do sonho, 141

Sentido individual e coletivo, 143

Formas de interpretação, 146

A projeção, 148

O símbolo, 151

Símbolo e sinal, 155

Configurações imagéticas, 157

Princípios fundamentais da análise, 161

Sobre o sentido da neurose, 179

O aspecto prospectivo, 183

O desenvolvimento da personalidade, 185

O processo de individuação, 187

A sombra, 191

Animus e *anima*, 199

Os arquétipos do princípio espiritual e material, 214

O si-mesmo, 218

O tornar-se si-mesmo, 226

O símbolo unificador, 230

Símbolos de mandala, 232

Paralelos ao processo de individuação, 241

Psicologia analítica e religião, 249

Transformação e amadurecimento, 252

A responsabilidade é do indivíduo, 256

resumido de C.G. Jung, 258

Referências, 265

Índice de figuras, 267

Índice onomástico, 268

Índice analítico, 272

Coleção Reflexões Junguianas
Assessoria: Dr. Walter Boechat

- *Puer-senex – Dinâmicas relacionais*
Dulcinéa da Mata Ribeiro Monteiro (org.)
- *A mitopoese da psique – Mito e individuação*
Walter Boechat
- *Paranoia*
James Hillman
- *Suicídio e alma*
James Hillman
- *Corpo e individuação*
Elisabeth Zimmermann (org.)
- *O irmão: psicologia do arquétipo fraterno*
Gustavo Barcellos
- *Viver a vida não vivida*
Robert A. Johnson e Jerry M. Ruhl
- *Sonhos – A linguagem enigmática do inconsciente*
Verena Kast
- *O encontro analítico*
Mario Jacoby
- *O amor nos contos de fadas*
Verena Kast
- *Psicologia alquímica*
James Hillman
- *A criança divina*
C.G. Jung e Karl Kerényi
- *Sonhos – Um estudo dos sonhos de Jung*
Marie-Louise von Franz
- *O livro grego de Jó*
Antonio Aranha
- *Ártemis e Hipólito*
Rafael López-Pedraza
- *Psique e imagem*
Gustavo Barcellos
- *Sincronicidade*
Joseph Cambray
- *A psicologia de C.G. Jung*
Jolande Jacobi
- *O sonho e o mundo das trevas*
James Hillman
- *Quando a alma fala através do corpo*
Hans Morschitzky e Sigrid Sator
- *A dinâmica dos símbolos*
Verena Kast
- *O asno de ouro*
Marie-Louise von Franz

- *O corpo sutil de eco*
Patricia Berry
- *A alma brasileira*
Walter Boechat (org.)
- *A alma precisa de tempo*
Verena Kast
- *Complexo, arquétipo e símbolo*
Jolande Jacobi
- *O animal como símbolo nos sonhos, mitos e contos de fadas*
Helen I. Bachmann
- *Uma investigação sobre a imagem*
James Hillman
- *Desvelando a alma brasileira*
Humbertho Oliveira (org.)
- *Jung e os desafios contemporâneos*
Joyce Werres
- *Morte e renascimento da ancestralidade da alma brasileira*
Humbertho Oliveira (org.)
- *O homem que lutou com Deus*
John A. Sanford
- *O insaciável espírito da época*
Humbertho Oliveira, Roque Tadeu Gui e Rubens Bragarnich (org.)
- *A vida lógica da alma*
Wolfgang Giegerich
- *Filhas de pai, filhos de mãe*
Verena Kast
- *Abandonar o papel de vítima*
Verena Kast
- *Psique e família*
Editado por Laura S. Dodson e Terrill L. Gibson
- *Dois casos da prática clínica de Jung*
Vicente L. de Moura
- *Arquétipo do Apocalipse*
Edward F. Edinger
- *Perspectivas junguianas sobre supervisão clínica*
Paul Kugler
- *Introdução à Psicologia de C.G. Jung*
Wolgang Roth

Guia para a Obra Completa de C.G. Jung

Robert H. Hopcke

A influência de C.G. Jung se estende além da área da psicologia analítica e vai até o campo das artes, das ciências e da religião.

Esse livro apresenta um mapa, há muito tempo necessário, que torna a Obra Completa de Jung acessível às diversas pessoas que são fascinadas pelas ideias do grande psiquiatra suíço, mas que ficam intimidadas diante do tamanho e a densidade de seus livros.

Dividido em quatro partes e organizado por temas, o livro fornece uma introdução a cada um dos importantes conceitos junguianos por meio de uma breve explanação, seguida de uma lista de textos para leitura, iniciando pelos volumes da Obra Completa e sugerindo, em seguida, obras relacionadas e secundárias para aprofundamento. Além de ser uma valiosa obra de referência, é, ao mesmo tempo, uma introdução fundamental de fácil leitura para as principais ideias da psicologia junguiana.

Conecte-se conosco:

f facebook.com/editoravozes

◉ @editoravozes

🐦 @editora_vozes

▶ youtube.com/editoravozes

☎ +55 24 2233-9033

www.vozes.com.br

Conheça nossas lojas:

www.livrariavozes.com.br

Belo Horizonte – Brasília – Campinas – Cuiabá – Curitiba
Fortaleza – Juiz de Fora – Petrópolis – Recife – São Paulo

EDITORA VOZES LTDA.
Rua Frei Luís, 100 – Centro – Cep 25689-900 – Petrópolis, RJ
Tel.: (24) 2233-9000 – E-mail: vendas@vozes.com.br